修

一

대불정여래밀인수증료의

제보살만행수능엄경

바라밀제 譯 계환 解

千 明

신침연구소

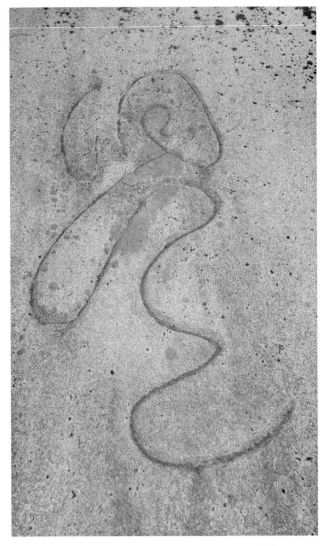

洞　了

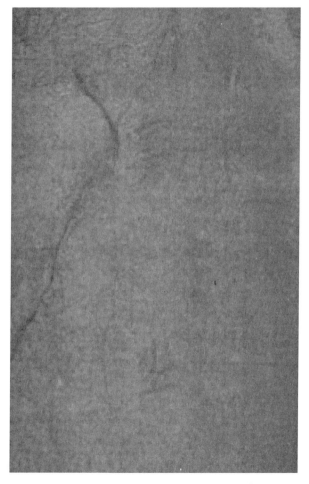

宴　坐

修의 藏

동서양의 수많은 가르침과 불교 도교 유교 기독교 이슬람교 중에서,
진리를 과학적이고 세밀하게 설명하고 도를 깨쳐 원통을 료달하여
성불하도록 할 수 있는 유일한 수행법이 대불광정여래밀인 수증료의
제보살만행수능엄경에 있었다. 그러나 그 글이 해독하기가 어렵고,
접해보지 않은 어법이라, 이해하기 심난하고, 가르침이나 번역 또한
일천하여, 오히려 오해 하기 쉬울 뿐 성불은 요원 하기만 해 보였다.
그러던중 뜻이 있으면 길이 있다고 했던가, 누구나 접할 수 있는
계환의 수능엄경을 만났으나 보이지 않더니 이윽고 스승을 찾아
지름길을 보게 되었고, 은연히 노력하다, 마침내, 개운대사를 만나,
알 수 있게 되었다.

증표로 남겼다는, 洞天과 閑坐에서 헤매이던 중, 어느날 눈이 트여
了를 보아, 동천을 찾다가, 감촉문으로 홀연히 閑坐가 아닌 宴坐를
만나게 되었다. 이에 동천이 동료임을 확신하고 洞天을 찾았더니
洞了가 명확하얐다. 그러나 유서에 洞天이요 閑坐임에 의혹이 있음에
봉암사 가는 길에 심원사를 보게 되어 베긴 후 소실 되었음이 기억이
나, 다시 살피니, 봉래가 서사시 잘못 옮긴 것을 알게 되니 비로소
모든 의혹이 풀리더라.

부처님이 설하시고 바라밀제 역을 불공이 번역하고 계환이 해석하고
개운이 편했으나, 아직도 미망하여 중생이 이해하여 수행하기 어려워,
비록 눈이 잘 안보이고 몸이 뻐근해도 직접 번역하기로 마음먹고하니,
비로소 완전히 알게 되었나니, 살펴 보는 자체가 수증의 기본이더라.
하지만 이는 계환 불공 개운의 번 해 편 을 바탕으로 하여, 중생이
이해하기 쉽도록 서사한 것에 불과하다. 韓글은 본래 字와 소리라,

소리만으로는 字를 알기 요원하니, 소를 참조해 상형, 구결, 어순, 의미를 파악함은, 원본을 반드시 필히 봄으로 수증 할 수 있을 것이라. 원음을 이해할 수 있도록 가능한 한 직역하였으니, 아가 남긴 수기를 함께 보며 거듭 닦아 나간다면, 잊혀져 가는 우리말의 각성의 덩어리를 卵難地 (알 터) 二니, 宴坐 하여 洞了 하리라.

대불정여래밀인수증료의제보살만행수능엄경 은 十권으로 되어 있으나 우선 七八九十권을 먼저 一 修로 하여 세상에 내보낸다. 이는 수행이 우선이므로 그리한 것이고. 一二三四五六권은 二智惠三證으로 하여 차차 내보낼 것이며. 원본과 수기가 필요한 자는 따로 전할 것이라. 부처님이 설하신 바 대로 수행하면 당연 阿羅漢(아라한)이 될 수 있고 나아가 금강혜와 묘각에 오를 수 있나니, 사람이라면 마땅히 그리 되어야 할 것이라.

2566. 5. 15.

千 明 疏

대불정여래밀인수증료의제보살만행수능엄경 一修

석굴암 本尊

洞了

宴坐

修 의 藏

목차

권 第七

해석하는 내내

저자소개

출판사

태극

대불정여래밀인수증료의제보살만행수능엄경

卷第七   온능개원연사비구   계환 해

二. 외섭궤칙(밖으로 다스릴 궤칙)

앞에서 내섭을 보이고 여기서 외섭을 보이리니 글월 二

一. 미인내섭(미세하게 인용한 내섭)

아난아 너가 섭심하는 것을 물었으니 아가 지금, 먼저 三삼마지에
들어, 묘문을 수학한 것을 설하리라. 보살도를 구하려면, 먼저 四가지
율의를 지키는 것이 필요하니, 달빛처럼 밝아져 얼음과 서리와 같아
지면, 저절로 一체지엽(일체의 중요하지않은 가지와 잎)이 생길 수
없어서, 심(마음)에 三가지 구(입)에 四가지가 생길 원인이 필히
없으리니.
아난아, 이와같이 四가지 일을, 만약 잃어 버리지 아니하면, 마음이
항상 색향미촉과 연할 일이 없으니, 一체 마사가 어찌 발생하리午.

내섭이 중요하므로, 먼저 묘문을 설하였다. 먼저 四률을 지키라
하였으니, 四률이 근본이오, 나머지 계는 말(끝)인 고로 四률이
청결하고 맑으면 칙즉 지엽이 생기지 않고, 연진(티끌의 연)이 만나지
않으므로 마사가 잠기어 사라져서, 바른 선정으로 들어 갈 수

있으리라. 마음에 三(셋)은, 뜻의 三(세)가지니 十중(열가지 중한 것)을 갖추어 열거하니라.

二. 정시외섭 四 (외섭四가지를 바르게 보이심)

初. 권송신주(신주를 암송하기를 권유함)

만약 숙습(전생의 인습)을 멸제 할 수 없으면 너가 이 사람에게 나의 불정광명마하실달다반다라무상신주를 一심으로 암송하도록 가르쳐라. 이는 여래의 무위정상 무위심불이니 정수리를 따라 발휘하여 좌보런하시어 설하신 심주이니라.

현재의 업은 제어하기쉬워 스스로 행해도 벗어날 수 있으나 숙습은 없애기 어려우니 필히 신력을 빌어야 하니라.   6
지금 무릇 수행인이 바른 것을 좋아하나 사특한 것을 고집하고, 청결 하고자 하면서 한편으로는 물들어, 가르치지 않았는데도 능하고, 원하지 않았는데도 위하未, 은연하나 구책(채찍으로 몰아내듯) 하여, 스스로 자기를 억제할 수 없는 것은, 숙습지사야(숙습이 그러한 것이다). 덕융이복비(덕이 융하나 복이 더럽고), 행은 균형이 선하나 몸이 흉하고, 다장다원하고(장애도 많고 원통함이 많고), 병이 잦고 번뇌도 잦아서, 면연 약유기함하여(솜이 그러하듯 기계가 있어도 묶여진것 같아서), 스스로 풀 수가 없으니 숙습의 소(과거 습의 블랙홀)라 하리라. 자비一생一겁지연(붙은 것은 일생 일겁의 연이 아니)다. 무시래에(시작도 없이 와서), 생각 생각 마다 훈습을 받은 놈 인고로. 신력이 아니고서는 벗어날 수 없으리라.

마하실달다반다라는 대백산개(크고 흰 우산이요 덮개)라 이르니 즉
여래장심 이라. 량이 크서 항하사 모래처럼 많은 계를 왈 대 요,
체가 허망과 물듬을 끊은 것을 왈 백흰 이오, 일체를 덮어 사용할 수
있는 것을 산개라 하니, 신비한 주문이 이를 따라 흘러 펴 지는 고로,
명 심주 라 하여 무견정 자(보아서는 꼭대기가 없는 자)라 한다.   7
화엄九지는 식을 앎이니, 내가 설명하면 부처님의 유모라 하리니,
처음 생길 때, 친봉하여, 자세히 살펴 觀하여, 불견정시정법(정수리를
보지 않아도 정수리를 보는 법)이니, 아이가 처음 생길 때 눈이 안
보이는 것 같아도 자세히 살펴보면 눈이 있음과 같다),
불가이견견(볼 수 없어도 견이라).

二. 시주신력(주문의 신력을 보임)

또 너는 숙세에 마등가와 역겁의 연으로 인하여 은혜와 사랑의
습기가 이 一생이 아니라, 一겁에 이를새, 아가 一선양하여(한번
날림을 베풀어), 애착의 마음을 영원히 벗어나서 阿羅漢(아라한)을
이루었으니, 저 음녀는 오히려 무심수행하대 신력이 그윽한 자산이
되어 속증하여 무학이 되었거니, 어찌 너희들과 이 모임에 있겠는가.
성문이 최상승을 구하여 결정코 성불하리니, 비유하면 먼지와 같아서,
양우순풍하니 유하함난하리오(바람에 순하여 날리는데 어찌 험난함이
있겠으리오. * 바람이 부는데 들면 먼지는 저절로 날려간다 千明).

등가는 음질이라, 오히려 속증할 수 있었지만, 성문은 도기라,
고역명자(굳기 쉬운 어둠의 자산)이니, 하물며 합해 만들 수
있겠는가.   8

三. 지주궤칙(주문을 지니는 규칙)

만약 말세에 도장에 앉고자 하거든 먼저 비구의 청정금계를 지켜야
한다. 당연히 계를 청정하게 지키는 제一사문을 스승으로 삼아라.
만약 참으로 청정한 승하나를(아승지 < 영원히) 만나지 못하면 너의
계율의는 불성취하리라. 계를 이미 성취한 후에, 새로운 정결한 옷을
입고, 향을 피우고 한거하여, 이 心佛(마음의 부처님)이 설하신 신주를
一百八편을 외운 연후에, 결계하여 도장을 건립하여, 十방의 현재
머무르는 국토에서 구하면, 무상여래께서 대비광을 비추시어 그
정수리에 부어 주시리라.

스승은 사람의 모범이다. 정과 사는 저절로 나오는 것이니, 고로,
제一의 참 승 하나를 만나지 못하면, 즉 율의는 성취 할 수 없는
것이다 {정과 사는 저절로 나오는 것이지 스승이 아니라 모범을
보임으로 율의 가 성취되는 것이다}. 주문을 一百八번 외우는 것은
一百八번뇌를 멸하는 것이라.   9

아난아 이와같이 말세에 청정비구나 비구니나 백의단월이나, 마음에
탐음을 멸하여, 부처님의 청정한 계를 지켜서, 도장 가운데에서,
보살을 발하기를 원하여, 출입시 씻고 목욕하고, 六(巳)시에 행도하여,
이와같이 잠자지않고, 三七일을 경과하면, 아(나)가 저절로 현신하여,
그 사람 앞에 도달하여, 정수리를 만지며 편안히 위로하여, 깨달음을
열어 주리라.

계의 근이 청정하야 정성으로 원하고 행하면 이에 감응할 수 있으리라.

一. 아난상문(아난이 상세히 묻다)

아난이, 백불에게 말하대, 세존이시어, 아가 여래의 무상자비의
가르침을 입고, 마음에 이미 깨달음(見道分)이 열려, 스스로 수양하여
증득하는 것을 알아 무학의 도를 이루었거니와, 말법에 수행을
이루고자 도장을 건립하고자 하면, 어떻게 결계를 하여야 불세존의
청정 궤칙法度에 합당 하오리까.

10

결단궤칙을 상세하게 청하여 물은 것이라. 스스로 수양하여 증득햐여
알았다는 것은, 주문의 힘을 알아 은연중 도움을 받아 성과를 기대할
수 있음이라.

二. 불자상답(부처님이 자비하사 상세히 답함) 五

一. 단장용도

불고 아난하사, 만약 말세의 사람이 도장을 건립하기 원하大
먼저 설산에서 태력백우를 취해야 한다. 그 산중에서 비니향초를
먹은 이 소는 오직 설산의 청수만 마시어 그 분이 미세하니, 그 똥을
취하여 전단향과 화합하여 그 땅에 니(바르)라. 만약 설산이 아닌大의
소는 후예하여(나쁜 냄새가 나고 더러워서), 불감도지니(땅에 바르면
감당 할 수 없느니). 별어평원(별도로 평원)에, 천거지피하고(땅을

파고 겉에서), 五자 아래의, 황토를 취하여, 和 上(위)에 전단향, 침수향, 소합, 훈육, 울금, 백교, 청수, 영릉, 감송, 계설향하여,   11 이 十(열)종 으로 잘섞어서, 세라위분하여 합토(細羅세밀한 체로 쳐서 분을 만들어서 황토흙과 합)하여, 성니하여, 이도 장지하고(오니를 만들어서 장지에 바르고),

법왕의 법언은 곧사(일)요 곧리(이치)이니 법은 불고기(홀로 일어나지 않는)거고, 사무당설(일을 황당함이 없이 말)하리니, 화엄一字법문을 서해묵이부진하고(바다물로 먹을 갈아 글을 써도 다할 수 없고), 五위 행상(五위의 운행하는 상)을, 곧 세체이창명(세상의 말로 자세하게 드러내어 밝힘)이, 범소설시(무릇 설명하고 베풀어 주신 바) 라, 필유취상(필히 있는 상을 취)하리니, 이 단장의 용도는, 무비표법야(법을 나타내지 아니함이 없다). 산 위 고토이니(산은 높은 땅이 되니), 설산은 순정한 위를 우러러는 믿음이라, 큰 힘의 흰소는 청정하고 정결한 대근본 이며, 향기로운 풀과 청정한 물은 묘하고 정선하며 정갈한 지혜라, 여퇴 충실유여야(먹어 줄어들어도 충분히 채워 실로 남겨 그대로라)하니라. 위의 전단은 十향의 우두머리(수)요, 十도를 통털어(총), 만행의 으뜸(관) 이라, 평원의 평토는 치우치지 않는 믿음(중신)이요, 지피(땅의 거죽)는, 청정하지 않음이요, 다섯가지 수(五수)중에서 황색이 중(가운데)이니   12 중根에서 취하니 정신 중(청정하다 믿는 가운데)에서 라, 十향은 十바라밀법향 이라, 세라위분(세밀한 망으로 가루를 헤아림)은, 추(밀어서), 미묘 萬행을 함이라. 무릇 여래의 적멸 장지를 취하大, 필히 根본源이 광대신심하여, 이 청정하고 지혜로운 묘한 선을 자산으로 하여, 순수한 하나(一)의 대근을 기르고 양성하여,

충실유여가(충분히 열매맺음에 남음이 없음이), 오히려 족이합법향
(충족하여 법향에 합당)하고, 十(열가지) 도의 우두머리(관)인 고로,
적멸장지를 장엄할 수 있는것이다. 상신(위의 믿는) 대근을 유불가득
하면(얻을 수 없음이 있으면), 칙즉 그 다음에서 구하라는 고로,
가운데에서 취함으로 중신심(심을 믿는 중)이니, 비록 관(우두머리)라
부를 수 없는것이 十도 萬행이나, 이능구지자(十度를 모두 할 수 있는
놈)가, 역가이 엄성이니라(역시 장엄화엄을 이룰수 있느니라).
{十波羅密皆菩提心熏하여 도아 기르고 刀료 만덜새 다香이라 니름이니라}

13

방 원이 6 장(6×12×30.03cm)으로 8 각단을 만들고, 단의 중심에
금 은 동 목 으로 만든 하나(一)의 연꽃을 두고, 꽃중앙에 사발을
안치하고, 발중앙에 먼저 八월의 이슬을 담고, 수(이슬수) 중앙에
연꽃잎을 순서대로 편안히 띄워두라.

단은 적멸의 평탄한 실체이다. 체는 八정을 갖추는 고로 八각이오,
八사 를 잡아다스려야(섭)하니 방(방향)이 장(길이) 六단이고, 심의
연화는 중도묘행이라. 연이라는 물건은 꽃과 열매가 동체이고,
오염과 청정이 동원하니, 표묘행태치(묘한 행을 크게 이룬 것을
표시함)이다. 금은동목으로 만든놈이라 함은, 묘행을 표시함이다.
운위야(어찌그러냐)하니, 금은은 백련유정(백번 단련하여 정밀함)이
불변하고, 동강이능동(동은 굳으나 움직일 수 있음)이니 옳은 뜻의
형상(의지상)이다. 목능상초하여(목은 위로 돋아나는 풀의 싹이나서)
이복기하(또 그아래를 덮으)니, 어진 형상이다. 무릇 옷의 체는 행을

일으키어 정이 불변하고, 강하나 동(같)아서, 의로우나 제(斷끊음)
하고, 어질어 덮어주어, 무과불급하여(과하거나 미치지 않음이
없어서). 무릇 모든 모임에 중도로 가니 묘행이라
　　{八正 정見 정思惟 정語 정業 정命 정精進 정念 정定}

14

발(사발)은 응하는 용기니, 량에 따라 응하는 물건을 나타냄{큰것은
큰그릇에, 작은 것은 작은 그릇에 담음}이다. 로위음택(이슬은 음택)
이니, 가을에 내리느니, 八월 가을의 중앙이다. 수중에 꽃잎은 곧즉
인복(어짐과 덮어주는)의 행이, 택을 따라 베푸(시)는 바, 이 또한
수량응물(량에 따라 응해 주는 물건)이니, 음리잠화(그림자처럼
이익이 붙어 잠재하여 변화함)를 표시 함이다.

八개의 둥근 거울을 취하여 그 방(모서리)에 두고, 꽃과 사발을
둥글게 놓고, 거울밖에 十六의 연꽃을 건립하고, 十六의 향로를 꽃
사이에 포설 하여, 향로를 장엄하고, 순수한 침수향을 피우되, 불을
보이지 않게 하고,

둥근 거울은 대원경지라. 각 八방에 안치하여 화발을 둘러둔 것은
지혜와 행동이 서로 의지하여, 방(모남)을 따라 원만하게 응함이다.
거울 밖에 연화와 향로를 각 十六를 사이에 설치한 것은, 꽃은
묘행을 표시하고, 향은 묘덕을 표시함이니, 거울 외인 곧즉 바른　15
지혜(정지)를 밖으로 하여, 방편을 건립하여, 사와 정으로 하여금
서로 섭하고(잡아 다스 리고), 덕과 행이 서로 훈(감화)하여, 차단이

오래되어 다 화하여, 사와 정이 양망야(둘다 없어지느니라).
순수침수향을 피우되 불을 보지말도록 하라는 것은, 덕을 돌이켜
여래장을 사용하여, 각관을 멸하여 복종시킨 연후에야, 적멸장지와
맺을 수 있음이다. 혹 법만 표시한다고 구차하게 그러하면, 내고덕이
불해거丁(어찌 덕행이 오래라 하더라도 해석하겠는가).
무상억설여(억설로 상함이 없도록 함)은. 우소종자(우둔한 종자)들이,
화엄의 대륜이라하니. 약숙람피 지차이니(만약 저편을 잘보면 이편을
아는것이니=자세히 살피면 아니), 비억의리라(짐작이나 하겠느냐).

二. 헌향의식

백우유를 취하여, 十六개의 그릇에 담고, 우유를 달여 전병을
만드는데, 모든 사당 유병 유미 소합 밀강 순소 순밀을 함께 버무려,
꽃 잎 밖에 각각 十六를, 꽃 밖에다가 빙 둘러두고, 제불과
대보살에게 바치라.

16

법희와 선열을 표 함이니 二존에 바칠 수 있는 것이라. 권교(방편을
권하여 가르침)를, 개허 유락(우유와 소를 열어 줌을 허락 〈 기쁘
즐김이고 吏讀)하니, 이고, 실교(진실 참열매를 가르침)하여 차단하고
금하대, 거듭 취하여, 향봉자(드려 받는 것)는, 의재융권실이고(뜻은
권교방편와 실교진실을 융성함에 있고), 동 사 정이니(사와 정은 같으니)
고로, 八미가 역시 각 十六이니, 원요화외는(꽃밖에 둥글게 위요함은),
표융권섭사(권을 융성히 하고 사를 섭함을 표시)하여,

법희를 수행하는 시설이라.

매 식사때거나, 한밤중이거나, 봉밀 반되를 취하여 연유소를
사용하여, 三셋을 합하여, 단앞에, 하나의 작은 화로를 따로 두고,
도루파향을 달여서 향수를 취하여, 그 숯을 담갔다가 맹렬하게
타거들랑, 이 소밀을 염로내(불꽃화로안)에 던져넣어 연소하여 연기가
다하도록 불보살에게 바치라.

부처님은 일중(巳시)에 음식을 받으시니 매 일중(정오)이요,
도향(제사)은 중야(자정)이니 일중과 견주니라.

17

봉밀(꿀)은 꽃에서 이루어지니 화합융성한 법행을 표함이요, 연유는
우유에서 이루어지나니 화합융성한 법미를 표함이다. 반은 중간의
수이오, 三은 수를 이룬다 한다. 작은 화로이니, 방-촌 각-심이다.
향에 숯을 적시니 법으로 깨달음을 내는 것이다. 약왕이 몸을 태우니
먼저 도루파향을 입히니 불꽃을 발한다는 뜻이라, 적신 숯을 취하여,
맹렬하게 타게 하려고(령), 염로에 소밀(연유봉밀)을 던져넣어,
불살라 연기가 다하도록 한다는 것은, 법을 행함이 이미 이루어졌으니,
끝날 때 까지 머뭇거릴 수 없으니, 당연히 각심에 용맹하게 데우고(하)
단련하여, 습기가 물리쳐 녹고, 반연의 그림자가 다 사라질 것이니,
그러면 홍로 (불화로)에 한점 눈과 같으니, 그런 후에 부처님이
받잡을거니, 무릇 적멸장에 거하여, 선정의 즐거움이 밥반찬
같으리니, 마땅히 마음을 다하거라.   18

三. 상설의식(형상을 설치하는 의식)

그 四 밖에는 깃발旛과 꽃華을 두루하고, 단식 중앙 四벽에는 十방
여래와 제보살의 형상을 당연히 빛이 비치도록 노사나불, 석가, 미륵,
아촉, 아미타, 가지가지 대변화하는 관음 형상을 부설하고, 금강장을
좌우에, 제석, 범왕, 오추슬마, 남지가, 군다리, 비구지, 四천왕 등과
빈나, 야가를 문측의 좌우에 안치하도록 하라.
　　{隨喜讀誦說法兼行六度正行六度}

四가지 밖의 번화는 외부의 행동을 장엄하게 장식함이요, 중앙
四열은 자성의 四귀의라, 고산송에 대경四귀의란, 五품, 十신, 初,
十주가 二번 째요, 행, 향, 지가 三번째이며, 등각, 묘각이 四번째요,
당연히 빛이 비침은 정위이니, 노사나불등은 적멸장지의 참 주인이고,
미륵은 당연 미래의 참주인이라. 아촉은 동쪽에 거하고 미타는 　　19
서쪽에 거하니 지혜와 자비의 참주인이요, 제대변화하는 관음형상은
상동하합의 참주인이라. 금강장은 항상 금강으로 주문을 외우는
사람을 수호하고 지키며 마를 항복시키고 장애를 끊는 참주인이다.
문측 좌우의 석 범 등 무리는 힘으로 외부를 수호함이라. 말법에
수행함에 무릇 이에 의뢰하니, 하나라도 빠뜨림이 있으면 필히
불성취하리라. 오추는 화두금강이오. 남지가는 청면(푸른얼굴) 금강이오,
군다리는 금강의 다른 이름이다. 비구지는 역시 대신통변화자이니,
비로신변경에 좌변에 비구지이오, 三눈에 쪽과 상투를 가졌다고한다.
빈나, 야가는 돼지머리와 코끼리코의 二사자이다.

우취팔경(또 여덟개의 거울을 취)하여, 복현허공하여(공중에 엎어 달아서), 여단장중(도장의 단 가운데에 함께), 소안지경 방면이 상대하여(사방에 안치한 거울의 면얼굴이 서로 대하여), 사기형영(형태가 비치게 하)므로, 중중상섭(겹겹이 서로 섞이)게 하고,

단중지경(단 가운데의 거울)은, 혼물이유의 하니(물과 석섞이어 의지함이 있으니), 행인지지야(수행인의 지혜이다). 공중의 거울은, 이물이무의 하니(물건을 의지함이 없으니), 제불의 지혜이다. 혼물유의자(물건이 섞여 의지함이 있다는 것)는, 방능 조물 하고 (비로소 할 수 있어야 물건을 비추고 = 방편으로 물을 비출 수 있고), 미능 조기 하리니(자기 몸을 비출 수는 없으니, 미능조이 과거를 비출 수는 없으니), 필득호이물(필히 물건을 여위어야만 얻는다!) 하여, 무의주지(의지함이 없이 지혜에 의지)하여, 교상 위용 연후에(상을 교차하여=서로 비교하여 사용해본 연후에), 물아가 호조하고(물건과 내가 서로 비추고). 심과 경이 쌍융하여(심과 경계가 모두 녹아서), 제불과 중생의 신토가 상입하여(모든 부처와 중생의 몸과 흙이 서로 들어가서), 불노동보하고(일하거나 움직이거나 걸을 것도 없고), 부대의심하여(의심을 품을 필요도 없어서), 법법이 편주하고(법이란 법이=만법이 두루 주변하고), 사사가 무애하여(일이란 일이=모든일이 걸림이 없어서), 거목 千성이 제현하고(눈을 드니 千성이 나란히 나타나고), 촉처 萬상이 조연하여(처를 만지니 萬상이 비추어 밝아서), 一화一향(하나의 꽃과 하나의 향)으로, 편공진찰(진찰을 두루 공양)하고, 一행一상(하나의 행과 하나의 상)이,   21
충확무궁하여(넓게 채워 궁구 할 수 없어), 불가신통하고(신통을 빌리지 않고), 불섭정위(정에 끌리지도 않는다 말)하리니,

적멸장지법이라, 법은 본시 이와 같다 하리니, 밀인수증(빽빽한 원인으로 수양하고 증득함)이, 이에 묘하고 지극 하리라.

四. 지축의식(주문을 지키는 의식)

처음 七일 중에는 지성으로 정례하면서 十방여래와 제대보살과 아라한을 부르면서 항상 六(巳)시에 주문을 외우면서 단을 돌며 지심으로 행도하대 一시에(한번 할 때) 항상 一百八편을 하구, 제 二 七일 중에는 一향 전심하여 발보살을 원하대 마음에 끊어짐이 없도록 하라. 아의 비나야에 먼저 원에 대한 가르침이 있느니라. 제三 七일 중에는 十二(亥)시에 一향하여 부처님의 반다라주를 지송하면, 제七일에 째에 이르러 十방여래가 일시에 거울에 빛이 교차하는 곳에 출현하여 부처님의 마정(정수리를 만져주심)을 탈(승 받을)것이다. 즉 도장에서 三삼마지를 수행함은 이와같이 하여 말세 수학인의 신심이 밝고 청정하여 유리와 같아지리라. {毗奈耶 戒律}

　{菩薩願 衆生無邊誓願度 煩惱無盡誓願斷

　　法門無量誓願學 佛道無上誓願成 四弘誓願}

22

하나가 변하여 七이 되고 七이 변하여 九가 되니 다 양수라. 七이 그 가운데 거하니 아무리 과해도 미치지 못할것이다. 도장에서 七일로 기약(숩)이 되나니 三으로 성취함이라. 무릇 구하고 나아감에 三보에 귀의함을 최초방편이 되는고로, 처음 七일은 지성으로 여래 보살 나한을 부르면서 정례하니 부사의력(생각할 수 없는 힘)을 빌려

발행하여 도를 돕도록 한 것이다. 그러나 원력(업력)이 없어 지속할
수 없는고로, 제 二 七일에는 비니의 가르침에 의지하여
전심발원하라. 행을 원함은 굳고 강해야 하는 즉 대용맹을 얻어야
하기 때문이다. 제 三 七일에는 시간에 쉴사이 없이 주문을 외우고
두루함에 한계가 없이 一향으로 송지하여 정성으로 따라야   23
감격하리니, 진력 극공하라. 경교광처(거울이 교차로 비추는 곳)는 칙즉
불지혜가 비춤이 생기리니, 도가 서로 교차하여 감응하리라. 신심이
밝고 깨끗하게 정화되어 숙습이라는 연의 장애가 섬세한 것까지 다
탕절함이 감응극공의 일이라. 百八번 주문을 외우며 두루함은 행도할
때 둘레를 도는것(잡)을 이르니라. {탑돌이}

아난아, 이 비구가 본수계사(본래 계를 받은 스승)이거나, 같은
모임중에, 十비구 중에 하나라도 불청정한 자가 있으면 이같은
도장은 다 불성취하리라. {十云百授十車十數一車}

현재 도장에서 감응한 자가 적은 것은 이와 같기 때문이니라.

三 七일 후 부터는 단정히 앉아 안거하여 一百일이 경과하면 이예리한
근이 있는자는 일어나지않고 그자리에서 수다원을 득하리라. 비록 그
몸과 마음에 성과를 달성하지 못하더라도 결정코 성불하리라는 것을
스스로 알아 그르치지 아니하리라. 너가 물은 도장을 건립함이 이와
같으니라.   24
의식이 준비되고 률이 완성되면 결정코 과를 얻어리라는 감을
득하리니, 수다원은 드디어 凡地(보통의 지)를 따름을 말함이니
聖流에 들어감을 득한것이라 소과를 가리키는 것은 아니다. 고로

비록 과는 성취 못했으나 성불하리라는 것을 앎을 맺었으니
영락(옥돌 구슬)과 같아서 경과하여 十地의 제 四번째가 이름하여
수다원이니 결단코 적은 과가 아니다.

五. 정설신주(바로 신주를 설하심) 三

一. 아난애청(아난이 간절히 청함)

아난이 부처님 발에 정례하고, 백불에게 말하되, 자아(나로부터) 출가
하여, 부처님의 교애(몹시 사랑함)를 믿고, 많이 듣기만을 구한 고로,
무위를 증득하지 못하고, 범천의 사술을 만나 감금되어, 마음은 비록
명료했으나, 힘이 부자유하여, 뢰우문수를 만나 힘을 얻어, 저로
하여금 해탈하게 하셨으니, 수몽비록 여래의 불정신주를 입었으나,
명획그 힘을 획득하지는 못하고, 오히려 친히 듣지도 못했으니,   25
유원오직 바라옵건데 대자하셔서, 거듭 선설해 주시기를 바라
구하오니, 이 모임의 모든 수행의 무리들과, 말급과 현재의 윤회하는
자들이, 승불밀음하사 신의해탈(부처님의 밀음을 타고 몸과 뜻이 해탈)
케 하여주소서.

아난이 말한 것은 다 말학을 깨우치기 위하여 신주의 묘력을 나타낸
것이다.

이때 모임중에 一切 대중들이 모두 작례하고 여래의 비밀장구를
듣기를 기다렸다.

二. 여래정설(여래께서 바로 설함) 四

一. 현변(나타나 변함)

너들 때에, 세존이 육계(살상투)로 부터 백보광을 용출하시니, 광중에,
천엽보련이 용출하여, 여래로 변화하더니, 보화가운데 앉아,
정수리에서 十道의 백보광명을 방사하시니, 하나하나의 광명이 두루
十항하사의 금강밀적을 시현하시니, 산을 받들고 공이를 잡아,   26
허공계에 두루하니, 대중들이 앙관하니, 두려움과 애경이 겸포하여,
부처님의 도움을 간절히 구하며, 一심으로 부처님의 무견정상
방광여래 신주를 선설해 주시기를 청(듣고자)하였다.

광중에 금강의 위엄있고 무장한 상이 두루 나타남은, 이 주문의 힘이
크게 신비한 작용이 있어서 마귀를 파하여 장애를 끊음이라. 또 이
주문은 八萬항하사 금강장왕보살과 권속들이 주야로 따라다니며
시중을 들어서, 두루 나타난 것이라. 나머지 뜻은 경의 머리와 권의
처음에 이미 해석하였다.

二. 설주(주문을 설하심)

나무사다타소가다야아라하제삼막삼보다사 一
사다타붓다구지스니삼 二
나무살바발다발지살다비폐 비가반 三   27

大眾仰觀兼愛兼抱求佛哀祐一心聽佛無見頂相

放光如來宣說神呪

光中編現金剛藏武之狀者示此呪亦有大神用

破魔斷障也又此呪常有八萬恒沙金剛藏王菩

薩眷屬晝夜隨侍所以編現餘義經首及卷初起

釋之

二說呪

南無薩怛他蘇伽多耶阿囉訶帝三藐三菩陀寫一

薩怛他佛陀俱知瑟尼釤二南無薩婆勃陀勃地薩

나무살다남삼막삼보다구지남 四

사스라바가승가남 五

나무로계아라한다남 六

나무소로다파나남 七

나무사가리타가미남 八

나무로계삼막가다남 九

삼막가파라저파다나남 十

나무제바리스난 十一

나무싯다야비지야다라니스난 十二

28

사파노게라하사하사라마타남 十三

나무발라하마니 十四

나무인다라야 十五

나무바가바제 十六

로다라야 十七

오마바제 十八

사혜야야 十九

나무바가바제 二十

나라야나야 二十一

跢鞞弊三昧迦及南無薩多南三藐三菩陁俱知南四娑

囉婆迦僧伽喃五南無盧雞阿囉漢跢喃六南無

蘇盧多波邪喃七南無娑羯唎陁伽彌喃八南無盧

雞三藐伽跢喃九三藐伽波囉底波多那喃十南無

提婆離瑟赦一十南無悉陁耶毗地耶陁囉離瑟赦二十

舍波奴揭囉訶娑訶娑囉摩他喃三十南無跋囉訶摩

泥十四南無因陁囉耶五十南無婆伽婆帝六十嚧陁囉耶

七十烏摩般帝八十娑醯夜耶九十南無婆伽婆帝十二那囉

반차마하삼모다라 二十二

나무시가리다야 二十三

나무바가바제 二十四

마하가라야 二十五

지리반자나가라 二十六

비다라파나가라야 二十七

아지목제 二十八

시마사나니바시니 二十九

마다리가나 三十

나무시가리다야 三十一

나무바가바제 三十二

다타가다구라야 三十三

나무반두마구라야 三十四

나무발사라구라야 三十五

나무마니구라야 三十六

나무가사구라야 三十七

나무바가바제 三十八

제리다수라서나 三十九

29

野擎耶二十　繫遮摩訶三慕陀囉二十　南無悉羯唎

多耶二十　南無婆伽婆帝二十　摩訶迦羅耶五二十　地

唎般剌那伽囉六二十　毗陀囉波拏迦囉耶七二十　阿地

目帝八二十　尸摩舍那泥婆悉泥九二十　摩恒唎伽拏十三

南無悉羯唎多耶一三十　南無婆伽婆帝二三十　多他伽

跢俱囉耶三十　南無般頭摩俱囉耶四三十　南無跋闍

囉俱囉耶五三十　南無摩尼俱囉耶六三十　南無伽闍俱

囉耶七三十　南無婆伽婆帝八三十　帝唎茶輸囉西那

파라하라나라사야 四十

다타가다야 四十一

나무바가바제 四十二

나무아미다바야 四十三

다타가다야 四十四

아라하제 四十五

삼막삼보다야 四十六

나무바가바제 四十七

아추베야 四十八

다타가다야 四十九

아라하제 五十

삼막삼보다야 五十一

나무바가바제 五十二

베사사야구로페주리야 五十三

반라바라사야 五十四

다타가다야 五十五

나무바가바제 五十六

삼보사비다 五十七

살린나라자사야 五十八

다타가다야 五十九

아라하제 六十

三十波囉訶囉拏囉闍耶四十南無
伽婆帝二四十南無阿孫多婆耶三四十跢他伽多耶四
阿囉訶帝五四十三藐三菩陁耶六四十南無婆伽婆
帝七四十阿芻鞞耶八四十跢他伽多耶九四十阿囉訶帝
十五三藐三菩陁耶一五十南無婆伽婆帝二五十鞞沙闍
耶俱嚧吠柱唎耶三五十般囉婆囉闍耶四五十跢他伽
多耶五五十南無婆伽婆帝五十六三補師毖多五十七薩
憐捺囉剌闍耶八五十跢他伽多耶九五十阿囉訶帝六十

삼막삼보다야 六十一

나무바가바제 六十二

사계야모나예 六十三

다타가다야 六十四

아라하제 六十五

삼막삼보다야 六十六

나무바가바제 六十七

자다나계도라사야 六十八

다타가다야 六十九

아라하제 七十

삼막삼보다야 七十一

제표나무사가리다 七十二

예담바가바다 七十三

사다타가도스니삼 七十四

사다다반다람 七十五

나무아바라시담 七十六

반라제양기라 七十七

사라바부다게라하 七十八

니가라하게가라하니 七十九

발라비지야지타니 八十

31

三藐三菩陁耶一六十　南無婆伽婆帝二六十　舍雞野毋

那曳六十三　跢他伽多耶六十四　阿囉訶帝六十五　三藐三

菩陁耶六十六　南無婆伽婆帝六十七　剌怛那雞都囉闍

耶六十八　跢他伽多耶六十九　阿囉訶帝七十　三藐三菩陁

耶七十一　帝瓢南無薩羯唎多七十二　醫曇婆婆伽婆多

三　薩怛他伽都瑟尼釤七十四　薩怛多般怛囕七十五　南

無阿婆囉視耽七十六　般囉帝揚歧囉七十七　薩囉婆部

多揭囉訶八十　尼羯囉訶羯迦囉訶尼七十九　跋囉毖

아가라미리주 八十一

반리다라야녕게리 八十二

사라바반다나목차니 八十三

사라바도스타 八十四

도시픕반나니버라니 八十五

자도라시제남 八十六

가라하사하사라야사 八十七

비다붕사나가리 八十八

아스타빙사제남 八十九

나차찰다라야사 九十

파라사타나가리 九十一

아스타남 九十二

마하게라하야사 九十三

비다붕사나가리 九十四

살바사도로니바라야사 九十五

호람도시픕난차나사니 九十六

비샤사시다라 九十七

32

地耶叱陀你八十　阿迦囉蜜唎柱八十　般唎怛囉耶儜

揭唎二十八　薩囉婆藥陀那目义尼八十三　薩囉婆突瑟

吒四十八　突悉乏般那你伐囉尼八十五　赭都囉失帝南

八十六　羯囉訶娑訶薩囉若闍八十七　毗多崩娑那羯唎

八十八　阿瑟吒冰舍帝南九十　那义剎怛囉若闍十九波

囉薩陀那羯唎九十一　阿瑟吒南九十二　摩訶揭囉訶若

闍三十九　毗多崩薩那羯唎九十四　薩婆舍都嚧你婆囉

若闍九十五　呼藍突悉乏難遮那舍尼六十九　瑟沙舍悉

아기니오타가라야사 九十八

아반라시다구라 九十九

마하바라전지 一百

마하첩다 一百一

마하제사 二

마하세다사바라 三

마하발라반다라바시니 四

아리야다라 五

비리구지 六

서바비사야 七

발사라마례저 八

비사로다 九

부드마가 十

발사라제갈나아차 一百十一

마라제바반라질다 十二

발사라단지 十三

비사라차 十四

선다사비제바보시다 十五

소마로파 十六

마하세다 十七

아리야다라 十八

마하바라아반라 十九

33

발사라상갈라제바 二十

摩訶稅多七十　阿唎耶多囉八十　摩訶婆囉阿般囉九十　跋

毗舍囉遮四十　扇多舍鞞提婆補視多五十　蘇摩嚧波六十

那阿遮十一百一　摩囉制婆般囉質多二十　跋闍囉擅持三十

囉摩禮底八　毗舍嚧多九　勃騰罔迦十　跋闍囉制喝

阿唎耶多囉五　毗唎俱知六　誓婆毗闍耶七　跋闍

闍二　摩訶稅多闍婆囉三　摩訶跋囉槃陁囉婆悉你

具囉九十　摩訶般囉戰持一百　摩訶帝

怛囉九十七　阿吉尼烏陁迦囉若闍八十　阿般囉視多

발사라구마리 一百二十一

구람다리 二十二

발사라가사다차 二十三

비지야건차나마리가 二十四

구소모바가라다나 二十五

비로차나구리야 二十六

야라토스니삼 二十七

비저람바마니차 二十八

발사라가나가파라바 二十九

노사나발사라돈치차 三十

세다차가마라 一百三十一

차사시파라바 三十二

예제이제 三十三

모다라가나 三十四

사비라참 三十五

굴범도 三十六

인토나마마사 三十七

제자 OOO 수지 오 ㅗㅂ 三十八   34

리스게나 三十九

闍囉商羯囉制婆十二跋闍囉俱摩喇一百二俱藍陀

喇二十 跋闍囉喝薩多遮三十 毗地耶乾遮那摩喇

迦二十 嗢蘇母婆羯囉路那二十五 鞞嚧遮那俱喇耶

二十六 夜囉菟瑟尼釤二十七 毗折嚂婆摩尼遮八二十 跋

闍囉迦那迦波囉婆二十 嚧闍那跋闍囉頓稚遮十三

稅多遮迦摩囉一百三十一 刹奢尸波囉婆三十 翳帝夷

帝三十 母陀囉羯拏四十 娑鞞囉懺三十五 掘梵都十三

六 印兔那麼麼寫句稱弟子某甲受持至此 烏斜八三十喇

34

반자사시다 四十

사다타가도스니삼 一百四十一

호 ㄴㅂ 四十二

도로옹 四十三

첨바나 四十四

호 ㄴㅂ 四十五

도로옹 四十六

시탐바나 四十七

호 ㄴㅂ 四十八

도로옹 四十九

파라스지야삼반차나가라 五十

호 ㄴㅂ 一百五十一

도로옹 五十二

살바야차가라차사 五十三

게라하야사 五十四

비등붕사나가라 五十五

호 ㄴㅂ 五十六

도로옹 五十七

자도라시저남 五十八

게라하사하사라남 五十九

비등붕사나라 六十

호 ㄴㅂ 一百六十一

도로옹 六十二

라차 六十三

바가범 六十四

35

瑟揭拏三十　般剌舍悉多四十　薩怛他伽都瑟尼釤一百

虎𤙖四十二　都盧雍三十　瞻婆那四十　虎𤙖四十　都盧雍九十

都盧雍四十　悲耽婆那四十七　虎𤙖八十　都盧雍九十

波羅瑟地耶三般義拏羯囉五十　虎𤙖一百五　都盧雍

薩婆藥义喝囉剎娑五十三　揭囉訶若闍五十四　毗

騰崩薩那羯囉五十　虎𤙖六十　都盧雍五十七　者都囉

尸底南五十八　揭囉訶娑訶薩囉南五十九　毗騰崩薩那

囉义六十　虎𤙖十一　都盧雍六十二　囉义三十　婆伽梵十六

사다타가도스니삼 六十五

파라점사기리 六十六

마하사라사라 六十七

발수사하사라시리사 六十八

구지사하살니제예 六十九

아볘제시바리다 七十

타타앵가 一百七十一

마하발사노다라 七十二

제리보바나 七十三

만다라 七十四

오 ㄴㅂ 七十五

사시제부바도 七十六

마마 七十七

인토나마마사 七十八

제자 OOO 라사바야 七十九

주라발야 八十

아기니바야 一百八十一

오타가바야 八十二

비사바야 八十三

사사다라바야 八十四

바라자가라바야 八十五

36

四薩怛他伽都瑟尼釤六十五波囉點闍吉唎六十六摩

訶娑訶薩囉六十七勃樹娑訶薩囉室唎沙六十八俱知

娑訶薩泥帝隸六十九阿弊提視婆唎多七十吒吒罌迦

七十一摩訶跋闍嚧陀囉七十二帝唎菩婆那七十三曼

茶囉七十四烏絆七十五莎悉帝薄婆都七十六摩麼七十七

印兔那麼麼寫七十八（至此句準前稱弟子某甲名若俗人稱弟子某甲）囉闍婆夜七十九

主囉跋夜八十阿祇尼婆夜八十一烏陀迦婆夜八十二

毗沙婆夜八十三舍薩多囉婆夜八十四婆囉斫羯囉

돌비차바야 八十六

아사니바야 八十七

아가라미리주바야 八十八

다라니부미검파가파타바야 八十九

오라가바다바야 九十

자사단다바야 一百九十一

나가바야 九十二

비조다바야 九十三

소파라나바야 九十四

야차게라하 九十五

라차사게라하 九十六

피리다게라하 九十七

비사차게라하 九十八

부다게라하 九十九

구반다게라하 二百

보단나게라하 二百一

가타보단나게라하 二

시건도게라하 三

아파시마라게라하 四

오단마타게라하 五　　　37

婆夜八十突瑟义婆夜六十阿舍你婆夜八十阿迦

囉蜜唎柱婆夜八十陁囉尼部弥飼波伽波陁婆夜
九十烏囉迦婆多婆夜九十剌闍壇茶婆夜一百九十那

伽婆夜二十九毗條怛婆夜九十三蘇波囉拏婆夜四十九那

药义揭囉訶五十九私揭囉訶六十九畢唎多揭囉

訶七十九毗舍遮揭囉訶八十九部多揭囉訶九十

茶揭囉訶百二補丹那揭囉訶二百迦吒補丹那揭囉

訶二悉乾度揭囉訶三阿播悉摩囉揭囉訶四烏檀

차야게라하 六

헤리바제게라하 七

사다하리남 八

게바하리남 九

로지라하리남 十

망사하리남 二百十一

미타하리남 十二

마사하리남 十三

사다하리녀 十四

시비다하리남 十五

비다하리남 十六

바다하리남 十七

아수차하리녀 十八

지다하리녀 十九

제삼사비삼 二十

살바게라하남 二百二十一

비타야사진타야미 二十二

계라야미 二十三

파리바라자가그리담 二十四

비타야사진타야미 二十五

계라야미 二十六

다연니그리담 二十七　　38

摩隡揭囉訶五車夜揭囉訶六醯唎婆帝揭囉訶七社多訶唎南八揭婆訶唎南九嚧地囉訶唎南十忙婆訶唎南十一謎陁訶唎南十二摩闍訶唎南十三闍多訶唎女四十視吡多訶唎南五十毗多訶唎南六十婆多訶唎南廿阿輸遮訶唎女八十質多訶唎女九十帝釤薩鞞釤十二薩婆揭囉訶南十一二毗陁耶闍瞋陁夜彌二雞囉夜彌三十波唎跋囉者迦訖唎擔四十毗陁夜闍瞋陁夜彌五十雞囉夜彌六十茶演尼訖唎擔

38

비타야사진타야미 二十八

계라야미 二十九

마하반슈반다야 三十

로다라그리담 二百三十一

비타야사진타야미 三十二

계라야미 三十三

나라야나그리담 三十四

비타야사진타야미 三十五

계라야미 三十六

다타가로다서그리담 三十七

비타야사진타야미 三十八

계라야미 三十九

마하가라마다리가나그리담 四十

비타야사진타야미 二百四十一

계라야미 四十二

가파리가그리담 四十三

비타야사진타야미 四十四

계라야미 四十五

사야가라마도가라 四十六

二十七　毗陀夜闍瞋陀夜彌二十八　雞囉夜彌二十九　摩訶

般輸般怛夜十三　嚧陀囉訖唎擔二百三　毗陀夜闍瞋陀

夜彌三十　雞囉夜彌三十　那囉夜拏訖唎擔三十四

毗陀夜闍瞋陀夜彌三十　雞囉夜彌三十六　怛埵伽嚧

荼西訖唎擔三十七　毗陀夜闍瞋陀夜彌三十八　雞囉夜

彌三十九　摩訶迦囉摩怛唎伽拏訖唎擔四十　迦波唎迦訖唎擔

瞋陀夜彌二百四十一　雞囉夜彌四十　迦波唎迦訖唎擔

四十　毗陀夜闍瞋陀夜彌四十　雞囉夜彌五十四　闍耶

40

羯囉摩度羯囉四十薩婆囉他娑達邪訖唎擔四十七

毗地夜闍瞋陀夜闍四十雞囉夜彌九十赭咄囉婆

耆伱訖唎擔十五毗地夜闍瞋陀夜闍四十雞囉夜彌四十

彌二五十毗地夜闍羊訖唎知五十難陀雞沙囉伽拏般帝

五十索醯夜訖唎擔五十毗地夜闍瞋陀夜闍五十

雞囉夜彌七五十邪揭那舍囉婆拏訖唎擔八五十毗陁一

夜闍瞋陁夜彌九五十雞囉夜彌十六阿囉漢訖唎擔毗陁

陁夜闍瞋瞋陁夜彌十一百二雞囉夜彌二十毗多囉伽

비타야사진타야미 六十四

계라야미발사라파니 六十五

구혜야구혜야 六十六

가지반제그리담 六十七

비타야사진타야미 六十八

계라야미 六十九

라차망 七十

바가범 二百七十一

인토나마마사 七十二

제자 OOO 바가범 七十三

살다다반다라 七十四

나무수도제 七十五

아시다나라자가 七十六

파라바시보타 七十七

비가사다다발제리 七十八

스부라스부라 七十九

다라다라 八十

빈다라빈다라친다친다 二百八十一

호ㄴㅂ 八十二

호ㄴㅂ 八十三

41

訖唎擔六十 毗陁夜闍瞋陁夜彌六十

四 雞囉夜彌跋

闍囉波你六十五 具醯夜具醯夜六十 迦地般帝訖唎擔

六十 毗陁夜闍瞋陁夜彌六十 雞囉夜彌六十 囉

义罔七十 婆伽梵二百七 印兎那 麼麼寫依前稱弟子此弟子七十二至此

名婆伽梵七十三 薩怛多槃怛囉七十四 南無粹都帝十七

五 阿悉多那囉剌迦七十六 波囉婆悉普吒七十 毗迦

薩怛多鉢帝唎八十 什佛囉什佛囉七十九 陁囉陁囉

十八 頻陁囉頻陁囉 瞋陁瞋陁二百八十 虎𤙲二十

반닥 八十四

반닥반닥반닥반닥 八十五

사하 八十六

혜혜반 八十七

아모가야반 八十八

아파라제하다반 八十九

바라파라타반 九十

아소라비타라파가반 二百九十一

살바제비폐반 九十二

살바나가폐반 九十三

살바야차폐반 九十四

살바건달바폐반 九十五

살바보단나폐반 九十六

가타보단나폐반 九十七

살바도랑지제폐반 九十八

살바도스비리그스제폐반 九十九

살바시바리폐반 三百

살바아파시마리폐반 三百一

살바사라바나폐반 二

八十

泮吒八十四 泮吒 泮吒 泮吒八十五 婆訶八十六

醯醯泮八十七

婆囉波囉陁泮九十

阿年迦耶泮八十八 阿素囉毗陀囉波迦泮二百九十一

薩婆提鞞弊泮九十二 薩婆那伽弊泮九十三 薩婆藥义

弊泮九十四 薩婆乾闥婆弊泮九十五 薩婆補丹那弊泮

八十迦吒補丹那弊泮九十六 薩婆突狼枳帝弊泮

薩婆突澀比犂訖瑟帝弊泮九十 薩婆什婆利弊

泮百三 薩婆阿播悉摩犂弊泮一三百 薩婆舍囉婆拏弊 薩婆擎弊

살바지제계폐반 三

살바다마타계폐반 四

살바비타야라서차리폐반 五

사야가라마도가라 六

살바라타사다계폐반 七

비지야차리폐반 八

자도라바기니폐반 九

발사라구마리 十

비타야라서폐반 三百十一

마하파라정양장기리폐반 十二

발사라상가라야 十三

파라장기라사야반 十四

마하가라야 十五

마하마다리가나 十六

나무사가리다야반 十七

비스나비예반 十八

발라하모니예반 十九

아기니예반 二十　　　　43

마하가리예반 三百二十一

薩婆地帝雞弊泮二 薩婆怛摩陀繼弊泮三 薩
婆毗陁耶囉誓遮犂弊泮四 闍夜羯囉摩度羯囉五
薩婆羅他婆陁雞弊泮六 毗地夜遮唎弊泮七 者都
囉縛耆你弊泮八 跋闍囉俱摩利九 毗陁夜羅誓弊
泮十 摩訶波囉丁羊叉者弊泮十一 跋闍囉商羯
囉夜泮十二 波囉丈者囉闍耶泮十三 摩訶迦囉夜
末怛唎迦拏南無娑羯唎多夜泮十四 毖瑟拏婢曳
泮十五 勃囉訶牟尼曳泮十六 阿耆尼曳泮十七 摩訶羯唎

43

가라단지예반 二十二

멸다리예반 二十三

노다리예반 二十四

차문다예반 二十五

가라라다리예반 二十六

가반리예반 二十七

아지목질다가시마사나 二十八

바사니예반 二十九

연길질 三十

살타바사 三百三十一

마마인토나마마사 三十二

제자 OOO 도스타질다 三十三

아마다리질다 三十四

오사하라 三十五

가바하라 三十六

노지라하라 三十七

바사하라 三十八

마사하라 三十九

사다하라 四十

시비다하라 三百四十一

바랴야하라 四十二

44

曳泮三百二
十一　羯囉檀遲曳泮二十　蔑怛唎曳泮二十三

嘮怛唎曳泮二十四　遮文茶曳泮二十五　羯邏囉怛唎曳

泮二十六　迦般唎曳泮二十七　阿地目質多迦尸摩舍那

八十　婆私你曳泮二十九　演吉質三十　薩埵婆寫三百三十一

麼麼印兔那麼麼寫依前稱弟子某三十二至此句　突瑟吒質多三十三

阿末怛唎質多三十四　烏闍訶囉三十五　伽婆訶囉三十六

嚧地囉訶囉三十七　婆娑訶囉三十八　摩闍訶囉三十九

闍多訶囉四十　視毖多訶囉三百四十一　跋略夜訶囉四十二

건다하라 四十三

포사파하라 四十四

파라하라 四十五

바사하라 四十六

반파질다 四十七

도스타질다 四十八

노다라질다 四十九

야차게라하 五十

라차사게라하 三百五十一

폐예다게라하 五十二

비사차게라하 五十三

부다게라하 五十四

구반다게라하 五十五

시건다게라하 五十六

오다마타게라하 五十七

차야게라하 五十八

아파사마라게라하 五十九

택거혁다기니게라하 六十

리불제게라하 三百六十一

사미가게라하 六十二

사구니게라하 六十三

乾陁訶囉四十 布史波訶囉四十 頲囉訶囉四十 婆

寫訶囉四十 般波貿多四十 突瑟吒貿多四十 嘮陁

囉貿多四九 藥义揭囉訶四十 囉剎娑揭囉訶三百五

閉隸多揭囉訶二五十 毗舍遮揭囉訶三五十 部多揭囉

訶四五十 鳩槃茶揭囉訶五十 悉乾陁揭囉訶六五十 烏

怛摩陁揭囉訶七五十 車夜揭囉訶五十 阿播隆摩囉

揭囉訶五十 宅袪草荼耆尼揭囉訶十六 喇佛帝揭囉

訶十三百六 闍彌迦揭囉訶二六十 舍倶尼揭囉訶三六十

모다라난지가게라하 六十四

아람바게라하 六十五

건도파니게라하 六十六

시버라인가혜가 六十七

추제야가 六十八

다례제야가 六十九

자돌타가 七十

니제시버라스사마시버라 三百七十一

박저가 七十二

비저가 七十三

시례스미가 七十四

사니반제가 七十五

살바시버라 七十六

시로기제 七十七

말타베다로제검 七十八

아기로검 七十九

목거로검 八十

갈리도로검 三百八十一

게라하게람 八十二

갈라수람 八十三

탄다수람 八十四

흐리야수람 八十五

46

姥陁囉難地迦揭囉訶六十　阿藍婆揭囉訶六十　乾

度波尼揭囉訶六十　什伐囉堙迦醯迦六十　隱帝藥

迦八十　怛隸帝藥迦六十　者突託迦十七　昵提什伐囉

毖釤摩什伐囉三百七十　薄底迦二十七　鼻底迦三十　室

隸瑟蜜迦四十　娑你般帝迦五十七　薩婆什伐囉六十

室嚧吉帝七十　末隣鞞達嚧制劍八十　阿綺嚧鉗十七

目佉嚧鉗十八　羯唎突嚧鉗三百八十一　揭囉訶揭藍八十

九　羯拏輸藍三八十　憚多輸藍四八十　迄唎夜輸藍五八十

二

47

末麼輸藍八十 跋唎室婆輸藍八十 瑟栗瑟吒輸藍
八十烏陁囉輸藍八十 羯知輸藍九十 跋悉帝輸藍三百
十 鄔嚧輸藍九十二 常伽輸藍九十三 喝悉多輸藍九十
四 跋陁輸藍九十五 婆房盎伽般囉丈伽輸藍九十六部
多毖路茶九十七 茶耆尼什婆囉八十 陁突嚧迦建咄
嚧吉知婆路多毗九十 薩般嚧訶凌伽四百 輸沙怛囉
娑那羯囉一百 毗沙喻迦二 阿耆尼烏陁迦三 末囉
鞞囉建跢囉四 阿迦囉蜜唎咄怛斂部迦五 地栗剌

비리스질가 七

살바나구라 八

사인가페게라리야차다라추 九

마라시페제삼사비삼 十

시다다발다라 四百十一

마하발사로스니삼 十二

마하반뇌장기람 十三

야바도타사유사나 十四

변다례나 十五

비타야반담가로미 十六

제수반담가로미 十七

반라비타반담가로미 四百十八

다질타 十九

암 二十

아나례 아냐례 四百二十一　　　　唵(引)[言*我]帝[言*我]帝

비샤리 비샤리 二十二　　　　　　播(引)囉[言*我]帝

비라발사라타리 二十三　　　　　播(引)囉散[言*我]帝

반타반타니 二十四　　　　　　　冒(引)地娑縛(二合)

발사라방니반 二十五　　　　　　賀(引)

호ᄂᆸ 도로옹반 二十六

사바하

Tādyathā. Oṁ amale amale viśade
vīra vajra-dhare, bandha bandhani,
vajra-pāṇi phaṭ hūṁ trūṁ phaṭ svāhā.
Namaḥ stathāgatāya sugatāya arhate
samyak-sambuddhāya.
riddhyantu. mantra-pada. svāhā.

吒六怛唎瑟質迦七薩婆耶俱囉八肆引伽弊揭囉

喇藥乂怛囉芻九末囉視吠帝釤娑鞞釤十悉怛多

鉢怛囉十一百摩訶跋闍嚧瑟尼釤二十摩訶般頼丈耆

藍三十夜波突陁舍喻闍耶四十辮怛隸拏五十毗陁耶槃曇迦

曇迦嚧弥六十帝殊槃曇迦嚧弥七十般囉毗陁槃曇迦

嚧弥八十跢姪他九十俺十阿那隸十一百四二毗舍提二十

鞞囉跋闍囉陁唎三十二槃陁槃陁你四十二跋闍囉謗

尼泮五十二虎𤙲都嚧甕泮六十二莎婆訶

48

四百十八이전은 삼보성현에 귀의하고자 주문을 펼쳐 공력을 구하여
가피를 원하는 일이고, 다질타에 이르러서는 곧 주문을 설하는
것이다. 말하기를 아래는 비밀 심주이니, 앞에서 한번에 항상
一百八편을 하라는 것은 이를 말함이니 시분을 가리지 말고 감응이
통할 때 까지 주문을 외우라. 다라니는 총지니, 제불의 신비한
지혜와 묘한 작용을 다 지닌 밀어이니, 모든 무량의를 지닌 무량법
이라, 사를 박살내고 정을 세우고, 악을 멸하고 선이 생김을 모두 다
가질 수 있게 하리니, 이에 일컫지 않는 자는
五명(지옥 아귀 축생 팔고 삼재팔난)에 있게 되리라.

三. 결력(공력의 결과)

아난아 이 불정광취 실달다 반달라 비밀가타 미묘장구는 十방의   49
一체제불을 출생시키느니, 十방의 여래가 이 주심으로 인하여
무상정편지각을 성취함을 얻고, 十방의 여래가 이 주심을 잡고 모든
마귀를 항복시키고, 모든 외도를 제압하고, 十방의 여래가 이 주심을
타고 보련화에 앉아 미진국에 응하시고, 十방의 여래가 이 주심을
머금어 미진국에 큰 법륜을 굴리시고, 十방의 여래가 이 주심을
지녀 능히 十방에 마정수기를 주시고, 스스로 과를 성취하지 못
하더라도 역시 十방에서 부처님의 수기를 입으시고, 十방의 여래가
이 주심에 의지하여 十방에 모든 고통을 뽑아 구제해 주시느니, 소위
지옥 아귀 축생 맹눈멀어 농귀먹고 음혀굳어 아성대탈난벙어리 원증회고
애별이고 구불득고 오음치성(치열하여성)한 크고 작은 모든 횡액을   50
동시에 해탈해 주시고, 적난 병난 왕난 감옥난 풍화수난 기갈 빈궁을

생각에 응해서 소산시켜 주시고, 十방의 여래가 이 주심을 따라서 十방에 선지식을 시키사, 四위의(행주좌와) 중에 공양을 여의하게 하사, 항하사 여래가 모임중에 큰 법왕자로 추대하시고, 十방의 여래가 이 주심을 행하사 十방에서 친인을 섭수하게 하사 모든 소승으로 하여금 비밀장을 듣고 놀라거나 두려움이 없도록 하시고, 十방의 여래가 이 주심을 외워서 무상각을 이루사 보리수에 앉아 대열반에 들어가시고, 十방의 여래가 이 주심을 전하여 멸도후에 부처님의 법사를 부촉하사 구경까지 주지하사 엄정계율하사 다 청정을 얻게하리느니, 만약 아가 이 불정광취 반다라 신주를 설하대, 해뜰 때부터 해질 때까지 음성이 서로 관련이 있고, 글자와 구절 중간에 중첩이 안되도록하여, 항하사 겁을 경과해도 다 마칠 수가 없으리니.

51

소위 주심이란 것은 곧즉 대백산개(크고 흰 우산으로 덮음)이니, 광대하고 오염이 없고 법계를 두루 덮는 여래장심의 비밀한 법문이다. 오직 그 광대(넓고크게)하여 주변을 두루 덮어서 여래장이 되는 고로, 가지거나 인하므로, 제불을 출생시키고, 무상각을 이루고, 마귀를 항복받고 응화시킬 수 있고, 모든 고통 고뇌를 뽑아 구제하리느니, 그 나머지 공덕은 항하사겁을 지나도 다 설할 수 없느니라. 지옥 아귀 등은 줄여 八難의 四가지만 든 거고, 사증애별 등은 八苦중에서 줄여 네가지만 거론한 것이라, 관정경에 큰 횡액은 九아홉가지가 있고, 작은 횡액은 무수한데, 친인을 섭수한다는 것은 인연이 있는 것은 모두 섭수한다는 것이다.

{八難者 地獄 餓鬼 傍生 前仏後 盲聾雅 見択世智辨聰 兆汹 無想天 苦者 生老病死 愛別離苦 寃憎會苦 求得苦 五陰熾盛苦}

또한 설하신 주문은 이름하여 여래정이니 너희들 유학은 윤회를
다하지 못하였으니 지성으로 발심하여 아라한이 되도록 하라.   52
이 주문을 지니지 않고 도장에 앉아가지고서는 그 신심에 모든
마사를 멀리 떠나게 한다는 것은 옳을 수가 없느니라.

위에서 여래의 경계를 나타내고, 차는 명역섭점수(점차 수양해
섭수하는 것을 밝히었다) 하니라.

四. 권지三(세가지 지닐것을 권함)

一. 총권(총체적으로 권함)

아난아 모든 세계에서 국토를 따라 살고있는 중생들이, 나라에서
나는 벚나무 껍질, 조개 잎, 종이나 흰모직물에 이 주문을 서사하여
향주머니에 넣어두면, 이 사람이 정신이 혼미하여, 외우거나
기억하지 못하더라도, 신상에 휴대 하거나, 집에 써 두거나 하면, 그
생년이 다 하刀泉(하도록), 一체제독은 소불능해하니라(일체 모든 독은
해를 끼칠 수 가 없는 것이다) 하니라.   53

二. 현익(유익함을 나타냄) 二

一. 표(표함)

아난아 아가 지금 너를 위하여 다시 설하노니, 이 주문은 세간을
구호하여, 큰 두려움 없음을 득하게 하고, 중생은 출세간의 지혜를
성취케 하느니라.

二. 석(品)

아가 멸도후 말세 중생들이 스스로 외우는 자가 있거나, 다른이에게
외우도록 가르치면, 당지하라. 이와같이 외우고 지니는 중생들은
불이 태울 수도 없고, 물이 빠뜨릴 수도 없고, 큰독 작은독이 해칠
수도 없으리니, 이같은 것이 용 천 귀신 정기 마귀 악한 주문이
있더라도 다 붙을 수가 없어 마음이 정수하여, 一체 주문 저주
염고(기생충) 독약 금독 은독 초목의 벌레 뱀류 萬物 독기들이
이사람의 입에 들어와도 감로의 맛을 이룰 것이고, 一체 악성(별로인한
악한 해)과 모든 귀신들이 참심(심을 혼탁하고 추하게)하러, 독을 먹여
놓은 사람이라도, 이와 같은 사람에게는, 능히 악함을 일으킬 수가
없을 것이고, 빈나 야가와 모든 악귀-왕과 그 권속들이 다 깊은
은혜를 받아서 항상 수호를 더하리라.   54

곧즉 소위 세간을 구호하여 크게 두려움 없음을 득하게 하리라.
이주문을 외움으로 이로움을 입은 고로, 모든 악귀왕이 다 깊은 은혜를
받아 금은이 약으로 들어와서, 혹 능발독(독을 발뺄어 낼 수 있)게
하리라.

아난아 당연히 알아라 이 주문은 八萬四千 나유타 항하사 구저(보호
갑)의 금강왕보살종족이 하나하나 다 모든 금강 중생들이 있어서 그
권속이 되게하여, 주야로 따르며 받들 것이니, 설령 산란한 마음이
생겨 三삼마지가 아니더라도 마음에 기억하고 말하고 지니기만 해도
이 금강왕이 저 모든 선남자를 항상 따를 것이니, 하물며 보리심을
결정한 자에게는 말해 뭐하겠느냐. 이 諸(모든)금강보살장왕은 청정한

심이 음밀하고 신속하여 저 신식신비한 식을 발하게 하리니, 이 사람이 때에 응하여 마음이 八萬四千 항하사겁을 기억하여 두루 깨달아 알아 의혹이 없음을 얻어리라. 　　　　　　　　　　　　　　　55

소위 중생은 출세간의 지혜를 성취하리라. 화엄 百二十대수 처음에 이르기를 一百 락차(억)가 一(일) 구저이오, 구저구저가 一(일) 아경다이오, 아경다아경다가 一(일) 나유타이다. 상대방에 대하여는 百千萬億兆京姟(해) 가 즉 락차이니 一億이오, 구저가 兆이오, 나유타가 즉 해 라, 청정한 마음이 음속한다는 것은 묘심이 그림자처럼 숨었어도 신속히 苦疾에 가서 자산(도움)을 발하리라.

　　　　　　　　　　　　　　　三. 광현(널리 나타남) 十

一. 불타악취(악취에 떨어지지 않음)

제一겁으로부터 후신에 까지 세세생생 약차 나찰 부단나 가탁부단나 구반다 비사차 등 모든 아귀 유형 무형 유상 무상 이와 같은 악처에 생기지 않으리니, 이 선남자가 만약 독(읽거나) 송(외우거나)　　56 서(쓰거나) 사(베끼거나) 대(휴대하거나) 장(지니거나)하여, 제색(물질) 로 공양하면 겁겁이 빈궁 하천한 좋지않은 곳이 생기지 않으리라.

一겁은 수행의 시작을 말함이고, 후신 언 수행지성(후의 몸은 닦아서 행하여 이룸을 말)하나라.

二. 획공덕취(공덕을 모아 획득함)

이 제중생들이 비록 그 자신은 복업을 짓지 못해도, 十방의 여래가 소유공덕을 다 이 사람에게 수여하며, 이로 연유하여 항하사 아승지 불가설 불가설 겁을 얻어서, 항상 제불과 같이 한곳에 붙어 생겨나서 무량공덕이 악차 무리와 같아서, 동처(한곳)에서 훈수하여(불길연기처럼 닦아서), 명무분산하리라(영원히 분산함이 없으리라).　　　57

불작유위지업하여도(유위로 업을 짓지 않아도), 스스로 무루의 복을 획득하리라. 화엄 百二十대수에 아승지는 당연 一百 三을 헤아리고, 불가설 불가설은 당연 一百 十九배 하니라. 악차는 과명이니 함께 똑같이 붙어모여 생긴다 하니라.

三. 중행성취(무리를 행으로 성취함)

시고로 능령파계지인으로 계근청정하고 미득계자로 령기득계하고 미정진자로 령득정진하고 무지혜자로 령득지혜하고, 불청정자로 속득청정하고 부지제계로 자성제계 (2)능히 계를 파할 수 있는 사람으로 근을 경계함이 청정하고 아직 경계를 얻지 못한 놈을 경계를 얻게하고 아직 정밀하게 나가지 못한 놈을 정진을 얻게 하고 무지혜자로 령득지혜하고 불청정자로 속득청정하고, 나란한 계를 가지지 못한 것을 저절로 나란한 계를 이루)게 하리라.
1)계를 파한 자는 계근이 청정해지고, 계를 득하지 못한 자는 계를 득할것이고, 미정진자는 정진을 득할것이고, 무지혜자는 지혜를 득할 것이니, 불청정자는 속히 청청을 득하여, 제계를 가지지 못한자는 저절로 제계를 이루게 되리라.) {공부함에 따라 이해정도가 변함 千明}

마등가가 과를 얻은 것으로 추리하건대. 불무(속이지)않았으나, 연
그러나, 지지 회 득기인야(가져서 흐물흐물해진 그 사람을 얻었다)
하니 {지지 수 득기인야 잠시라도 지니면 그사람이 득할 것이니 千明},   58
앞에서 말하기를 하나가 불청정하면 성취하지 못할 것이라 했는데,
후에 말하기를 여법하게 계를 지니면 필히 심통을 득하리라 하였으니,
행인면 심지하여 물 도희기야(수행인이면 세밀히 살피지 말고 맨발로
분에 넘치는 것을 바라는 무리가 되려 하느냐).

四. 멸경중죄(가볍고 무거운 죄를 멸함)

아난아 이 선남자가 이 주문을 지닐 때에, 이주문을 가졌을 때 설령
아직 받지 않았을 때 금계를 범했다해도, 주문을 가진후에는 많은
파계의 죄가 경중을 묻지않고 一(일)시에 소멸하리니, 종경비록 음주
하고, 五신체를 먹고, 종종부정하게 지냈더라도, 一체 제불 보살 금강
천선 귀신들이 허물을 삼지 않으리니, 설령 부정하고 파폐의복
하여도(파하여 부정행위를 입었더라도), 一행一주(한번 행하고 한번
머무름이) 모두 다 청정과 같아서 비록 단을 짓지않거나, 도장에
들지 않고, 도를 행하지 않더라도, 이 주를 외우고 지니기만해도,
단에 들어가거나 행도하는 공덕과 돌이켜 같아지리니, 다를것이 있지
않으리라. 만약 五역 무-간 중-죄나, 모든 비구 비구니가 四기나   59
八기를 지었다고 하더라도 이 주문을 자기가 외우므로 이같은 중업이
맹렬한 바람에 뭉쳐진 모래가 불어 흩어지듯이 다 멸하여 없어지리니
다시 털끝만큼도 남음이 없어리라.
{觸比丘尼染心男身相 觸八比丘尼染心男予执衣执碍處入碍罔住罔言
罔行 身相辜相期約 覆他 人重罪覆護 隨大衆非者隨之衣食供給}

아직 받지 않은 것은 주문을 지니지 않았을 때이고, 마시고 먹은 것은 다 지난 일을 말함이다. 비구 비구니의 四기는 즉 四중죄이니 범함을 당연히 물리쳐 버려야 할 것이고, 함께 머무르지 말아야 할 것으로 비구니는 八기이니 가 촉 입 복 수 (접촉 들어감 덮어줌 따라감)가 더해지니라.

五. 소제숙장(과거의 묵은 장애를 사라지게 함)

아난아 만약 중생이 무량무수겁으로부터 소유한 一切(일체)의 경중죄와 장애를 전세로부터 참회하지 않았더라도, 만약 이 주를 독송서사하여, 신상에 휴대하거나 지니거나, 안주하는 집이나 정원이나 머무는 곳에 두면, 이와같이 쌓인 업이 탕에 눈이 사라지듯하여, 오래지 않아 다 무생인의 깨달음을 득하리라.   60

六. 소구수원(구하는 바가 원대로 따름)

또한 아난아 만약 여인이 남녀를 생기지 못해 잉태하기를 바라거나 구하여 만약 지심으로 이주문을 기억하고 생각하거나 혹 신상에 이 실달다반달라를 휴대하는 자는 문득 복덕 지혜 남녀가 생길 것이고, 긴 수명을 구하는 자는 곧 긴 수명을 득할 것이고, 과보를 구하여 속히 원만하기를 바라면 원만을 득하리니, 신-명 색-력힘도 다 이러하리니, 명이 다한 후, 十방국토에 수원왕생하여 필히 정해져서 하천한 변지에 태어나지 않으리니, 어찌 하물며 잡스러운 형태가 되겠느냐.

잡형이란 귀신이나 축생 등의 무리이다.

七. 능안가국(집과 나라를 편안하게 함)

아난아 만약 모든 국토에 주 현 취락에 기아와 흉년 질병이나   61
창병이 생기거나 혹 도병 적난 투쟁 겸하여 기타 일체 액난의 땅에,
이 신주를 복사하여 성의 네문이나 아울러 모든 지제(북을 지탱하는곳)
에 안치하거나, 망루위에 탈도(펼쳐두)거나, 그 국토의 중생으로
하여금 이 주문을 봉영하고(맞아 받들고), 예배공경하고, 一心(일심)으로
공양하며, 그 인민으로 하여금 각각 몸에 차든가(패), 혹은 사는
택지에 안치하면, 一체의 재앙과 액이 다 소멸하리라.

지제가 어찌 공양처 이겠는가, 곧즉 청정찰해를 통칭함이요, 탈도는
당(기, 휘장)을 말함이라.

八. 세풍민락(세월이 풍년들고 민이 안락함)

아난아 재재처처에 국토중생이 이 주문을 따라서 있으므로, 천룡이
환희하여, 풍우가 순조로운 때를 만나, 五곡이 풍성한 은혜를 받고,
징조가 차단되고 안락하여, 역시 一체의 악성을 진압하여 사방을
따르는 변괴와 재난 장애가 일어나지 않을 것이니, 사람이 횡사 요절
함이 없고, 수갑 형기 가쇄가 몸에 붙지도 않아서 주야로 편안한
잠을 자고, 항상 악몽도 없으리라.   62

九. 재난불작(재난과 변괴가 일어나지 않음)

아난아 이 사바세계에 八萬四千의 재난 변괴 악성이 있는대, 二十八
대악성이 상수가 되고, 또 八대 악성이 있어서 그 주가 되어 종종의

형으로 세상과 시간에 나타나서 중생에게 갖가지 다른 재앙을 생기게
하나니, 이 주문이 있는 땅에는 다 소멸하여 十二유순이 결계지를
이루어 모든 악의 재앙의 징조가 영원히 들어올 수 없느니라.

천반시하고 물역리하末(하늘은 때를 뒤집고 만물은 순리를 거스르니),
개 소이 위재 이반지역지리니(다 재앙이라 하는것이 반대로 뒤집고
거스르기〈반대로 바꾸어 바로 잡기) 때문 이리니. 직무가 사람을
부르고, 하늘이 물건을 주나니, 응함이 있을 뿐이라, 소위 재난과
변화의 악성은 즉 사람에 응한 재앙이요 악자라, 八萬四千의 중생에
응해 생긴 번뇌의 업이다. 二十八은 즉 四방의 벼리(기)요,   63
八은 즉 五행의 경이니, 나경으로 패(살별)를 계산할 것이라, 순은 즉
복이 응하고, 역은 즉 재앙이 응하니, 소위 혜즉길(은혜로 나아감은
길이요), 종역흉야(역에 따르면 흉이라), 재앙이 다르게 생길 수 있는
것도 역시 응함이 그 역 이었을 뿐이니, 혜성 살별 비성 류성 같은
것도, 별이 아니라, 별업에 응했을 뿐 이라, 지금 주문의 힘으로 온갖
순조로움을 불러 맞이하는 고로, 악한 변괴가 하늘에 다 멸하여,
재앙과 상서가 그 경계로 들어가지 않을 새, 길흉의 상서가 미리
보이게 되느니라.

十. 결고행인(결론지어 수행인에게 고함)

시고로, 여래가 이 주문을 베풀어 보이시니, 미래세에 초학의 모든
수행자를 보호하여, 三삼마지에 들게하고, 신심이 태연하며, 큰   64
안은을 득하고, 다시 一체(모든) 마귀와 귀신, 무시래의 원통, 횡액,
과거의 재앙, 오랜 업, 묵은 채무가 와서 서로 번뇌하고 해함이

없으리니, 너와 대중 중에 모든 유학하는(배우는) 사람과 미래세의
모든 수행자가 아의 단장에 의지하여, 여법하게 계를 지니대, 계를
받는 것을 주인으로, 청정한 승으로 받들고, 이 주에 심이 의혹과
회의를 일으키지 않으리라. 이 선남자가 이에서 부모가 낳아준
몸으로 심(마음)의 통함을 얻지 못한다면 十방 여래가 곧 망어를 한
것이리라,

계가 청결하고 마음이 정성스러워야 결정코 감응에 이를 수 있으리
라고 말하니다. 통은 장애가 사라짐을 일컬음이요, 지혜가 밝아져
금강장 같으니 속발할 일이라.

三. 증원호지(대중이 보호하고 지키기를 서원함) 六

一. 금강중

이 말을 설하시자 모임가운데 무량百千의 금강이 一시에 부처님 앞에
합장 정례하고 백불에게 말하되 부처님이 설하신 바와 같이 나는
당연히 이와같이 보리를 닦는 자들을 성심으로 보호하겠나이다. 65

二. 천왕중

너들 때에 범왕과 천제석 四천대왕이 역시 부처님 앞에 동시에
정례하고 백불에게 말하되 이와같이 수학하는 선인을 세심히
살피건대, 아는 당연히 마음을 다하여 지성으로 보호하여 그 一생에
원하는 바 대로 이루어지도록 하겠나이다.

당나라 선율사가 행도 할 때 질족한 일이 이 설과 부합되는 것이다. {唐宣律師 深夜에 精進 跌足 忽然 神人以奉階下 不落 律師 驚之 柳 何人間之 答我北方此沙門天王子威大將軍天帝釋奉兮 擁護父远矣辻 도선율사가 발을 헛디뎠는데 대장군이 옹호하였다}

三. 귀사중

또 무량약차대장과 모든 나찰왕과 부군나왕과 구반다왕과 비사차왕과 빈나 야가 모든 대귀왕 및 모든 귀신의 스승이 역시 부처님 앞에 합장 정례하고 아도 역시 서원하나니, 이 사람이 보리심을 속히 원만하게 성취하도록 호지하겠나이다.   66

四. 천신중

또 무량일월천자와 풍사 우사 운사 뢰사 전백등과 년세순관 모든 별권속이 역시 모임 중에서 정례불족하고 백불에게 말하되, 아도 역시 비호하여 이 수행인이 도장을 안립하고 무소외를 득하도록 하겠나이다. {陰陽精爲日月風雨雲雷 各爲從日 世間 善惡巡行 察 名 巡官}

五. 지기중

또 무량산신 해신 一체 토지 수와 육 공 행 만물 정기와 풍신왕과 무색계천이 여래앞에 동시에 계수하고 백불에게 말하되, 아도 역시 이 수행인을 보호하여 보리를 이루게 하고 영원히 마사가 없도록 하겠읍니다.   67

풍사는 풍을 행하고 풍왕은 풍을 주재하느니 이들과 무색천을 함께
계속하여 지기에 열거한 것은 앞에 열거한 석범과 바야흐로 二천欲
色界에 미치게 하였고, 후에 **地水**를 들었고, 다하지 못한 것이 풍 화
인 고로, 마지막에 풍신을 들어 四대를 갖추었으므로 무색을 들었으니
이로써 三계를 갖춘 것이다.

六. 보살중

너들 때에 八萬四千 나유타 항하사 구저의 금강장왕보살이
큰모임중에 있다가 자리에서 일어나 정례불족하고 백불에게 말하되,
세존이시여 아의 무리들이 공업을 닦은 바 보리를 이룬지
오래되었으나 열반을 취하지 않고 항상 이 주문을 따라 말세
三삼마지를 수행하는 정수행자를 구호하겠습니다.   68
세존이시여 이와같이 마음을 닦아 바른 선정을 구하는 사람이 만약
도장에 있거나 경행하거나, 마음이 흩어져 취락에서 유희하더라도,
우리들 도중들이 항상 응당 따라다니며 이 사람을 시중들고 보위하여,
비록 마왕과 대자재천이 방편을 구하더라도 마침내 얻을 수 없도록
하겠으며, 모든 소작은 귀신이 이 사람을 떠나 十유순밖에 있도록
하겠으며, 제피발심락수선자(저 **발심하여 선을** 수행하기를 **좋아하는**
사람은 제외) 하리다. 세존이시여 이와같이 악마와 마의 권속이 이
선인을 침해하여 시끄럽게 하고자 하면, 내가 이 보저로 그 머리를
훼손하여 **박살내고** 미진같이 만들어, 항상 이 사람으로 하여금
원하는 데로 되도록 하겠읍니다.

三. 증과분

욕 색계 중에 한 하늘이 이름하여 대자재 즉 마왕천이다. 이상
수도분을 竟끝내느니라. 三증과분은 앞에서 밀인요의를 이수(닦음)
함으로써 불과를 증득 할 수 있을 것이라.   69

아난이 이에 홀로 닦아 증득하는 지위를 묻거늘, 세존의 답문에서는
十二류생을 펴시고 후에 五十七위를 밝히셨으니 뜻은 一체중생으로
하여금 이 법문에 의지해서 범인에서 성인으로 들어감에 중중히
끝까지 연구하여 묘각이 다함에 이르러 무상도를 성취한 이후에
마치게 한것이다.   글월 二

初. 아난청문(아난이 질문을 청함)

아난이 자리에서 일어나 정례불족하고, 백불에게 말하대, 우리들이
우둔하여, 많이 듣기만 좋아하고, 제 루심에서 나와서 여위기를
구하지 아니하더니, 부처님의 자비로운 가르침을 입어사, 바른훈수를
득하여, 신심이 쾌연하여, 큰 요익을 힉득하였겨니와, 세존이시여
이와같이 부처님의 三삼마지를 수증하대 아직 열반에 이르지 못하였
사오니 어찌해야 이름하여 건혜의 지가 되고 四十四심을 어떻게 점차
이르러서, 수행과목을 득하여, 어느 방소로 나아가야 이름하여   70
지중에 들어가겠으며, 어찌해야 이름하여 등각보살이 되겠나이까.
이와같이 말하고 五체투지하며 대중이 一심으로 부처님의 자비로운
음을 기다리며, 징몽첨앙 하리니(똑바로보며 고요한 마음으로 우러러
보리니).

성위의 극과를 왈 열반이오, 처음 인을 왈 건혜라 하니, 건혜로 부터
신 주 행 향 및 四가행에 들어가 四十四심이 되리니, 즉 신 해 행
位이니 과목을 왈 수행이라 하고, 다시 十지로 나아감을 이름하여
지중에 들어간다 하니, 이것이 초증이오, 十一지에 이르러 명 등각이
된다. 오히려 이것도 분증(나누어 증득)하지만, 열반에 도달해야
이름하여 묘각이니 이에 극증이라. 응시를 왈 瞪(징)이오, 冥心(명심
어둡게 잠긴 마음)이 즉 瞢(몽)이다.

二.불자개시(부처님이 자비로 열어 보이심) 二

初. 찬탄 허락

너들 때에, 세존이 아난을 찬탄하시고 말하였다. 선재 선재 너희들이
널리 대중과 모든 말세의 一切(일체) 중생을 위하여 三삼마지를 닦아
대승자를 구하는 데, 범부에서부터 대열반까지 무상 정 수행로를 71
현시하기를 너희들이 이제 체청하였으니 당연히 너희들에게 설하리라.
아난과 대중이 합장하고 마음을 가다듬고 묵연히 가르침을 받았다.

고제잡상(모든 잡생각을 갈라 제거)하고 겸허하게 가르침을 받았다.

二. 광진(널리 펼침) 五

初. 본무수증(본래 닦고 증득함이 없음)

부처님이 말씀하셨다. 아난아 당지하라. 묘성이 원명하여, 모든
이름과 상을 여위면, 본래 세계 중생이 있는 것이 아니니라.

二. 인망유수(망으로 인해 수행이 있음)

망령으로 인해 생이 있고, 생으로 인해 멸이 있으니, 생멸이 명
망이오, 멸망이 명 진이니, 이것이 칭 여래 무상보리 대열반 二전의
라 이른다.   72

생멸 진망 보리 열반이 다 소위 모두가 상의 이름이라. 묘성 가운데
본래원이(본래 원만하여 여읨이)거늘, 미혹과 망령이 서로 원인이
된고로, 수닦음가 있고 증득이 있다. 이에 不각이 굴러서 보리에
의지하고, 생사가 굴러서 열반에 의지하니 명(이름하여) 二전의
(두가지 구름에 의지함)라 부른다.

三. 령식망인(망의 원인을 인식하게 함) 二

一. 략거(간략하게 듦)

아난아 너들이 지금 진實한 三摩地(삼마지)를 닦기를 바라고, 여래
대열반자로 바로 가고자 하니, 먼저 당연히 이 중생세계의 二전도의
원인을 인식해야 한다. 전도가 생기지 않으면, 이것이 곧 여래 진實
三摩地(참 삼마지) 이니라.

73

앞에서 三종이 서로 연속됨(三종상속)을 밝히셨고 이것이 二전도의
원인을 밝힌 것이라, 그래서 개합(열리고 닫힘)이라 말하였으니,
아래에서 훈으로 업을 이루未, 곧 섭업과 라. 단, 앞에서는 생기는
상을 밝히셨고, 여기서는 수행으로 끊는 요지를 밝히셨으니, 義는

같으나 意가 다름이라. 三摩地(삼마지)를 닦을 적에, 전도로 인한
것임을 인식할 수 있으면 능히 단치(끊어서 치료)하리니. 전도와
망이 생기지 않으면 즉 바른 성에 돌아갈 새, 고로 왈 이것이 곧
여래 진人 三摩地(삼마지) 니라.

{見道分 心窮萬法決通 数科 業果起始衆生世界 三種}

二. 상명(상세히 밝힘) 三

一. 총서도인(전도의 원인을 총체적으로 밝힘)

아난아 어찌 이름하여 중생전도라 하는고, 아난아 성으로 말미암아
마음을 밝힘은, 성 명 원 고(성이 밝고 원만하기 때문에), 밝음뿌착
으로 인하여 성業相이 발하니, 성이 망이라하여 견이 생轉相기니,
필경眞 무로 부터 구경成三細 유를 이루니, 이 유現相와 유소界位,
유業相轉相와 비, 인과 소인, 주現相와 業轉相소 世位주가 서로 무근본을
了잠간하니, 根本源六무주가 세계와 모든 중생을 건립했노라.

{界 世 有情 妄相 情 衆 然也}   74

성 명 심 은 진-여-체를 가리킴이라, 성 명 원 이라 말한 것은
불수자성(자기 성을 가지지 않음)이라, 그 불수자성(자기의 성을
가지지 않음)을 연유한 고로, 망으로 인하여 밝음으로, 망성을
발하므로, 망성으로 인하여, 망견이 생기었다. 이에 무상 진을 따라
유상 망이 성립된 고로, 왈 필경무로부터 구경유가 성립 하니라.
그러나 이 능유와 소유, 능주와 소주는 모두 인도 소인도 아니니, 모두
료(잠간) 무근본源임을 견이라 부른다. 根本源 이 머무름이

없어, 세계와 중생을 건립하여, 칙즉 둘을 아는 놈이, 인도 없고 본도 없어, 전부 곧즉 다 전도된 망일 뿐이다.

75

二. 파성二도(갈라져 二전도를 이룸) 二

　　　　　　　　　　　一. 중생전도(중생의 뒤바뀜)

미혹의 근본은 본래 두루 밝은것이나, 이 생이 허망하니(허망한 짓을 하여 생기니), 망성은 무체라, 의지할 곳이 있는 것이 아니다(망성은 체가 없어 의지 할 것이 못되느니라).

미혹은 진이 망을 일으키어, 모든 상은 경쟁하여 생기는 고로, 이름하여 중생이고, 이는 밝음이 망을 일으키는 근본이다(허망을 일으키는 근본을 밝혔고). 하(아래)는 밝음이 경쟁으로 생기는 것이 상이다 (경쟁으로 생기는 상을 밝혔다).

장차 진을 복구하고자 욕망하여, 진을 욕망함은 이미 참된 진여성이 아니고, 진 아닌것이 복구하는 것은 완전히 상 아닌것을 이루니, 생도 아니고, 머무름도 아니며, 심도 아니고, 법도 아닌것이, 펴지고 구르며(되풀이하여, 세포분열) 발생하여, 힘이 생겨 밝음을 발하여, 연기처럼 스며들어 쌓여(움직여) 업(직업, 할일)을 이루는데, 같은 업끼리 서로 감화하니, 원인이 있으면 감업하여(업을 느끼어), 서로 멸하고 서로 생하니, 이같은 사유로 중생전도가 있게 되었다.

원인이 미혹한 것이 본성인 고로, 진으로 돌아가고자 욕망하느니,
그러나 희구하는 욕심이 생기면, 저절로 이미 진을 잃은 고로, 왈
진을 욕망하면 이미 진實한 진여성이 아니다. 이 비진으로 진에   76
돌아감을 구하면 칙즉 완전히 굴러 허망을 이룬다 할새, 고로 왈 완전
상 아닌 것을 이룬다 하리니, 마침내 생 주 심 법의 百도 아닌
것들이, 경쟁을 발하여, 전전훈감(펴고 구르고 훈섭 감화)하는 고로,
모든 상이 경쟁하여 어떻게 생겼다 하느니, 없는 것이 홀연히 있게
될새, 왈 生이오, 생이 점점 멈추는 것을 왈 住라 하고, 연려가
상속할새 왈 心이오, 염정이 차별함을 왈 法이니, 중생전도가 이로
연유하여 발생했노라. {迷性兮 欲復性}

二. 세계전도(세계의 뒤바뀜)

아난아 어떤 것을 세계전도라 이름하는고, 이런 유現 유소業轉(있고
있는곳이), 분단四方界(단으로 나누어져), 망이 생겼으니, 이로 인하여,
계가 성립하여, 비 인 소인(원인도 원인의 곳도 아니며), 무 주 소주
(머무름도 머무는 곳도 없다) 하여, 옮기며 흘러 머무르지 않을새,
이로 인한 세가 성립 하니, 三세 四방이 화-합 서로 섭렵하여,
변화十二目綠한 중생이 十二류를 이루느니라.

{一 氣汽而成三世   二 仅位而立四   三 世各具四方十二方   四 方各具三世十二世}

앞첩에서 이 유와 소유, 비 인 소인 등은 의뜻라 밝다世界하리니.   77
유와 소유 때문에 분단四方이 있고, 분단이 있기 때문에 방위가
있다하니, 계가 방위가 되기 때문에, 이로 인하여 이런 계가
성립하니다. 무소인 즉 무소주하고(원인의 곳이 없으니 머무를 곳이

없고), 무소주 즉 상천류 하느니(머무를 곳이 없는 즉 항상 옮겨
흐르느니), 세는 변천하여 흐르는 고로 이로 인해 세가 성립하니라.
三세 四방이 완전히 十二을 구르는 고로, 그 사이를 흐른다고 한다.
다 그 변화를 따르니, 이것이 세계전도의 사유이니라.

三. 광명화리(변화衆生趣의 이치를 널리 밝힘) 二

　　　　　　　　　　　一. 원十二변(十二변화의 원리)

시고로 세계는, 동으로 인하여 소리가 있고, 소리로 인하여 색이
있고, 색으로 인해 향이 있고, 향으로 인해 촉이 있고, 촉으로 인해
맛을 알고, 맛으로 인해 법을 아느니, 六난 망상이 업성을 이루는
고로, 十二구분이 이른 사유로 윤전하느니라. 시고로 세간의　　78
성향미촉이 十二변화를 궁구하여, 한번 돌고 회복하여, 만물이 다
유동을 따라서 형이 생기니, 동 즉 소리가 있고, 형 곧 색이라. 고로
왈 인동하여 유성하고, 인성하여 유색하고, 향미촉법이 다 상으로
인해 갖추어졌다. 이같은 사유로 六경계하여, 六정을 발기하未, 명
六난망상이니. 정위 혹업 지 根본源로(바름이 업을 유혹 하는 근본원
이기 때문에), 이름하여 업성이니, 十二류가 이로 인해 생겨 윤전한다.
세간(세 사이)의 성향미촉을 위첩에서 六란망상의 류라 한다. 그
구분을 이르기를 이미 각 十二(內六根外六入 六亂念心)이니, 변함도 역시
각 十二로 궁리하는 고로, 六난망형이 무명으로 부터 행을 연하므로,
변화하여, 노사에 이르러, 마치고 다시 시작하는 고로, 왈 十二변화를
궁구하여, 一선복(한번을 돌아 다시)한다 하느니라.

二. 변십이류(十二類를 말씀함) 三

一. 총표(총체적으로 표함)

승차(이렇게 거듭타서) 윤전하는 전도상(서로 전도하는 상)인 고로
이에 세계에 난생 태생 습생 화생 유색 무색 유상 무상 약비유색
약비무색 약비유상 약비무상 이 있나니라.

윤전전도상은 즉 六난망상 등의 상이다. {六亂妄想此是六識也}

二. 별명(별도로 밝힘) 十二

一. 난생

아난아 세계에 허망이 윤회하는 원인으로 말미암아 움직여 전도하기
때문에, 화합한 기운이 八萬四千의 비침(날고 잠기)는, 난상이 이와
같은 고로 알이 갈라져 남(갈라남)이 있어 국토에 흘러 돌아 어물고기
조새 구거북 사뱀 의 종류가 가득차느니라.

난은 사유하는 생각이 허망을 생기게 하니 즉 상이라, 상의 체는
가벼워 들리니, 이름하여 동전도요, 난은 기와 교차하니, 이름하여
화합하는 기가 상을 이루어, 오르고 가라앉음이 많아(다승침)

이름하여 비(날고) 침(가라앉는) 상인 고로, 감화하여 어 조 비
침지잠기는류 라, 十二類가 각 八萬四千이니 각 八萬四千번뇌가
감화하여 변함이라. 갈라남은 응겨 미끄러운것인데 입태의 초위로
태난이 나누어지지 않은 상이라.

二. 태생

세계에 잡염(잡스러운 물듦)이 윤회하는 원인으로 말미암아 전도를
바라는 고로 화합하여 달라붙어 八萬四千의 가로세로의 난상이
성립함이 이와같은 고로 태로 막혀 부들처럼 끼임이(알포담) 국토에
흘러 돌아 사람 축생 용 신선 등의 종류가 가득차느니라.   81

태는 정(뜻)으로 인하여 잡염을 있게함으로, 곧즉 정이라, 정은
사랑에서 생기니 이름하여 욕망의 전도요, 태는 정으로 교감하니,
이름하여 화합하여 붙어, 이루어져, 정은 치우침편과 바름정이 있어,
이름하여 가로세로 난상인고로, 감화하여 사람과 축생의 횡수지류
라, 알포담은 포(여드름)이니 즉 태 난이 점차 나누어지는 상이다.
허망 잡염 집착 유애 등 유정을 다 갖추고 있건대 단 무거운 쪽으로
치우치는 놈이라, 감화하는 종류이니, 갈남 등은 태난을 다 갖추고
있으나 차제로 말한 것은 앞의 것은 뒤의 것을 갖추고 있으나, 뒤의
것은 앞의 것을 갖추고 있지 않음이라 (앞다리는 뒷다리의 역활도
하지만, 뒷다리는 앞다리만 못하다).

三. 습생

세계에 집착이 윤회하는 원인으로 말미암아 취향이 전도하는 고로,
따뜻함을 화합하여 八萬四千의 번복난상(뒤집고 덮는 어지러운 상상)
으로 이룸이 이와같은 고로, 습한상이 폐호가(집을 덮어, 습을 유지
하기 위해 집을 지고다니는 달팽이 류), 유전국토하니, 꾸물거리고
굼틀거리는 종류가 가득차느니라.   82

습으로 합하여 집착을 감화한 것이 합이라, 합은 사랑이라는 사유로
지체하여(막혀서), 觸(접촉)이라는 경계에 달라붙기를 趣(재촉)하니,
이름하여 촉전도(재촉하는 뒤바뀜)이다. 습은 양으로 생기므로
이름하여 화합난(따뜻함과 화합함)하여, 취향하는 바로 이루어지니,
정함이 없는지라, 이름하여 번복(뒤집히고 덮는) 난상이니, 고로
준꾸물대고 윤굼틀거리는 번복지류라. 폐시는 부드러운 살이니, 습생의
초 상이다. 十생이, 다 음욕에 근본하여, 情想에 일어나니, 정에
미혹할 수록 망인 고로, 변화하는 이치가 점점 더 기울어진다. 탕에
들어가야 (끓는 물에 들어가서야), 공이 되어 흩어지니, 완고한 것은
목석이 되고, 망은 끝이니, 비록 다르지만 망이라는
근본은 一(하나)라.

四. 화생

세계에 변역(변하여 바뀜)하여 윤회하는 원인으로 말미암아, 가전도
(가짜 임시 전도에 의지)하는 고로, 촉과 화합하여 八萬四千의   83

새것과 낡은 난상(잡난한 상상)이 이와 같은고로, 화생의 갈남이
국토에 흘러 돌아, 전태비행(탈바꿈하여 날아다니는것)하는 종류가
충색(가득 찬다)하느니라.

화하여 떠나므로 응하느니, 변하여 바꿈이 곧즉 떠남이라, 이것에서
떠나고 저것에 의탁할새, 이름하여 가전도 라, 닮음으로 종류가
변하는 것으로, 이름하여 화합촉을 성립하여 구르기 때문에, 새것을
취할새, 이름하여 새것과 낡은것의 난상이니, 감보(보를 느낌이)가 역시
이러하니, 태(허물)는 탈고(벗기 때문에), 탈고취신야(옛것을 버리고
새것을 취한다)이니, 여충위주 (벌레 같은 것이 나비가 되는) 칙즉,
전행위비오(굴러가는기는 것이 나는 것이 됨이오), 작위합(참새가
대합이니 {조개는 짝이니 참새의 짹짹과 동음이의 吏讀}) 칙즉, 태비위잠
(허물과 나는것이 잠재 되어있음)이니, 범이부동형으로 상선함이(무릇
같지않은 형이 서로 바꿈이), 개전탈야 (다 탈바꿈이다). 갈남은
굳은살 이라 하는데, 허물을 벗은 곧즉, 체를 이루니, 무연상이다
(보드라움이 없는 상생각이다). 아래로 부터 다 갈남이라 칭하는 것은
모든 종류인데, 통칭 이에서 그치니, 제五다섯번째 발라사거 같은 것은
왈 성형이니, 칙즉 각각 모상비통칭야(모양과 형상을 따른 것이지
통칭은 아니다). {조개는 발라사거 발라서 먹는다 吏讀}　　　　　84

五. 유색

유인세계 유애 윤회(세계에 머무르고 걸리는 원인으로 말미암아 윤회)
하느니, 막혀서 전도하는 고로, 화합着저=朙(나타내려함과 화합) 하여,
八萬四千의 정요난상(깨끗하고 빛나는 어지로운 상상)이 이와 같은

고로, 유색갈남이 있어서, 국토에 유전하여, 휴구정명한(아름답고
추하며 깨끗하고 밝은), 종류(무리)가 충색(빽빽하게 가득차)느니라.

진성은 원융하고 맑아서, 본래 머무르거나 거리낌이 없고, 또한
빛이나 빛남도 없거늘 미체(미혹한 막힘. 흐리멍덩함)한 사유로
유애(머물러 걸림)를 이루어, 윤회하여, 막혀서 실융잠(원융하고
맑음을 잃어)하여, 망이 밝음과 합하여 나타나서, 맑음에 붙어 빛을
발함으로 정요(정밀하게 빛남)를 이루어 휴(吉)로는 三日月星 광 이午
구(凶)로는 살별이라, 일체 정명신물(정밀하게 밝은 신비한 물)이 다
정요라. 그 생각이 이미 맺어져 정요를 이룬 고로, 단 유색일 뿐이다.
열반경에서 운 八十신이 다 유애상(머무르고 걸리는 생각)을
근원으로 그 정요를 이룬다고하니, 이것이 비록 지정지신(지극히
정하고 지극히 신비)하더라도, 역시 저 윤전(윤회의 굴레)을
불러타고 떠나지 못함이, 전도상야(뒤바뀐 생각이다).   85

六. 무색

유인 세계 소산 윤회(세계에 없어지고 흩어지는 원인으로 말미암아
윤회)하느니, 혹전도 하는 고로, 어두움과 화합하여, 八萬四千의
음은난상(어둡고 은밀하고 문난하게 생각)함이 이와 같은 고로,
무색갈남이 있게되어, 국토에 흘러들어 공산소침하는(허공에
흩어지고 사라져 잠기는), 종류가 가득 차느니라.

염유착공하여(존재하는데 물려싫증이 나서 허공에 붙어 나타나서),
몸을 멸하여 무로 돌아감을 이름하여 소산윤회(사라져 흩어져 윤회)

라 한다. 미루무문(새는 것에 미혹하여 들음이 없음)을 이름하여
혹전도(혹한 전도)라 한다. 염유귀무(존재하는 데 물려 무로 돌아감)
하여, 매매(어두운) 공에 의지하는 고로 어둠과 화합하여 이루어지는
것이 이름하여 음은난상 이니, 즉 무색계 외도의 종류라.   86
이 유상하고 무색하더라도 업체(업의 실체)는 없는 것이 아니므로,
역시 갈남 이라 말하니, 또 유혹업(의혹이 있는 업)이다.
혼중(어둠속=흐리망덩함)하여, 형색이 닳아서 없어져서, 체가 공매와
합한다 하고, 앎이 음은에 붙어, 역시 공산소침류라 한다.

七. 유상

세계에 망상(없는 형상)을 원인으로 말미암아 윤회하여, 그림자 같은
전도로, 기억과 화합하여 八萬四千의 잠결난상(잠겨 맺혀 어지럽게
상상)하니, 시고로 유상갈남이 있게 되어, 유전국토하여, 神 鬼 정령
의 종류가 가득차느니라.

허망실진(허망이 참을 잃어)하여, 사착 영상(간사함이 비춰진 형상에
붙어서)하여, 의탁 할 곳이 없으므로, 음이 기억의 상상을 따라 생겨,
망상(없는 상) 중에, 잠재되어 모양과 현상을 맺게 하니, 그 神신이
밝지 못하여 幽그윽함이 鬼귀가 되고, 정깨끗함이 완전함이 없어
흩어져, 靈령이 되니, 실제 색이 있는 것이 없으니, 단지 상상의 상이
있을 뿐이다 한다.   87

八. 무상

세계에 우둔을 원인으로 말미암아 윤회하여, 치전도(의심어리석음이 전도)하는, 고로 완고함과 화합하여 八萬四千의 고고난상 (마른짚 같은 어지러운 생각)이 이와 같아서, 무상의 갈남이 있어서, 류전국토 하여, 정신이 변화하여 토 목 금 석 이 되어, 그 종류가 충색 (가득찬다) 하니라.

이치를 자세히 료달하지 않고, 우둔과 의혹만 고수하여, 우둔이 극에 달한 즉 치가 완고하여 앎이 없는지라, 정신이 변화하여 목 토 금 석 이 되니, 정상(감정과 사상)으로 돌아감이 없는 곧즉, 마른 짚 이라, 겁비라의 돌, 연지묘의 나무, 정인완의 잣나무는 다 정신이 변화한 것이라.

九. 비유색

세계에 서로 기다림을 원인으로 말미암아 윤회하여, 위전도(거짓으로 전도)하는 고로, 물듦과 화합하여, 八萬四千의 인의난상 (의지함으로 88 인해 어지러운 생각)을 이룸이, 이와 같은 고로 비유색상(색이 있는 것도 아닌 형상)이 있어서, 유색갈남이 류전국토하여 모든 수모 (해파리) 등이 새우과목(양서류, 절지동물)이 되어 그 종류가 가득 차느니라.

수모지류는 물거품이 체가 되어, 새우과목이 되니, 본래 비유색(색이 있는 것도 아님)이나, 사물을 기다려서 색(보호색)을 이루니, 스스로 작용할 수 없어서, 사물을 기다려 작용이 있어서, 미혹하여 하늘이 준 진짜를 잃어버려, 면착부위(솜에 붙어 거짓으로 떠다님〈끊임없이

거짓을 나타냄)하니, 피차이질(저것과 이것이 다른 성질)이라,
염연상합(인연에 물들어 서로 합)할새 고로, 인연을 의지한다 한다.

十. 비무색

세계에 상인(서로 끌어당김)을 원인으로 말미암아 윤회하여, 성이
바뀌는 (성전도) 고로, 주문과 화합하여 八萬四千의 호소난상(내쉬고
불러 들이는 어지러운 생각)을 이루는 사유로, 비무색상(색이 없는
상은 아닌 것)이 있어서, 무색갈남이, 국토에 흘러들어, 주저염
(주문과 저주와 물듦)으로 생기는 종류가 가득차느니라.   89

간사한 업이 서로 끌어당겨, 성정으로 하여금 전도하여, 주문을 타고
의식을 맡겨서, 살아가는 이치를 말미암지 않고, 망을 따라 호소함이,
즉 세간의 사술이니, 주문 저주 정귀 염물이 이같은 원인으로 생기니,
생활의 이치로 말미암지 않으니, 즉 본래 스스로 색이 없건만, 이미
감으로 질을 이루니 비무색이다.

十一. 비유상

세계에 망과 합하는 원인으로 말미암아 윤회하여 망전도(망과 바뀌는)
고로, 다름과 화합하여 八萬四千의 휘돌아 섞인(회호) 어지러운
생각이 이와 같은 고로, 비유상(상이 있는 것도 아닌것)이 있어서,
유상(생각이 있는) 갈남이 류전국토하여(국토에 흘러들어) 저
포로(나나니벌) 등이 다른 성질이 서로(상)을 이루어 그 종류가
가득차느니라.

두가지 망이 서로 합하여, 성정과 망매가 질이 다르나, 서로   90
이루어져, 생-리(사는 이치)가 휘돌아 섞이니, 저 포로(나나니벌,
동충하초같은 것)와 같아서, 근본이 뽕나무 벌레인데, 벌이라는
생각이 있는 것이 아니대, 벌이라는 생각을 성립한 것이라.

十二. 비무상

세계에 원해(원수와 상해)하는 원인으로 말미암아 윤회하는,
살전도고(살해 하여 뒤바뀌기 때문에)로, 괴이함과 화합하여
八萬四千의 부모를 잡아먹는 생각이 성립됨이 이와 같은 고로,
비무상(생각이 없는 것이 아닌 것)이 있으나, 무상(생각이 없는)
갈남(갈라져 남으로)이 류전국토하여(국토에 흘러 들어), 여토호 등
부괴위아(올빼미 등의 흙덩이를 맞추어(품어서) 아기(새끼)를 이루는
것)과 파경조가 독수의 과일을 가지고, 포위기자 (품어서 새끼가 되는
것)과 같으니, 새끼가 자라면 부모가 다 그 먹힘을 만나게 되는 그와
같은 종류가 가득차느니라.

원망과 해함이 서로 갚으니, 상해하고 죽임이 서로 반대(상반)되므로,
살아가는 이치가 괴탄(괴이하게 탄생)하여, 기절륜의(륜리의 정의를
버리고 끊는) 하는 고로, 감토호지류(흙덩이를 느끼는 올빼미류)라
하느니, 흙덩이와 독과일로 원인하여 형태를 이루었으니, 새의
생각이 없는 것은 아니건만, 본래로는 상(생각)이 없다 하리니.   91

三. 결

이것이 이름하여 중생의 12 종류이니라.

이는 다 묘각명심을 깨닫지 못하고, 정-욕에 미혹하고 빠져서, 망을 쌓아 발생하여, 망을 따라 바퀴처럼 구른 것이라, 바른수행이 아니면, 능히 면해서 벗어날 수 없는 고로, 다음에 망령을 제거하고 수행하여 증득하는 법을 보이시느니라. 92

대불정여래밀인수증료의제보살만행수능엄경

卷第七

是名眾生十二種類

此皆不了妙覺明心迷循情欲積妄發生隨妄輪

轉非正修行莫能免脫故次示除妄修證之法

大佛頂如來密因修證了義諸菩薩萬行首楞嚴經

卷第七

麼武悲切　嵁祕音比　冀此切　斜于今切　寧女耕切　嘔骨音　莵音　厭幺玻切檬也　幺伊克切　蠱果五　盏切惑

埋音琥賀　詛莊助切謂呪之使沮敗也又詛雷斷音以禍福之言相要曰詛　脘聞下音視　處切有音都者非蓋覺悟有音也　也言疑惑人也　剁音柏　邏郎个切　蠢尺尹切動也　嚅乳尹切蝡又狍韻

92

대불정여래밀인수증료의제보살만행수능엄경

卷第八 　　　　　　　온릉개원연사비구　　계환　해

四. 령제망본(망의 근본을 제거하도록 함)

이 는, 과를 증득 하는 것은 점차 하나, 앞에서 이미 망의 원인을
인식하였으니, 이에 다시 망의 근본을 제거하라셨다. 적의 소재를
알아 즉시 토벌하여 없애야 한다. 음탕한 원수가 다 소탕되어,
성우안청(성의 집이 편안하게 맑아진), 연후에, 우유天地四方優游
취중(넉넉히 즐기며 나아가 증거)하는데, 득무난험(험난함이 없이
얻으리라). 문二

初. 첩거본인(근본원인을 거론한 편)

아난아, 이와같이 중생이 하나하나의 종류에도, 역시 각각 十二가지
전도를 갖추고 있는 데, 마치 눈을 비빔과 같아서, 어지러운 꽃이
발생하여, 묘원진정명심을 전도시키고, 이와같은 허망난상을
구족하니다. 　　　　　　　　　　　　　　　　　　　　　93

十二전도는 즉 동전도와 욕전도에서 살전도에 이르니라. 이로써 망이
진심을 흔들어 八萬四千의 난상을 이루노라.

二. 정령제망(바로 망을 제거하도록 함) 二

初. 총고三법(三법을 다 고함)

너가 지금 부처님의 三摩地(삼마지)를 수증하려면, 이 근본원인에
원래 난상이 일어난 곳에, 三세가지를 점차로 세워야, 비로소
제거하여 멸함을 득하리니, 마치 깨끗한 그릇 중에, 독밀을 제거하고,
끓는 물과 재와 향을 모두 섞어서, 그 그릇을 씻고, 후에 감로를
저장하거늘, 무엇이 三종의 점차인가 하면, 一자는 수습(수행하여
학습함)이니, 그 조인(돕는 원인)을 제거 함이요, 二자는 진수(참
수행)이니, 그 정성 (바른성)을 갈라내는(고) 것이오, 三자는
증진(더하여 나아감)이니, 위기현업(그 나타난 업을 벗어나는것)이다.
五신채는 조가 되고, 음살은 정이오, 연단(연을 끊음)은 칙즉 위다. 94

二. 상명三법(三법을 상세히 밝힘) 三

　　　　　　　　　　　　　一. 제조인(조인을 제거함)

어떤 것을 조인이라 하는고, 아난아, 이와같이 세계의 十二류생은
스스로 온전할 수 없어서, 四식(네가지 먹는 것)에 의지하여 살아야
하느니, 소위 단식 촉식 사식 식식이라, 시고로 부처님이 一切중생은
다 식에 의지하여 살아야 한다 하셨느니라. 아난아 일체중생은
감(단것)을 먹어 살고, 독을 먹는 고로 죽느니라. 이 모든 중생이
三摩地(삼마지)를 구하자면 당연 세간의 五신채를 끊어야 한다.

四식은 인간은 단식이니, 말하자면, 먹는 바, 필히 분단(씹어서
나누어 끊어지게)하고, 귀신은 촉식이니, 흠촉으로 배부르고,　　95
四선천은 즉 사식 이니, 먹었다고 생각만 해도 배부르고, 無色四식천은

식식이니 즉 무형색이라, 단 의식으로 상상만으로 배부르는 것이다. 이는 중생은 다 식에 의지해서 살아간다는 것을 직접 밝힌 것이니, 먹음으로 인해 五신을 끊어라고 경계한 것이고, 다른것은 인용할 필요 없음이라. 五신은 一대산(마늘) 二각종(달래) 三자총(파) 四난총(부추) 五홍거(무릇, 백합과의 풀)이니 내로는 음심과 성냄을 발하고, 외로는 사악한 귀매를 끌기 때문이니 명 조인이라, 세속의 제사에도 쓰지않거늘 하물며 참수행자이겠느냐.

이 五종의 신은, 익혀 먹으면 음탕함을 발하고, 생으로 먹으면 애성냄를 더하니, 이와같이 세계에 신을 먹는사람은, 비록 十二부경을 베풀어 설하더라도, 十방의 천선이 그 더러운 냄새를 혐오하여 모두 다 멀리 떠나고, 모든 아귀들이 저것을 먹은 원인으로 다음에 그 입술을 핥을 것이므로, 항상 귀신이 함께 거주할 것이니, 복덕이 날로 사라지고, 장차 이익이 없을 것이다. 이 신을 먹은 사람이 96 三摩地(삼마지)를 닦더라도, 보살 천선 十방선신이 와서 수호하지도 않을새, 대력마왕이 그 방편을 득하여, 부처님의 몸을 지어내어, 와서 설법하대, 아니라고 금계를 허물고, 음노치를 찬양하고(그럴듯하게 하다가), 명을 마치면, 스스로 마왕의 권속이 되어, 마왕의 복을 다하도록 받아, 무간옥에 떨어지리라. 아난아, 보리를 닦는 자는, 五신을 영원히 끊어야 하느니, 이것이 제一증진수행점차 이니라.

二. 고정성(바른 성을 갈라냄)

어떤 것을 정성 이라 하는가, 아난아 이와같이 중생이, 三摩地삼마지에 들어 가려면, 먼저 청정계율을 엄격하게 지켜, 요심(요염한 마음)을

영원히 끊고, 술과 고기를 먹지말고, 불로서 음식을 정화시켜(익혀서)
먹되, 날것의 기(생기)를 먹어서는 안되느니. 아난아, 이 수행인이,
만약 음심을 끊지않고, 살생을 하면서, 三계를 떠난다는 것은, 옳은
곳이 있을 수 없으니, 당연히 음욕을 觀하여(자세히 살펴보아서),
유여독사(독사가 먹이를 먹어려고 혀를 날름거리는 것과 같이)하고,
원적을 만나는 같이 보아야 하니다.   97

음 살 정성을 발라내대, 필히 계율을 지킬것 이니라. 불음주(술을
먹지 않는 것)는 음난을 방지하는 데 지극한 것이다. 불담생(날것을
먹지 않는 것)은 살생을 방지하는 데 지극한 것이다. 계율중에,
五과를 다 불로 정화시키라는 것은, 생기(날것)를 먹지마라는 것을
보임이니, 음은 독사와 원적(원수와 도적)과 같아서 법신을 해칠 수
있으니, 혜명을 살해하기 때문이다.
　{一校果梜杏 二膚果梨騰 三穀果石榴 四稔果蘇蕉 五角果大豆小豆}

먼저 성문의 四기 八기를 지켜서, 집신몸 부동하고, 후에 보살행을
하면, 청정율의하여, 집심불기(마음을 잡아 일어나지 않)할 거니라.

집신은 무범(범함이 없음)함이요, 집심은 무사범(범할 생각이 없음)
함이다. {執身無根犯也 執心無思犯也}

금계를 성취한 즉 세간에, 상생(서로 낳고) 상살(서로 죽이는)의 업이
영원히 없으니, 투겁(훔치고 겁탈함)을 행하지 않으니, 서로 부채가
쌓이지 않아, 역시 세간에, 불환숙채(갚아야 할 묵은 빚도 없으)리라.

98

음살이 서로 엄습하여, 투겁(훔치고 겁탈하여)이 서로 빚을 준 것은, 무금알(금하여 막지 못함)의 연유인고로, 금계를 성취하여 두가지 업을 영원히 없애라.

이 청정인이, 三摩地(삼마지)를 수행하면, 부모가 준 육신이, 비록 천안(하늘의 눈)이 아니라도, 자연히 觀하여 十방세계를 볼 것이니, 부처님을 뵙고 법을 들어, 친히 성지를 받들어, 큰신통을 얻어, 十방계를 다니며, 숙명이 청정해져, 어렵고 험난함이 없음을 득(얻어)하리라.

업성을 갈라내 없앤 즉 묘성이 원만히 밝아졌다.

이것이 즉 이름하여 제二증진수행점차 이니라.

三. 위현업(현업을 벗어남)

무엇이 현업인고, 아난아, 이와같이 청정지금계인이, 심마음에   99
무탐음하고, 밖의 六진에 다 불류일하리니(흘러 빠져들지 않으리니)

흘러 빠져들어 진으로 달려가서, 전업이 현재 일어나니, 계로서 금하고 억제함으로 말미암아, 불류일을 득하여, 이로서 멀리 벗어날 수 있으리라.

불류일로 인하여, 원래의 자기로 돌리느니, 진(육근에 남은 티끌)이 이미 연이 아니니, 근이 무소우하여(짝할 곳이 없어<마주칠 곳이 없어), 반류(반대로 돌아 흐르게)하여, 전체가 하나라, 六용이 불행하여

(여섯가지 작용이 행해 지지 않으니), 十방국토가, 교연청정(밝아 명백히 청정)해져, 비유하면 유리와 같아서, 안에 밝은 달을 매달아 놓은듯, 신심이 쾌연하여, 묘원 평등하여, 큰 안은을 획득하여, 一체 여래의 밀원정묘가, 다 그 중에 나타나서, 이런 사람은 곧즉 무생법인을 획득하리라.   100

흐르는 즉 맑은데서 갈라져, 진과 합하는 고로, 불류 즉 근원으로 선회하여, 무우(짝이 없어〈상대가 없어)하여, 마침내 六용(여섯가지 작용)의 요(시끄러움)를 돌이킬 수 있어, 전체가 一진(하나의 참)으로 맑아지리니, 냇물에 비유하면, 반류하여 하나로 온전해져, 자연히 맑아져, 깊은 성이 연등(맑은 못, 모여서 맑아짐)인 고로, 국토 신심이 묘원청정하여, 여래와 함께 합해지는 고로, 一체 여래의 밀원한 마음과, 정묘한 성이, 다 그 중에 나타나리라. 화엄 十인 제三에 왈 무생법인이니, 불견유소법(작은법이 있는 것을 보지 않음)이 생기고, 불견유소법이 멸하여, 모든 정구(정과 떼)를 떠나니, 무작무원하여, 안주함이 옳은 도이니, 명 왈 인이니, 법-인이라 말한것은, 간이(다름을 가려) 二-乘(둘을 태우면), 복-인(항복과 참음) 이라.

総結 이로부터 점수하여, 곳을 따라 행을 발하여, 성위에 안립함이 이것이 즉 이름하여 제三증진수행점차 이니라.

101

업정 성명(업이 맑아지고 성이 밝아져)야, 이에 발행이 가능하니, 오름으로 나아가 성위 하리니, 五十七위를 각각 따라 서로 행하여 세워 其名義(그이름의 뜻)를 觀하여, 닦아서 나아갈 所곳을 알아야 하느니라.

五. 역시성위(성위를 차례로자세히지나 보이심) 十一

一. 건혜지

아난아 이 선남자가 욕애가 말라버려, 근과 경계가, 짝이 되지 못해, 현재 앞에 남은 질(바탕)이 다시 연속해 생기지 못하고, 집착하는 심(마음)이 허하고 밝아서, 순수한 이 지혜의 혜성이, 밝음이 두루하여, 十방계를 밝게하여, 건유기혜(말라 육있는것은 그 지혜)하末, 명하여 건혜지 라.

욕애는 의혹을 윤(불리)거니, 근 경은 업을 지으니, 생사가 상속함은, 오직 이뿐일새, 고로 욕이 마르고, 경계가 시들어, 즉 남은 질이 연속하지 못해, 어지러운 섞일 곳이 없는 고로, 집착하는 마음이, 허하고 밝아, 순수한 것은 이 지혜리니.   102
그러나 처음 입위하여, 아직은 여래의 법류수와 함께 접하지 못해, 즉 마른것은 그 혜 뿐이니, 성위가 十住에서 시작하되, 信으로 처음 원인이 되고, 信의 앞에 건혜가 서고, 地앞에 四加가 서니, 妙앞에 금강건혜가 서니라. 이 三은 轉位의 関要이며, 승진(上나아가는)의 방편이 되니, 처음에 평범하게 자취를 발하여, 혜성이 원만하지 못하면, 입信하여 賢을 이룰 수 없으리니, 賢行이 이미 성립해도,

功用을 더하지 않으면, 地에 올라 성을 이룰 수 없다 하릿고, 聖을 이루더라도, 聖位는 이미 끝나거니, 금강혜가 아니므로. 최후의 미세 의혹을 끊어서, 탕전위영연(前-位의 緣의 그림자를 소蕩)하면, 妙를 창조하여 성불 할 수 없기 때문이다.

二. 十신

성위는 信으로 처음 원인이 되니, 순진무망으로 信이라 이른다. 또 서로 응함으로 信이라 하니, 필히 먼저 가운데로 가운데로 원만한 묘의 도를 세심히 살피어서, 순진무망 연후에, 발행하여, 심법으로 하여금 서로 응하게 칙즉 등묘가 수현하여刀(비록 멀더라도), 가이경조(말라서 지름길로 나갈 수 있다) 리니. 글十 　　　　　　　　103

一. 신심

욕습은 초건하여(처음엔 말라서), 아직 여래의 법류수와 함께하지 못하고 접한 곧즉 이 심마음으로, 가운데로 가운데로 흘러 들어가, 圓妙를 열어 펴리니, 참 묘원을 따라, 거듭 진묘를 발하여, 妙信에 상주하여, 一체망상 멸진무유하여 (일체 망상이 없어져 다해 남음이 없어서), 중도가 순진하未 명 신심 주라.
{海云即用此乾惠智中合中道理~~智具中故名中~又此中智念~流入言流入者現無功用任運而進野}　　{薩婆若海此云一切智海也}

욕애를 버리고, 건혜를 초월하여도, 아직 범地에 있어, 법류에　　104 들어가지 못한고로, 필수로 여래의 살바야해에 가운데로 가운데로 흘러 들어가서, 기울거나 지체함이 없는 곳이면, 칙즉 원묘의 성이, 이에 개부하리니(열어 퍼리니), 그러나 오히려 망습이 남아서, 진묘원이 아닐새. 또 진묘원을 따라 거듭 진묘를 발하여, 묘신에 상주하여, 一체망상을 다 멸하고 남음이 없게하면, 중중의 도가 순진무망할새, 고로 이름하여 신심주니, 나머지도 다 이로 연유하여, 증진하고, 다시 별법이 없고, 단 位를 따라 진묘성에 의지하여, 청정하게 혹습을 다스려서, 單復(단수나 복수)으로 연마하여, 섬세한 진(티끌)도 서지 못하게하면, 곧즉 묘각에 오를 것이다.   {中中之中道~中道行}

二. 염심

진實신(진실한 믿음)이 명료하여, 一체 원통하여, 五음 十二처 十八계 三셋이, 장애가 될 수 없어, 이와같이 내지, 과거 미래 무수겁 중에, 몸을 버리고 몸을 받고, 一체 습기가 다 앞에 나타나도, 이 선남자 가, 다 기억해 생각 할 수 있어, 무유망(무명각, 망각이 없음, 남기거나 잊어버림 없음)을 득하는 것을 이름하여 염심주 라.   105

심(마음)이 참으로 밝으면, 즉 一체가 원통하니, 五음 등이 걸림이 아닐새, 능洞(동)조숙습하여(과거의 숙습을 통하여 비출 수 있어서), 억치무유하느니라(기억하여 하나도 남김없이 다스리느니라).

三. 정진심

묘원이 순진하여, 진實정이 발화하여, 무시 습기(시작없는 습기)가, 통하여 하나의 정명함이, 오직 정이 밝혀 취로 나아가서, 진實을 정하末 이름하여 정진심 이라 하니다.

묘원통성이, 기이미 순하고, 기이미 진하면, 칙즉 망섭이 다 변화하여, 오직 하나의 정명이니, 나아가서 진정이라 불려서, 행이 잡된 것과 섞임이 없을새, 고로 이름하여 정진 이라.

四. 혜심

심정이 앞에 나타나서, 순수한 지혜가 되는 것을 명 혜심주 라.

망습이 이미 다 없어진 고로, 심정이 앞에 나타나서, 취로 나아감 (나가기를 재촉함)이 순수한 지혜라 하여 습기가 없다 하리라.   106

五. 정심

지혜의 밝음을 잡아 가져서, 주변이 고요하고 맑아, 항상 엉김未 이름하여 정심주 라.

혜가 이미 순수하게 밝거든, 모름지기 정으로 지켜서, 주변이 고요하고 맑게 하여, 적묘지체가, 항상 응겨 불변하게 함으로 이에 이름하여 정심 이라.

六. 블퇴심

선정의 빛이 밝음을 발하여, 밝은 성이 깊이 들어가, 오직 전진이午 후퇴가 없음未, 이름하여 불퇴심이라.

선정으로 혜를 지켜서, 적고요함의 깊음에 이른 고로, 성의 빛이 밝음을 발하여, 도에 깊이 들어가니다.

七. 호법심

심의 증진이, 안연하여, 보호하고 지켜, 잃어버림이 없어, 十방여래의
기분이 교접하末, 명 호법심이라.   107

이미 깊이 들어갈 수 있고, 또 보호하고 지킬 수 있어서, 도로 하여금
十방과 똑같게 하고, 기가 여래와 합하末, 이를 호법 이라 한다.

八. 회향심

각명을 호지(보호하고 지켜서)하여, 묘력으로 부처님의 자광을
회(돌이킬 수 있어서)하여, 부처님을 향해 안주하末, 두개의 거울
같아서, **광**명이 서로 대거하여, 그 중에 묘한 그림자가 중중이 서로
들어가末, 이름하여 회향(돌이켜 향하는)심이라.

호법(법을 보호하는)심으로 말미암아, 나아가 여래와 합하사와,
묘각명을 득하여, 보호하고 지켜 잃어버리지 않는 고로, 묘하게
회향하니다. 부처님의 자광을 돌이킴이, 칙즉 과를 돌이켜 인으로
향하는 것이午, 부처님을 향하여 안주함이, 칙즉 인을 돌이켜 과를
향하는 것이라. 인과가 서로 섞여서, 체와 용이 서로 섭하는 고로,
비유하면 쌍경 운운 하니다.   108

九. 계심

심광을 밀회하여, 부처님의 항상 응긴 무상묘정을 획득하여, 무위에
안주하여, 득무유실하末(잃어버림이 없음을 득함이), 이름하여 계심주라.

부처님의 심광을 돌이킴으로 말미암아, 나에게서 얻은 것일새 고로,
왈 불의 항상 응긴 무상묘정을 획득했다 한다. 항상 응긴 칙즉 경계를
대해도, 움직임이 없고, 묘정 칙즉 섭진해도(진을 건너도) 물들지않아서,
경계하는 심이 이뤄지리라.

十. 원심

머무르고 경계함이 자재하여, 十방에 널리 다닐 수 있고, 가는 곳도
원에 따르未, 이름하여 원심주 라.

경계를 대해도 움직임이 없고, 섭진불염하未(티끌 먼지 속세를 건너도
물들지 않음이), 이를 주계가(계에 머무름이) 자재라. 무동 무염한
칙즉 무적불가(대적함에 불가함이 없어서=가지 못할 것이 없는) 고로,
十방에 눌러다닐 **수** 있어서, 가는 곳이 원에 따른다 하다.   109
수행의 처음에 필히 욕애를 말려 끊어서, 심성으로 하여금, 허명乾慧
(비어서 밝아진) 연후에, 법류信心에 들어갈 수 있어, 묘원성을 열어,
진성이 명원하여야, 세밀한 습이 이에念心 나타나거니, 마침내
행進心을 발하여 다스리어서, 순수한 지慧로 하여금 습을 없게 하고,
또 정定心으로 지켜서, 깊은 적멸로 하여금 발광(빛을 발하게)하여,
도不退心에 깊이 들어가, 보호하고 法心지켜 잃어버림이 없어야, 이에
불자광에 회향向心할 수 있어, 부처님의 淨한 계심를 획득하여,
섭진해刀 물들지 않아서, 가는 곳 마다 원에 따르니, 이것이 十신의
순서次第 라. {漏盡通 成就事也 누진통이 성취된 일이다}

三. 十주

종신(信신믿음으로 부터)하여, 이住입(넘어 머무름에 들어가서)하여,
여래가에 태어나서, 무주지(머무름 없는 지혜)에 의지하여, 영원히
불퇴환(물러나 돌아오지 않음)이, 명(이름하여) 주(머물러 산다)하니. 글十.

一. 발심주

아난아, 이 선남자가, 진방편으로, 이 十심을 발하여, 심-정을 발휘
하여, 十信의 용을 섭입하여, 원이 一심을 이루未, 명 발심주 라. 110

진방편은 묘乾혜라, 이 十심은 十신이라, 十심이 돈발(홀연히 발생)하여,
원만한 一심을 달성하여, 불지지(부처님의 지혜의 지위)에 머무름未, 명
발심주 라. 성위는 十신으로 처음 인으로 하고, 十주 十행 十원 十지
로 점차하여, 마지막에 등묘에 이르기까지, 개상섭이설하리니(다 서로
밟음행함으로서 펴리니), 수행인으로 하여금 믿음을 따라 넘어
들어가게 하여, 불지지에 머무르고, 지혜에 의지하여 행을 일으키고,
이룰제 소원으로 행하여, 이로 말미암아, 三현을 초월하여, 十성에
들어가서, 등-묘에 오르니, 이것이 수행하여 증득하는 순서라.

二. 치지주

심중에 밝음을 발하여, 맑은 유리와 같아서, 안으로 정밀한 금이
나타나게 하여, 앞의 묘심으로 리이성지(밟아행하여 地)를 이루未
이름하여 치지주 라.   111

심중에 밝음을 발하여 내외정영(내외가 맑게 빛남)이라함은, 첩편에
심정은 발휘의 의미라하리니, 이 묘심을 밟아서, 진기(참 터전)가 됨未
명 왈 치지(지를 다스림)이니, 장차 실(집)을 축성하는 것과 같아서,
필히 먼저 땅을 다스리므로 지을 수 있음과 같다 하리다.

三. 수행주

심地에 섭건님과 지앎 를, 구족 하여 명료를 득하여, 十방에 가서
행해도, 무유애하未(머무르거나 거리낌이 없음이), 이름하여 수행주
라.
　{地之所涉曰心　心之所智曰地}

내외가 맑게 빛남으로 말미암아, 심-지를 이루는 고로, 소섭 소지
(건널곳과 아는곳)를, 구족하여 명료를 득하니, 칙즉 임-운 수진하니
(운명에 맡겨 수행하여 나가니), 무 유-애(머무르거나 걸림이 없음)를
득함이로다.

四. 생귀주

행이 여불 동하여 수불 기분함이(행이 부처님과 함께함과 똑같아서
부처님의 기를 받아 나눔이), 중음신과 같아서, 스스로 부모를 구하여,
음신이 그윽히 父母께 통해, 여래종에 들어가未 이름하여 생귀주 라.
　{秤信冥通云梧父母而入胎云外}　　　　　　　　　　112

묘행이 은밀하게 계합한 칙즉 묘行人한 이치가 그윽히 仏감응하여,
장차 불人가(부처님의 집)에 태어나서, 법 왕 족 이 되는 고로, 명

생귀 라, 중음은 비유하면 명감(그윽히 감응함)의 이치라{명감의 이치를 깨달음 이라}, 현음은 이미 갔았고, 후음은 생기는 중을 왈 명 중음 이니라.

五. 방편구족주

기유도태하여(이미 도태에 들어놀아서), 친봉(친히 받들어) 각윤하末 (자손을 깨달음으로), 태가 이미 성립한 것과 같아서, 인상(사람의 상)이 불결(결함이 아니)한 것임未, 이름하여 방편구족주 라.
　　{胤子孫서르니슬시라 서로이을시라}

똑같은 묘행의 기를 분(나누고), 그윽한 묘의 이치 중에 숨었으末, 이것이 유도태하여(도태에 놀아다니어서), 봉각윤야(혈통을 깨달아 받듦이라). 도태가 이미 성립한 고로, 묘상 불결하여(묘한상이 결함이 아니어서), 수행 방-편 구의니라 (행을 닦으므로 방편이=사방이 편안히 갖추어 지느니라).　　　　　　　　　　　　　　　113

六. 정심주

용모가 부처님 같고, 심-상이 역시 똑같으末, 이름하여 정심주라.

용지가 외동하여刀(용모와 행동거지가 외부로 똑같아刀), 심상이 내이하면(마음과 상이 내적으로 다르면), 정심이 아니다.

七. 불퇴주

신심이 합해 이루어져, 날로 더하여 늘어나고 길어지未, 명 불퇴주라.

부처님의 덕과 똑같아서, 나아감만 있고 물러남이 없느니라.

八. 동진주

十신령상이 一시 구족하未, 이름하여 동진주라.

체를 갖추었으나 미(작은)한 고로, 동아이라 칭하니, 十신은 보리신
원신 화신 력신 장엄신 위세신 의생신 복신 법신 지신(지혜신)이라.

114

九. 법왕자주

형이 이루어져 태에서 나와서, 친히 불자가 되未, 명 법왕자주 라.

저절로 발심하므로, 지 생-귀하니(귀함이 생김에 이르니), 이름하여
성-태 에 들어감이午, 저절로 방편 구족하여 동-진에 이른지라,
이름하여 장양성태(성태를 기르고 보양)하니, 이 장양공(기르고 보양
하는 공부)에 이르러야, 마치는 고로, 비유하면 태를 나와 왕-자 가
되리라 (깨우친다 하니라).

十. 관정주

성-인(사람을 이룸)으로 표 하여, 국 대-왕과 같아서, 모든 나라 일을
나누어 대자에게 위임하고, 저 찰리왕의 세자가 장-성커든, 관정을
진열 하末 이름하여 관정주 라.   115

국대왕은 천자 다. 적사(정실을 이음)는 왈 대자 다. 찰리왕은 모든
왕이니, 적사를 왈 세자라, 장차 국위를 줄새, 대해수百千味를 취하여,
관정(이마에 물을 붓다) 하느니, 왕이 됨을 표시하여, 당연히 중생의
지혜를 받아 사용해야 하리라. 이 지위는 중덕(무리 군신 백관 백성
모든 중생의 덕)을 잠재로 구비하고, 불사의 의무를 감당하는 고로,
성-인 으로 표시함으로 진열 관정 이라. 국사(나랏일)로서 말함으로
나누어 위임하니, 즉 비정부국위하니(바로 국위를 부탁하는 것은 아니니),
지키는 표시로 성-인 이라했을 뿐 이다. 개차는 방극십주(이것을
덮음은 비로소 十주의 극)이거니와, 만약 十지의 행이 가득차야, 이에
정부(바른 부촉)를 감당하는 고로, 화엄에, 十지보살이 부처님 직위를
수기 받음을, 륜왕태자가 직부를 받는것에 비한것이니, 무릇 발심하면,
필히 치지 하고(땅을 다스리고). 치지한거를 수행하고, 수행 연후 에야,
여回래 가에 생하여, 각 五상 을 갖추어서, 불심과 같아지고, 도-체를
기르고, 十身(몸)이 원만하여, 불九자가 되어, 불弟十사를 위임
받맡으리니, 이것이 十주의 시작과 끝의 순서次弟이니라.
   {以上 斯陀舍之因果 사다함}

116

이미 보지(두루미치는 지혜, 부처님의 지혜)에 의지하여, 주불소주할새
(부처님이 머무르는 곳에 머무르고 있으므로), 마침내 번성을 일으킬
수 있어, 묘행하여, 자신도 이롭고 사람을 이롭게 하리니. 글十

一. 환희행

아난아, 이 선남자가 불-자를 이미 성취하여, 무량여래묘덕을
구족하여, 十방에 따라 수순하末 이름하여 환희행이라.

부처님의 묘덕을 갖춘 고로, 능히 十방에 수순(뜻에 따라 순종)하여,
무적불가(대적함에 불가함이 없어서)하여, 자기와 타인을 이롭게
함을 갖추어, 기와 응이(때에 응하여〈체와 응이〉), 모두 기쁘하末 이름하여
환희행 이라.

二. 요익행

선 능이익一체중생(능히 일체중생을 잘 이익 될 수 있게)하末, 명
요익행 이라.

선추묘덕하여(묘덕을 잘 밀어(받들어)서), 사람을 이로움으로 이익
되게 하느니라.   117

三. 무진瞋행(성냄이 없는 행)

자기가 깨닫고, 타인을 깨닫게 하여, 어기고(어긋나고) 거부함이(막음) 없으末, 이름하여 무진한행(성내고 원한을 사는 행이 없음)이라.

진한은 생어위거 하느니라(성내고 원한은 어기고 거부함에서 생기느니라).

四. 무진盡행(다함이 없는 행)

종류가 생겨서(출생), 미래제가 다하도록, 三세에 평등하고, 十방에 통달함을 이름하여 무진행(다함이 없는 행)이라. {種類出生者 謂大等異類隨機普賢 反地藏觀音三十二應無过分身引導衆生也}

촉류는 길고, 수기(체에 따라) 응하여, 이익을 행함이 무진(다함이 없다)하리라.

五. 이치란행(어리석고 혼란함을 여윈행)

일체 합하고 같아서, 종종 법문하여 오차가 없으末 명 이치란행 이라.

법에 불료(요달하지 못함)를 왈 치(어리석음)이午, 행에 분잡함을 왈 란 이라하니 지금 능히 법에 하나로 합하여, 득무차오로(차이와 틀림이 없음을 얻어므로), 치란을 여위었다 하니다.

六. 선현행
칙즉 같은 중에, 현저하게 다른 무리를(것들을) 나타내어, 하나하나 상이 다르나, 각각 같음을 보임末 선현행 이라.   118

치란(어리석고 분잡함)이 없음으로 말미암아, 능히 가지가지 법문에, 서로 나타남에 따라 응하여, 원융자재하니, 소위 선현이라.

七. 무착행

이와같이 十방 허공에 까지 이르러, 미세한 먼지(티끌 때 시간 속세) 까지 만족시키고, 一一塵中에 現十方界하여(하나하나의 먼지중에 十방계가 나타나서), 진(먼지)이 나타나고, 계가 나타나대, 서로 머물거나 걸림이 없으永, 명 무착행 이라.

이는 선으로 말미암아 현행하여, 충광원융(넓이채워 두루원만하게 녹임)함이라, 진먼지 중에 찰이 나타나永, 이름하여 계가 나타남이오, 붕괴하지 않는 진−상(먼지의 상)이 이름하여 현진(나타난 먼지)이라.

八.존중행

가지가지 앞에 드러남이, 다 이 제一바라밀다이니, 명 존중행 이라.

종종가지가지 드러나는 것이, 다 이 반야성덕이라, 무작묘력으로 (묘력으로 짓지 않아도), 자재성취하는(스스로 이루어지는) 고로, 이름하여 존중, 금강 하여, 칭하여 제一바라밀이 곧즉 반야 라.   119

九. 선법행

이와같이 원융하여, 능히 十방제불을 이룬 궤범칙이, 명 선법행 이라.

十방제불이, 이로서 도를 이루시고, 이로서 중생을 이롭게 하느니다.

十. 진실행

하나하나가 다 이 청정무루이니, 하나의 진 무위하여, 성이 본래
그러한 고로, 이름하여 진실행 이라.

총괄하여 앞의 행은 무비진성(참성 아님이 없는) 본연 묘용이라,
상이 비록 萬수(萬가지로 다르나), 체는 一(오직 하나)의 진인 고로,
명 진실이라. 이와같이 十행으로 후위에 이르기 까지, 앞의 법을
떠남이 없어서, 다 서로 섭렵하고 별도로 설(베품)하는 것은, 一오직
수행인으로 하여금, 지위를 따라 증진하여, 성-각을 열어 넓혀서,
의혹과 장애를 청정하게 다스려, 불과를 성숙한다 하니다.

   {以上 阿那舍之因果 아나함}   120

                                           五. 十회향 역명 十원

앞의 十주 十행은 속인의 심이 나오는 것이 많고, 대비행은 열등하고,
이것은 비록 가련하게 원하므로 구제하여, 속처에 이익을 내어,
회진향속(참을 돌려 속세를 향)하고, 회지향비(지혜를 돌려 자비를
향)하여, 사 진 속 원융(참과 속을 원만하게 녹게) 하고, 지혜와
자비가 불二(둘이 아니니), 이것이 이름하여 회 향 이니, 묘행을 닦아
나아가, 이에 이르러 구비함(준비함)이라. 문十

一. 중생을 구하고 보호하되, 중생상을 여읜 회향

아난아, 이 선남자가, 만족(신통을 가득 구족)하여, 이미 불사를 이루어서, 순결하고 정진하여, 원제유환(남은 시름을 모두 멀리함)들이, 당도중생(당연히 중생을 제도함)이니, 멸제도상(멸하여 덜어 상을 제도)하고, 무위심을 廻(회)돌이키어서, 열반로로 向(향)하未(나아감이), 명 一체중생을 구護하되, 중생상을 여윈 회-향이라. 121

신통을 만족(가득히 구족)함으로, 남은 시름을 멀리함에 이르러야, 앞첩편의 현진현계하대(먼지가 드러나고 계가 드러나대), 서로 걸림을 남기지 않는다는 등의 일이니, 이와같은 행을 만족한거라 이러거니, 당연 회향행(돌이켜나가는 행)을 닦는다. 회향의 행은 비원이 가장 깊은 고로, 직분이 중생제도에 있으니, 그러나 제도할 수 있다고 봄은, 곧즉 유위를 섭렵하는 것이어서, 열반로를 등지는 고로, 모름지기 상을 제도하여 덜어 없앤다는, 무위심을 회돌려서, 열반로를 향하라 니라.

二. 불괴회향

무너질 것은 무너지고, 멀리 여월 것은 다 여위未, 명 불괴회향 이라.

무너질 것은 무너지고 라는 것은 一체 허 망 경계를 멀리 떠나보내는 것이라, 모든 떠남을 멀리 떠나는 것이니. 이를테면 멀리 떠남을四拂 떠나는 것이라, 환을 역시 또 멀리 떠남이다. 득 무소이(떠날 곳이 없음을 얻어)면, 곧즉 모든 환을 덜어내는 것이라, 증 불괴 의라 (무너지지 않음을 증거함이라).   122

三. 등一체불회향

본각이 심연하여, 각이 부처님의 각과 나란하末, 명 등一切(일체) 불
회향 이라.

무너짐도 없고 무너지지도 않아서, 떠남도 없고 떠나지도 않아서,
이에 심연제불(맑고 분명하여 부처님과 나란)하리라.

四. 지 一체처회향(에 이름)

정진이 발명하여, 지여불지하末(땅이 부처님 땅과 같음이), 이름하여
一체처회향에 이름이라.

각이 맑은 고로, 정진이 밝음을 발하여, 지가 불지 와 같으니,
앞에서 각이, 등一체(일체와 같다)하면, 칙즉 진여체가 두루함 이午,
이에, 지가 一체에 이르면, 칙즉 진여계가 두루함이라.   123

五. 무진공덕장회향

세계와 여래가, 서로 흘러들어가서, 걸림과 장애가 없음을 득하末,
이름하여 무진공덕장회향 이라.

진계와 진체가, 둘이 다 원만 두루한 고로, 흘러 들어도 거리낌이
없어서, 운명을 맡아 발휘하여, 덕을 사용함이, 다함이 없느니다.

六. 수순평등선근회향

부처님의 지와 똑같은, 지중에 각각 청정念智이 생기므로 인하여,
인을 의지하여 발휘하여, 열반도를 취하末, 명 수순평등선근회향 이라.

부처님과 같은 지는, 곧즉 앞의 지가, 부처님과 같은 지 라, 一체
처에, 각각 정이 일어나므로 인하여, 열반도를 취하末, 이를 평등선근
이라 이른다.

七. 수순등觀중생회향

진근이 이미 성립하여, 十방중생이, 다 아의 본성이다, 성이 원을 124
성취하여 중생을 잃어버리지 않으末, 명 수순등觀一체중생회향 이다.

평등선근이, 성이 진원융하여, 법계에 두루 미치는 고로, 十방 중생이,
다 아의 본성이다. 아의 선이, 이미 이루어진 고로, 능히 一체 중생이
선근을 성취하되, 무유 유-실(가지고 있던 것을 잃어버림이 있는것이
없고)하고, 고하가 있음이 없으末, 명 수-순하여 등한 觀 이라.

八. 진여상회향

곧즉 一체 법 하여, 一체상을 떠나니, 오직 곧 함께와 떠남의, 둘이
집착할 곳이 없음末, 이름하여 진여상 회향 이라,

같은 고로, 곧즉(곧 가까움)이오, 진(참)인 고로 떠남이니, 유 곧즉 유이
면(있음이 곧 떠남이 있으면), 이는 가 진(거짓과 참)이 둘인 것과
같아서, 무소착 하여야(착할 곳이 없어야), 이에 참진여 라 하리라.

九. 무박해탈회향

참으로 같은곳을 득하여, 十방에, 걸림이 없으末, 명 무박해탈회향
이라.

거짓 진여(참 같은것)에 의지하면, 응기어 걸림이 없는 것이 아니리니,
이것은 유박해탈 이어니와, 오직 같은 곳을 참으로 득한 고로,
一체무애 하니, 이에 이름하여 무박해탈 이라.

十. 법계무량회향

성이 덕을 원성(두루 이루어서)하여, 법계에 량이 멸하末(없음이), 명
법계무량회향 이라.

처음으로 성-덕을 증 하여, 부처님과 가지런하게 되고, 부처님과
같아 지나니, 一체弟四廻向 처 등(같이)에 이르게 된다는 것은, 다
량으로 존재를 보는(량을 보는 것이 존재할새) 것일새, 칙즉 법계성이,
아직 량이 있음을 떠나지 못한 것 이니와, 이에 성의 덕이 원만이
이루어졌다 부르려면, 이에 량을 보는 것을 멸하여, 이에 무량을
득하니. 이것이 앞 위를 다 다스려 한량정견야 (제한이 있는 량의
정을 보는 것이다). 이런 성이 원만함을 이루어야, 三현을 초월할 수
있어, 十성에 들어간다 하리라.
{以上 九年面壁 修證 阿羅漢之因果也 아라한}

六. 四가행(네가지 더할 행)

三현위 극(三현의 地位가 지극)해지면, 당연히 이제, 다시 공행을
더하여야, 곧 聖이라는 位에 들어가리라. 글二

一. 첩전총표(앞편을 다 표함)

아난아, 이 선남자가, 이 청정 四十一 심을 다하고, 다음에 四종 묘원
행을 加더하여 成이루느니라.

四十一심은, 건혜가 一이오, 신 주 행 향 이 각 十이다. 소승통교에, 다
四넷가 더하여져서, 비묘 비원 해질새, 고로 이를 특히 묘원가행이라
칭 하리니.

二. 상개행위(행위를 상세히 여심) 四

一. 난위(따뜻한 위치)

곧즉 불각으로, 용위기심(베풀어 자기 마음이 되라) 하여, 약출미출
(마치 날 듯 안날 듯), 유여찬화 하여(비벼 불을 일으키는 같아서),
욕연기목같으末(그 나무가 불붙어라 바라는거같음이), 이름하여 난지라
한다. {學道如攢火違烟且奠休但得金星現律家始到頭}   127

불각은 과각이라, 앞에서 비록 능제하나(가지런하다, 동등하다,
비슷하다 할 수 는 있으나), 아직은 바른 증득일 수는 없어서, 지금
현위를 다하여, 장차 성과를 넘어가리니, 곧즉 마땅히 부처님의 과각을

쓰서, 자기로 인한 심이라 하여, 다시 공행을 더하여, 바른 증득을 구하니, 불은 과각을 비유로 깨우침이고, 나무는 심을 인함을 깨우치고, 찬(비비는 것)은 가행을 깨우친 것이리니, 초입인위하여 (처음 인위에 들어가서), 아직은 곧즉 과를 얻지는 못한 고로, 비유하여 찬화하여(비벼서 불을 내어서), 비로소 난상을 득하니라.

{因位初 三賢位}

二. 정위(정수리의 위치)

또 이 기심(자기 마음)으로, 부처님이 밟은 바를 이루어서, 의지하는 듯 하면서 의지하지 않는 것이, 높은 산에 오르는 것 같아서, 몸은 허공에 들고, 아래는 미세한 장애가 있으末(있음이), 명 정지라.

앞에서는 불각으로 기심(내마음)으로 하고, 여기서는 기심(내마음)으로 佛불행을 이루면, 칙즉 인심과 과각이, 이미 극에 인접일새, 128 고로 비유하면 높은 산에 오르는 것과 같아서, 몸이 허공에 들었으나, 단 인과가 아직 녹지 않고, 심의 자취가, 오히려 체한(걸린, 막힌) 고로, 아래는 미세한 장애가 있다고 말했으나, 이미 정-지(꼭대기)에 도달하니, 조금만 요구하여 솟아 나가면(정진하면), 칙즉 미세한 장애가 없어지리라.

三. 인지(참는 땅)

심과 부처 二둘이 똑같아서, 중도를 잘 득하여, 일을 참는 사람과 같아서, 품지도 않고, 나타내지도 않아서, 이름하여 인지라 한다.

기심(자기 마음)과 불각이 녹아서 一체가 된 것을, 왈 二둘이 같음이斗, 인과 과를 양망하여(둘다 잊어서), 二변이 불립하거늘, 왈 중도라. 이런 중도 과각 을 장차 증득한듯하나 미증득한 고로, 일을 참는 사람과 같아서, 품지도 않고 나타내지도 않느니라.

四. 세제一지

수량은 소멸하고, 미 각(미혹과 각)의 중도에, 二둘이 무소목하未 (지목할 곳이 없음이), 이름하여 세제一지니라.   129

앞위에서 二둘이 같다고 했으니, 칙즉 이미 수량에 떨어진 것이고, 중과 변 이(가운데와 가장자리가) 있음을 보면, 즉 미와 각 (미혹과 깨달음)을 강제로 분리한 거니와, 이를 구민멸(모두 망하여 없앰)으로, 명(이름)도, 역 불립하여(역시 세우지 않아서), 탈 세 정-량(세상의 정의 량을 탈피)하여야, 三현에 초월하는고로, 이름하여 세제一이라, 만약 十성으로 나아가서, 지극함을 묘각이라 부르니, 이에 출세제一 이라. {以上 辟支佛之因果也 벽지불과}

七. 十지

전법(앞의 법)을 온적(덮고 쌓고)하여, 결실十地을 이루는 데 이르러, 一체불법이, 이를 의지하여 발생할새 고로, 地라 한다. 十신으로부터 이미 돌아와, 위가 다 흔적을 섭렵하여(밟아), 서로 자산으로 도와서, 직추묘각하되(묘-각에 곧추 서되), 가운데 증득함이 끊어짐이 없지 않으니, 이는 다 끊지 않아도 끊어지고, 증하지 않아도 증하니, 혹 말하기를 매-지 마다, 一 장애 二 우둔을 끊고, 一바라밀을 수하니

(닦으니), 명상(이름이 서로<이름과 상) 이, 번거롭고 문란하고, 말씀의
뜻이, 오활할새(길이 굽어 애돌고 넓을 새), 고로
지금은 생략하고, 흔적을 밟는 것을 직접 취하여, 서로 돕는 의미로
해석하려니, 여러 수행하여 나가는 자는, 불꽃처럼 불타기 쉬운
깨달음의 귀(귀가 번쩍뜨인다)라 하니. 글十

{長水云 初地離地異生性障 二地斷邪行障 三地斷暗屯障
四地微細煩惱障現行 五地小乘涅槃障 六地斷麤相現障
七地斷微細現行障 八地斷無相中你加行障 九地斷他们中不欲行障
十地於諸法中未得自在障
二愚仏地斷~佛地 一微細所知 二極微細所知}

一. 환희지

아난아, 이 선남자가, 대보리에, 선덕통달하여(잘 통달함을 얻어서),
각통여래하여(각이 여래와 통하고), 진불경계하未(부처님의 경계까지
다하未), 이름하여 환희지 라.

향(방향에<아래에), 비록 각이 불각과 동등해졌다 하나, 불보리의
경계를 다할 수 있는것은 아니어서, 지금 가 행(행을 더함)으로
말미암아, 묘원한 고로, 잘 통달 할 수 있어서, 다하므로, 이로
말미암아, 법희가 또 증가한 고로, 또 이름하기를 환희라 하니라.

二. 이구지

다른 성이 같음으로 들어가고, 같은 성이 역시 멸하未, 이름하여
이구지(때허물를 여읜 지)라 .   131

대보리를 통하여, 佛불경계를 다하면, 칙즉 一체장애가, 곧즉
구경각이고, 중생과 국토가 동一 법성이니, 이는 다른 성이 같음에
들어간 것이다. 그러나, 다름을 보고 같음을 보면, 도리어 이는
애정의 때 이거니와, 같은 성에 이르러야, 역시 없어지니, 이름하여
이구(때를 여위었다) 하니라.

三. 발광지

맑음이 지극하면 밝음이 생기末, 이름하여 발광지라.

정견의 때(허물)가, 맑아지면, 칙즉 묘각의 밝음이 생기리라.

四. 염혜지.

밝음이 극에 이르면 각이 가득하니, 이름하여 염혜지라.

명극각만(밝음이 극에 이르고 각이 원만함)이, 여 대-화취하여 (크게
불을 모든 것 같아서), 一체 연의 그림자가, 모두 다 삭절할새 (불나서
끊어질새), 고로 이름하여 염혜 라.

132

五. 난승지

一체 같고 다름이 이를 수 없는 바(곳), 이름하여 난승지 라.

앞에서 비록 다른 성이, 같음에 들어가고, 같은 성이 역시 없어졌으나,
오히려 경계에 이를 수 있거니와, 이에 염혜(불타는 지혜)로 삭절하는
고로, 일체 같고 다름이, 이를(도달할) 수 없는 바(것, 곳 이)니,
이르러끼, 오히려 불능커니, 누가 이길 수 있으리午.

六. 현전지

무위진여하여(함이 없는 참과 같아서), 성정이 명로하未(성의 맑음이
밝은 이슬임이), 이름하여 현전지 라.

사람에게는 진여의 맑은 성이 있지 않는 것이 아니지만, 대개 항상
一체라서, 같고 다름이 엄폐된것 (가리어 덮)인 고로, 같고 다름이
이르지 않으면, 즉 명로현전하리라(밝은 이슬이 앞에 나타나리라).

七. 원행지

진진여제(진여참같음의 끝까지 다)하未, 명 원행지 라.   133

진여가 앞에 나타나도, 나누어 증하면, 즉 국(판, 구분)일새, 경계를
다하지만, 이에 멀어져서, 향초극조(먼것을 초월해야 극을 창조)할새,
고로, 이름하여 원행 이라 한다.

八. 부동지

一하나의 진여심이 명 부동지 라 한다.

이미 그 경계가 다하여, 이에 그 체를 전부 득하여, 一하나의 진이 항상 응길새, 고로 이름하여 부동 이라.

九. 선혜지

진여를 발하여 사용하니, 이름하여 선혜지 라 한다.

이미 진체를 득하면, 이로서 진을 발하여 사용하니라. 무릇 비추는 곳에 응이, 진 아닌 곳이 없고, 부소불여(여하지 않은 곳)이 없을새, 고로 명 선혜 라.

아난아, 이 모든 보살이, 이로 부터 이미 가서, 수습필공하여(닦아 익혀 공을 마치고서), 공덕이 원만할새, 역시 이 지를 지목하여, 이름하여 수습위 라.

이는, 앞에 것을 결론짓고 후를 나타낸다하리라, 성위를 다 결속하건대 五이니, 하나는 자량(자산의 양식)이니, 三현 이라. 둘째는 가행 이니, 사가 이다. 셋째는 통달이니 초지 라, 넷째는 수습이니 곧즉 이것 이고. 다섯째는 무학이니 묘각이다. 초 신으로부터 발하여, 지초현 입성 하면 (현을 초월해 聖성에 들어감에 이르면), 다 수습(닦아 익힘)의 일이나, 이위 로서, 이미 八지 무공용도를 초월하여, 지혜와 자비가 나란히 둥글어지니, 즉 수습의 공 이, 끝나 이에 필한 고로, 명 수습이니,

十지를 결(매듭 지음)한 인이다. 차후는 이에 十지의 과이니, 또
수습할 것이 없다. 화엄 十지에 금강장으로, 인을 표하고,   135
해탈月로 과를 표하리니, 역시 인지는 유수하고(닦음이 있고), 과지는
무수야(닦음이 없다). 묻기를 후위는, 이미 수습이 없거늘, 또 장애를
끊어야 할 일이 있는 것은, 어찌하리午 하니, 답하기를 이는, 밝은
지혜와 자비의 공이 끝나서, 十지의 과를 이미 득하였거니와, 만약
장애를 끊는 것을 논하건대, 즉 등각의 위刀, 오히려 이런 수습고로
(닦아서 익혀야 하기 때문에), 묘각에 이르러야, 이에 이름하여 무학
이니라.

十. 법운지

자음묘운(자비의 그늘이 묘한 구름)이니 열반해를 덮어서, 이름하여
법운지 라.

자음묘운은 十지의 과덕 이라. 열반해는 묘각의 과해 라. 十지 과가
만(가득)하여, 지비공이(지혜와 자비의 공부가) 원(둥글어)하여,
무복자이하고(또 자기의 이익은 없고), 순시이타(순전히 이타적) 고로,
대비지음(대자비의 그늘)이, 충만법계하여, 무심무연하대(마음도 없고
연도 없대), 이응피심연(저 마음의 연에 응)하여, 시작이윤   136
(보시를 내어 이롭고 윤택하게)하대, 이본 적 무작하여(본 적멸은
지음이 없어), 칭합여래 대적멸해(여래의 대 적멸의 바다에 합한다 말)
할새, 고로 운 복야(덮는다) 한다.

八. 등각위

여래는 역류 하거든, 이와같은 보살은 순행으로 이르러서, 각의
경지에 들어가 교류하니, 이름하여 등각 이라. ｛天度左轉地球右轉｝

十지보살은 세속에 섞여서 이로움을 내어 여래와 같으나, 단
소추역순(추구하는 것의 역 순)이, 여래와 같고 다르니, 대개 여래는,
생사의 흐름을 거슬러 萬物을 똑같이 나오게 하고(下照而常寂), 보살은
열반의 흐름에 순하여(上寂而常照), 묘각에 쫓아 들어가느니, 이미
각의 경계에 이르는 고로, 명 입교 이두(이름하여 교차해 들어간다
하고), 여불무간 고(부처님과 같으나 간격이 없기 때문에 = 차이가
없어서), 이름하여 등각이니. 곧즉 해탈도 앞에 무간도 이다. 이는
비록 등과 제하나 (나란 = 비슷 하나), 미극어묘(아직은 묘각의
극에는 미치지 못)하니, 대개 순하거나 들어갈 뿐이니, 모름지기
대적멸의 바다에서, 역류로 (거슬러) 나와야, 묘가 萬物과 같아지니,
이에 이름하여 묘각이라.   137

九. 금강혜

아난아, 건혜심 으로부터, 등각 에 이르러야, 시(이) 각이 시(비로소)
금강심 중에, 처음 건혜지 를 획득 하리라.

이는 이름이, 등각후심(등각 다음의 마음) 이두, 묘각의 복도(묘각의
항복받은 도)이니, 묘각의 도는 무별행상하여(특별한 행상이 없어서),
다만 처음에 건혜를 따라, 이미 등각에 이르고, 또 금강심을 일으켜,
처음부터 거듭 모든 위를 지나, 미세한 연의 그림자인 최후 무명을
파하여(부수어) 끊어, 섬세한 진(티끌)刀, 불립(서지 못)하여야, 이에

묘에 들어갈 수 있으니, 그를 위해 또(다시) 초위로 부터 시작하는
고로, 이름하여 금강심 중에 초건혜지라. 식음진자(식음이 다한 자)는,
능히 보살로 들어갈 수 있어, 금강건혜가 즉 이것이다. 앞에서 이름이
건혜는, 미여여래(아직은 여래와 같지 않은), 법류수 와 접함이午, 이
이름이 건혜는 아직은 여래와 같은 것이 아니나, 묘장엄해 와 접하니,
이름이 비록 사동(언뜻 같으나), 의는 이에 형별하니라(뜻은 판이하게
다르다 하니라).   138

十. 묘각

이와같이 중중(겹겹이) 단복(홀로 겹)으로, 十二번 하여야, 비로소
묘각을 다하여, 무상도를 이루느니라.
{奢摩他 三摩鉢底 禪那 三 各~而修曰單修午 先修奢摩他
后修三摩鉢底하고 又 先修三摩鉢底하고 後修裨非하여 如此하여
以爲二十午 一複修하고 立一時而曰 ㅁㅁ修}

원각에 단복의 원만한(둥근) 수행의 뜻이 있다 하리니, 지금 이것은
신심으로 말미암아 단독으로, 모든 위를 지나니 왈 단이午, 금강심을
겸하여, 거듭 모든 위를 지나야 왈 복이라. 十二자는 건 신 주 행 향
난 정 인 세 지 금 등 이다. 十二가 인이 되고, 묘각이 과가 되니,
고로 단복 十二하여야, 비로소 묘각을 다하여, 무상도를 이룬다 하리라.

이 종종지에, 다 이 금강으로 여환(허깨비 같은 것)을 관찰하여,
十종심유(十종을 세심히 깨우쳐서)하여, 奢摩他(사마타) 중에,

모든 여래의 비파사나 를 사용하여, 청정하게 수증하여, 점차 깊이
들어가야 하느니라.   139

이는, 그 금강심을 사용하여, 묘각을 성취하는 방법을 敎(차례로 펴서
가르친 것)이다 하리니, 종종지는 十二위라, 十유(열가지 깨우친)자는
환인, 양염, 수월, 공화, 곡향, 건성, 몽, 영, 상, 화 이다. 료법이
이와 같으면, 칙즉 돈망정해 하여(홀연히 잊고 정을 풀어서),
섬진(섬세한 먼지)도, 불립할새(서지 않을새), 고로 왈 청정수증이다.
奢摩他(사마타)와 毗婆舍那(비파사나)는 止觀(지관)을 일컬음 이다.
여래라고 말한 것은 소승과 다른 것을 가려 분별한 것이다.

    {敎字는 叙字}
{陽焰 風隆 日光 所交乹城 日初生時 而蚘吐氣 衆 如城日高 卽無也}

十一. 총결공三漸次용

아난아, 이와같이, 다 三증진 하는 고로, 五十五위 진보리로를 잘
성취함이니, 이렇게 짓는 觀자(보는 자, 관 하는 자)여야,
명이름하여 정觀 이午, 만약 타관자는 이름하여 사관이라.   140

三증진은 三점차이다. 성위는, 다 자산으로서 이로서 성취한다하니다.
신 주 행 향 지 는 五十이 되고, 건혜 四가 등 묘 하여 五十七位가
있다 하니, 유독 五十五를 가리킨 것은 菩提路(보리로) 자니, 등 묘 는
이에 菩提의 果라, 이 路길로 말미암아서, 취증한다 할거니 혹,
금강관찰을 가리킨 것과, 이에 止와 觀을 하여 三증진을 하(되)니라.

四. 결경분

정종이 끝나지 않았거늘, 갑자기 경을 결말짓는 것은, 처음에 밀인을
보여주시고, 다음에 수증을 열어, 마치시어 극과라 부르니, 즉 경의
바른 범(법, 구범, 모범)을 마치신 고로, 이에 결이라. 후의 二과는,
실착을 경계하여 대비하고, 사오간사한 그르침를 깊이 방비한 것이니,
단지 조도(도를 돕는 것)일 뿐일새, 고로 후에 별도로 나열하리니
이에 바른 도움의 변(말씀)이라. 글 二   141

一. 청문경명(경의 이름을 물어서 청함)

이시에(너들 때에), 문수사리법왕자가, 대중 중에 있다가, 자리에서
일어나, 정례불족하고, 백불에게 말하대, 이 경의 이름을 무엇이라
하고, 아와 대중들이, 어떻게 받들어 지녀야 하리잇고.

二. 여래표시(표하여 보이심) 五

一. 표장심법안(여래장 심 법안을 표함)

불고 문수사리. 이 경의 이름은, 대불정 실달다반다라 무상보인
十방여래 청정해안 이고

대불정 백산개(대불정의 흰 우산으로 덮어씌움)이오, 무상보인자는
(위없는 보배도장은), 체극함피(체가 극진하게 머금어 다시 덮음)하사
초정이견(정을 초월하고 보는 것을 떠나)리니, 즉 여래장의 심인이다.
불심의 요지를 증 할底제, 필히 이에 계합이니라,   142

十방여래청정해안자는, 조궁찰해 정절섬진(찰해를 궁극까지 비추어 섬세한 먼지까지 단절하여 청정하게 함)이리니, 곧즉 삭가라의 법안이라. 불지견을 열을제, 필히 이를 자산으로 하니, 실로 대시인연이요, 작지않은 지혜의 법인고로, 문수로서 청문하시니라.

二. 명제도묘력(제도하는 묘한 힘을 밝힘)

역명, 구호친인하여 도탈아난과 급차회중에 성비구니하여 득보리심하여 입편지해라(친인연을 구호하여, 아난과 이모임중에 성비구니를 제도 해탈하여, 보리심을 얻어, 두루한 앎의 바다에 들어가게한다라).

아난은 위친이牛, 마등은 인이니, 이 二둘을 들어 있는 연을 밝혀, 다 제도함이라. 무상정각을, 이 경으로 말미암아서, 득하고, 一체 지혜의 해바다에 이 경으로 말미암아, 들어가게 하느니라.   143

三. 명과인동수(과를 밝혀 사람이 똑같이 수행함)

역시 이름은 여래밀인수증료의 라 하고

여래의 정과를, 적차위인(이를 깔아 인이 되게)하니, 권승수정(부처님의 권세에 태워서 수행하여 증득시킴)은 개 불료의(다 료달 할 수 없는 뜻)라.

四. 명중덕대비(많은 덕과 대비를 밝힘)

역시 이름은 대방광묘연화왕十방불모다라니주 라

체가 극무외하사 방정평등하사 주변함용하사未

명이 대방광이고 인과가 동장하고 염정에 불체하사 어법에 자재하未

명이 묘연화왕이고 출생十방一切일체제불 하리고 총一切일체법하리고

지무량의하사未 명이 十방불모 다라니주 이리니다　　　　　　144

五. 명인인동증(사람으로 인해 똑같이 증득함을 밝힘)

역시 이름은 권정장구제보살萬행수능엄이니 여너는 당봉지 하라

보살은 유차하사 수불직위할새 고로 명 권정장구 이리니다

五. 조도분 二

一. 별명제취계비실착(모든 취를 별도로 밝혀 실착을 경계하고 대비함)

文운(글월로 이르기를), 지금 계를 지키는 자는, 근결 무범하여,
사견에 들지 않아야 하리니, 곧 경계하고 대비하는 뜻이니라. 글二

初. 아난 계청(文殊계속 청함) 二

　　　　　　　　　　　初. 결전(결론 전에) 찬사

이 말을 설하시니, 즉시 아난과 모든 대중이, 여래의 열어 보이신
밀인반다라의를 얻어 입어시고, 겸해 이 경의 료의 명목을 들어시고,
돈오선나를 닦아 성위로 나가려 할새, 상묘리를 더하여, 심려가

허공에 응겨서, 三계에 수심(심을 닦아)하므로, 六品十地미세번뇌를
단제(끊어서 없앰)하사니라.   145

이 결을 펼때 중생이 이익을 얻고, 아래는 찬사라. 밀인을 열어
보이므로, 상묘리를 더하는 데 이르럼은, 앞경의 오의(심오한 뜻)를
통하여 가리킨 것이다. 장심(여래장심)을 인가하여 증한 것은, 청정을
머금어 덮은것으로, 一체를 결정료달하未, 이는 밀인반다라 료의를
이름이라. 밝은 마음으로 성을 봄으로 인(見道分)이라 하고, 등묘를
극증하므로 과라 하여, 섬세한 진(먼지)刀 불립(서지 못)하고, 정해로
양망(둘다 없앰)하여, 심려의 재를 응기게하여, 미세한 의혹을
돈단(홀연히 끊음) 하니, 이것이 禪那(선나)로 수진하여(닦아 나가),
상묘리를 더하는 것이라. 수도 소단 구생 세혹(도를 닦아 끊을 함께
생긴 미세한 의혹)을, 대승은 입지하여 영원히 항복받고 불지에
이르러야 비로소 끊거니와. 소승은 삼계에서 九지로 나누어, 지가 각
九品이니, 초과는 욕계 앞六品을 끊어서 二과를 증하고, 후三품을
끊어 三과를 증하고, 상二계八地 도, 각 九品씩 끊어서, 무학을 증거
하느니. 지금 여기서는 증상으로(위로 더하면서 올라가면서),   146
돈단하는(홀연히 끊는) 고로, 三계 六品 이라 말했으니, 그 나머지
三품은 필수로 불지라야 비로소 끊으리니. 비록 三과가, 능히 九品을
끊을 수도 있으나, 특분단하여(특별히 나누어 끊어), 점차 항복 받을
뿐이다.

즉종좌기하여, 정례불족하고, 합장공경하사아, 이백불언하시대,
대위덕세존께서, 자비하신 음이 무차하사(막힘이 없어), 중생의,
미세침혹을, 잘열어, 아(나)로 하여금, 금일, 신심이 쾌연하여,

대요익을 득하게 하였나이다.

바른 찬탄과 사례라. 구생(함께 생김)은 유은 고(감추어 나타나지
않기 때문에), 왈 침혹(잠긴 음침한 의혹)이다.

二. 정청후법(후법을 바로 청함) 三

一. 정문(바로 물음)

　세존하, 만약 이 묘명 진정 묘심이, 본래 편원(두루
원만)이대,
　이와같이 대지 초목 연동 함령이, 본래 근원이 진여라,　　　147
　곧즉 이 여래의 불진체를 이루어, 불체가 진실하거늘, 어찌하여
　복(또, 다시) 지옥 아귀 축생 수라 인 천 등의 길(도)이 있나이까.
　{妙明妙覺明心 真淨妙心 卽如來藏 谌然常住함이 靈한性을 가져실새
　含靈이라}

앞見覺分七大에서 설하사, 진정묘심이, 본래 둥글고 두루하거늘, 칙즉
법계가 하나의 진이고, 만동(움직임)이 一체인데, 마땅히 제취의
다름이 없어야하거늘, 방금 그와같이, 나타나 있으末, 상식적인
생각으로는 의혹이 있는 곳인 고로, 혹은 제취에 잡혀서(집착하여)
묘원의 체가 미해진 것인지, 혹은 묘원에 잡혀서(집착하여) 제취를
뽑은 업하여, 실착으로 추락에 이르게 된 것인지, 특별히 청문하오니,
행인이 기대하오니, 상세히 밝혀 주시어, 경계하고 대비하는 바를
알게하소서.

세존하, 이 도(길)는, 또 본래 스스로 있는것인가요, 중생의 망습으로 생기었는가요.   148

스스로 발생한 망이, 본래 있는 것이 아니다.

二. 인사(일을 인용함)

세존하, 보련행비구니 같은 이는, 보살계를 받았으나, 사행음욕하고, 망언하되, 행음이 죽이지 않고 훔치지 않으니 업보가 있지 않다 하여, 이와같은 말을 했다가, 먼저 여근에 대맹화가 생겨, 후에 마디마디가 맹화로 불이 타서, 무간지옥에 떨어졌고, 유리대왕과 선성비구는, 유리는 구담족성을 베고, 선성은 一체 法이 空이라하고 망설하다가, 생신이(몸이 산채로), 아비지옥에 빠져 들었으니, 이 모든 지옥이 정처 (선정처, 움직이지않음, 바위 등)에 있게된건가유? 또 자연이라 하는 피피(갖가지) 업을 발하여, 각각 사수(사적으로남몰래 받는)건가유.

三업을 끊지 않으면, 각각유사하니(갖가지 사사로움이 있나니), 중생이 같고 분리된 중에도, 정처가 없지 아니하니라. 유리는   149 닉왕태자이니, 아버지를 폐하고 자신이 옹립하여, 협숙혐하여(옛날 싫어함에 원한을 품어), 석종을 주살하거늘, 부처님이 수기하기를 그 七일에, 당연 지옥에 들어가리라. 왕이 바다에 전복됨을 피하다가, 수중에 자연 소멸하니라(불타 없어졌느니라). 선성비구는 十二부경을 설할 수 있어, 四선과를 획득했는데, 간사한 벗과 짝함으로 인하여, 부처도 없고 법도 없고 열반도 없다고 망언한 고로, 무간에 빠짐이 생기니, 이는 다 묘원(묘한정원)에 잘못 집착하여, 무업취에 뽑힌 자들이다 (업이 없는 취라는 지옥에 뽑혀 끌려간 놈들이다).

三. 결청(결론지어 청함)

오직 대자비를 드리우사, 어리고 어리석음을 일깨움을 발하도록 하시어, 모든 一체 지계(계를 지키는) 중생으로 하여금, 결정의를 듣고, 환희정재하사와 근결무범 去 하小立(게 하소서).

　　　　　　　　二. 여래개시(여래께서 열어 보이심) 二

初. 찬허(찬탄하여 허락함)

불 고, 아난하사되, 쾌재(좋다), 이 물음은 모든 중생으로 하여금 사견에 들어가지않도록, 너가 지금 체청하니, 당연 너를 위해 설 하리라.　　　　　　　　　　　　　　　　　　150

二. 정시(바로 보임) 四

　　　　　　　　一. 인망생습(망으로 인하여 습이 생김) 二

一. 총표(전체적으로 표시함)

아난아, 一체중생이, 실로 본 진정커늘, 저 망견으로 인하여, 망습이 있어, 이로 인하여, 내분 외분으로 분개하니라.

二. 별명 二

一. 내분적정(안으로 나누어 정이 쌓임)

아난아, 내분은, 곧즉 이 중생의 분내(안으로 나눔)이니, 모든 애염으로 인하여, 망정을 발기하느니, 정이 쌓여 쉬지 않고 애욕의 물을 생기게 하는 고로, 중생이 마음에 진수성찬을 차렸다고 기억하면 입에 물이 나오고, 마음에 앞에 사람을 기억하되, 혹 연민, 혹 원한 하면, 눈 속에 눈물이 차고, 탐구재보하여 심발애연하면 거체광윤하고, 심착행음하면 남녀二근이 자연 액이 흐르는 것이라.   151

심이 내에 동함을 왈 정이니, 고로 정이 내분이 되니라. 정은 사람의 음기가 있는 욕망이 있는 놈이니, 고로 모든 애염이 일어남으로 인하여, 이음적고로(음이 쌓이기 때문에), 애수가 생길 수 있어, 륜업하고 륜생하느니, 윤회가 부단함이, 다 이로 말미암은 직분이니라.

아난아, 모든 애가(사랑이) 비록 별(나눔, 헤어짐, 다름. 애별이고) 하나, 흐름과 결(맺힘)은 시동하니(이 같으니), 윤습하면, 불승일새 (오르지 못할새), 자연히 세로로 떨어지니, 이를 이름하여 내분이라.

모든 애가 불一(하나가 아니고), 다 능히 감수하고(물을 감하고 느끼고), 결혹(의혹을 맺음)할새, 고로 왈 류(흐름)와 결(맺힘)은 같으니라. 물의 성은 침하(잠겨서 아래로)하는 고로, 정이 쌓인 업은, 다 종 윤 추 (많으면, 마침내, 세로로 빠져, 떨어져 추락) 하니라.

二. 외분발상(외로 나누어 상이 발생함)

아난아, 외분은, 곧즉 이 중생의, 분외(외로 나눔)이니, 모든
갈앙(목마르게 사모함)으로 인하여, 허망한 상(생각)이 발하여
나타나니, 상이 쌓여 쉬지 않고, 올라가는 기를 생기게할새, 고로
중생이 마음에 금계를 지키면 경청하여 몸이 들리고, 마음에 　 152
주인(주문과 부인부적)을 가지면, 고면(뒤를 돌아보)고 웅숙(웅장 의연
기고 날새라)하고, 마음에 하늘에 나고자 욕망하면 꿈에 생각이 날아서
들리고, 마음이 불국에 존재하면 성경(성스런 경계)이 그윽히
나타나고, 선지식을 섬기면 저절로 몸과 명목숨이 가벼워지느니라.

의(뜻)의 연이 밖에 있어 왈 상(생각)인, 고로 상이 외분이 된다.
상은 사람의 양기 이니, 바람이 있는 자이니, 고로 갈앙으로 인하여
발하느니라. 양이 쌓이는 고로, 승기(올라가는 기운)를 낼 수 있으니,
경청(가벼워 청정함)과 같아서, 웅숙 등의 일은, 다 승기 라. 상은
능히 오름을 낼 수 있을새, 난(알)이 상으로 생기는 것(자)은, 염 정
으로 말미암아 다른 것(날아 오르는 정도가 다름)이다.

아난아, 모든 상이 비록 별(다름, 특별함, 헤어짐, 이별)하지만,
가벼워 들리는 것(경거)은 같으니, 날고 움직임이 불침(잠김이
없음)할새, 자연 초월하느니, 이것을 이름하여 외분이라.

153

모든 상이 하나가 아니대, 다 능히 경청비거(가벼워 맑아서 날리어
들림)할새, 고로 왈 경거 라는거는, 시동이 경거 고로(이것이 똑같이
가벼워 들리기 때문애), 다(많이) 초월 할 수 있느니라.

二. 종습감업(습을 따라 업을 느낌) 四

一. 표감변지시(감변하는 때(죽어서 생에 붙는 때)를 표함)

아난아, 一체 세간(세의 사이)에, 生(생) 死(사)가, 상속하여(서로
이어져), 생은 종순습하고(생삶을 따라 순하여 익히고), 사는
종변류하니(죽음을 따라 변하여 흐르니), 명목숨을 임하여(다스려)
마칠 때에, 미사난촉(아직 난촉을 버리지 못)하여, 一생 선악이,
구시돈현하여(다 이 때 홀연히 나타나서), 사역생순(사가 거스르고
생이 순)하는, 두(二)개의 습이 서로 교차 하느니라.

사람의 정 습 은, 호생악사(생을 좋아하고 악을 미워)할새, 생(삶)
으로 순이 되고, 사(죽음)로 변역 되어, 역 순 이 서로 교차하는
것을, 방사방생(죽였다 살렸다)의, 간(순간)이라. 일생 선악의 업이,
곧즉 이 때에, 수기정상 경중하여(그 감정과 생각의 가볍고 무거움에
따라), 이감변언(느끼어 변)하느니라.   154

二. 변감변지리(감변의 이치를 설함) 五

                              一. 순상(순수한 생각)

순상은, 곧(즉) 날아서, 필히 천상(하늘 위)에 나(생)리니, 만약
날으는 심 중에(마음 가운데), 복을 겸하고 지혜를 겸하고, 청정을
함께 주기를 원하면, 자연(저절로) 심 이 열려, 十방 불(十방 부처님)
을 보아서, 一체 정토에 따르기를 원하여 왕생하느니(가서 사느니)라.

상(생각)의 체는, 가벼워 들리는 고로, 순하면(따르면), 곧즉 날아
오르니, 연차(그러나 이는), 특(오직) 순선(순수한 선)인 고로,
생천에(하늘에 나서) 멈추니, 약겸수복혜정원(만약 복과 지혜를
겸하여 닦아 청정을 원)하면, 즉 두(二)습이 교차 할 때, 감변(느끼어
변함)이, 배로 오르리라.

二. 정소상다(정이 적고 상이 많음)

정이 적고 상이 많으면, 가벼워 들리나, 멀리 못가, 즉 비선(날으는
신선) 대력귀왕 비행야차 지행나찰 이 되어, 사천(四天)에 다니어,
가는 곳에 걸림이 없느니라.   155

오르는 상(생각)이 불순하여(순수하지 않아), 사정(사악한 생각)에
조금 지체하는 고로, 감하여 이런 종류가 되느니라.

그 중 선과 선을 원하는 심마음이 있어서, 아의 법을 호지하고
(보호하고 지니고), 혹 금계를 보호하여, 계를 지키는 사람을 따르고,
혹 신주를 보호하여, 주문을 지녀 따르고, 혹 선정을 획득하여,
보호하고 수(便安케) 법인하면(법을 새기면), 이들은 여래의 자리
아래에 친주하리라(가까이 살리라, 머무르리라).

비록 사악한 정에 지체하나(걸리나), 선이 있음으로 원함에, 이 선연
(착한 연)에 감하니, 곧즉 천룡八부 류 라.

三.정상균등(정과 상이 균등함)

정 상 이 균등하면, 날지도 않고 추락하지도 않아서, 인간(사람사이)에
나서, 상이 밝으면 총명하고, 정이 그윽하면 둔(우둔)하니, 사람이
총하고 둔하¥ 있나니, 그 이치가 이와 같으니라.   156

四. 정다상소(정이 많고 상이 적음)

정이 많고 상이 적으면, 류입횡생하니(흘러들어 가로로 기는 것에
나니), 무거우면 모군(털이 있는 무리)이 되고, 가벼우면 우족(깃,
날개있는 족)의 무리가 되리라.

이것이 六정 四상 이다. 정이 많은 고로, 빠져서 변하고, 상을
두른고로 비거하되(날고 들되), 업이 무거우면, 할 수 없어, 단
모군이 되느니라. 횡생 은, 즉 머리가 옆에 달린자{짐승} 이니,
유행부정(바르지 못한 행)으로 말미암았기 때문이다.

七정三상은 침하수륜하여(수륜에 잠겨 내려가서), 불의 경계에
생겨나서, 맹화의 기를 받아, 몸이 아귀가 되어서, 항상 불타는 옷을
입고, 물도 이미 해할 수 있으니, 먹지도 못하고 마시지도 못하여,
百千겁을 경과하니라(지내느니라).

구사 에 말씀하되, 대지 최하에는, 금수풍륜이 있나니, 八한 八열
지옥 三륜의 위에 있다고 하여, 이 文에 설하건데,   157
침하한(중력으로 내려앉힌) 수 화 풍륜 과, 또 지옥 같은 것이, 三륜의
아래에 있다 하고, 이 가리키는 곳을 의심하여, 지하 三륜이 아니라,
이에 지옥 三륜이라 했다. 수륜 화륜의 경계를 말 한 것은, 곧즉
냉옥(꽁꽁언 지옥)으로, 제八여덟번째 인데, 맹화의 기운을 받아,

이를테면 화기를 받아서 몸이 되는 고로, 항상 불로 태우는 것을 입었다 하니, 물을 득해 마신다 해도, 역시 화해 불이 되는 고로, 왈 물이 자기몸을 해칠 수 있다 한다.

九정 一상은 아래 화륜을 洞(통)하여, 몸이 풍 화륜의 二(둘)에 들어가서, 교과지(교차하는 땅을 지나서)하여, 가벼우면 유간(사이) 에서 생기고, 무거우면 무간에서 생기니, 二종의 지옥이라 한다.

정업이 점점 더 막히는 고로, 옥보가 점점 더 가라앉아, 아래 화륜을 통하니, 곧즉 八열지옥야, 입풍화 교과지는, 한옥(추운지옥)을 초과하여, 열옥에 들아감이라, 열옥은 제 八이니, 이름하여 五무간이니, 유간은 곧즉 여 七(나머지 일곱)이다.   158

五. 순정

순정은 곧즉 침하여(잠기어) 아비옥에 들어가느니, 만약 침하는 (잠기는) 마음중에 유방대승하거나(대승을 할뜯음이 있거나), 훼불 금계(불금계를 훼손) 하거나, 광망설법(거짓말로 함부로 설법)하거나, 허탐신시 커나(헛되이 믿음의 보시를 탐하거나), 남응공경(외람되게 공경에 응)하거나, 五역十중은, 다시 十방 아비지옥에 태어나리니.

아비는 무간이라하니, 이르기를 수죄, 고구, 신량, 겁수, 수명 다섯가지 다 무차간 이니(사이를 막음이 없으니), 이름하여 五무간옥 이니, 이는 오직 정업이 최고 무거운 자라야 추락하여 들어가리니, 겁이 붕괴에 이르러야 나오느니, 만약 대승을 비방하는 등 죄를 겸하면, 이 겁이 비록 붕괴해도, 다시 十방 아비에 들어가서,

나올 시기가 있지 아니 하니, 법을 비방하고 계를 훼손하여, 무궁
사람들로 하여금, 사견에 떨어지게 했기 때문이니라.　　　　159

三. 결소감이답(결론으로 느낀바로서 답하다)

지은대로 악업이, 비록 스스로 초래해도, 무리를 똑같이 나누는 중에,
겸하여 根원의 지地망 가 있다 하니라.

앞에서 묻기를 지옥이, 유정처요, 또 자연이오 하고 물었는 고로,
답하기를 순정(정을 좇아, 정을 따라)으로 지었다. 비록 칙즉 스스로
초래 했으나, 같은 업에 감응하는바, 불무정처라 하리니, 根원지라는
것은, 각각 根원 이유를 따르니라.

　　　　　　　　　　　　　　　三. 종업분취
三은 업을 쫓아 분취하대(취를 나누대), 하로는 지옥으로부터
상으로는 비상에 이르니. 글 七

一. 지옥취 二

　　　　　　　　一. 결전기후(앞을 결론짓고 후를 일으킴)

아난아, 이들은 다 저 중생들이 스스로의 업에 감응結 하는 것이니,
十가지 습을 인연하여 지은起 것이라, 六교보를 받느니라.　　　160

앞에서 정 상 감변 을 간략히 밝혔고, 이에 근과 경계 의 구조를
상세히 밝혔다. 十습은 根본이 十혹에 있어, 습으로 악업을 이루고,
六교는 六근이라 부르는 인으로, 교하여 악보를 일으키느니라.

二. 총징별명(총 특징을다 불러 별도로 밝힘) 五

一. 十습인 十

一. 음습

어떤것을 十인이라 하는고, 아난아, 一자란놈은 음습(음탕한 습관)이,
교접하여 서로 부비고, 갈고 닦아 쉬지 않음이, 이와 같은 고로,
대맹화광이 있어, 중에, 撓발동하리니, 마치 사람이, 손으로, 자상마촉
하면(스스로 서로 접촉하여 문지르면), 난상이 앞에 나타나는 것과
같으리니, 二습이 서로 불타는 고로, 철상과 구리기둥과 같은 일이
있다 하니라.

악업은 정을 의혹함에서 일어나고, 이음 위정감지최고(음은 정감이라
하는것이 최고기 때문에), 전 후 다 수명지(초두에서 밝힌다)하니다.
十습의 업에, 개선언소감지경(다 먼저 느끼는 곳의 경계를 말한 것)
이고, 차언소보지사(다음에 보하는 곳의 일을 말했다)하리니.   161
음감화업(음을 느낀 불의 업)은 혹심으로 말미암아, 치성하여, 서로
문질러 발한다하니, 고로 감의 경계인바, 큰맹화를 본다 하니다.
서왕이 왈 음습은 연마가 불휴하여, 스스로 그 정을 소모한 칙측
화계가 치연하여, 살았을제는, 오히려 소갈이 있고, 내열 등의 질이라
하느니, 칙측 죽었을 때는, 대맹화를 봄이 마땅하니다. 능과 소(할 수

있음과 곳)가 교하여 치열 하未, 명 二습이 서로 불타니, 고로 철상과 구리 기둥의 보가 있으니, 이에 응이 그 습-업이라.

시고로, 十방 一체 여래가 색목행음(색을 지목하여 행음이라)하대 동명 욕화이午, 보살은 욕을 보대 화갱(불구덩이)을 피하듯하라 하니다. 162

여래는, 인도하시는 스승인고로, 색목으로 경계하셨고, 보살은 행인이 되는고로, 심히 무서워 피한것이라, 색목은 오히려 목이라 이름붙인다.

二. 탐습

二자는 탐습이 주고받고 계산함未, 서로 들이마심에서 발생하니, 흡람 부지할새(들이마셔 가지는 것이 멈추지 않음이), 이와같은고로, 한이 쌓여 굳은 얼음이 있는 중에, 꽁꽁 얼어, 사람이 입으로 바람의 기를 흡축하면, 냉촉이 있어, 생긴 二습이, 서로 능멸하는 고로, 탁탁 파파 라라 청 적 백 련 한 빙 등의 일이 있나니.

탐습이 감수면, 애심으로 말미암아, 계착하여, 흡취로 발한다 한다. 흡적풍하여 한이 되고, 풍이 결수하여 얼음이 되는고로, 한이 쌓임이 있어, 꽁꽁어는 지경과 탁탁하는 한빙의 보라하니, 즉 한빙의 지옥이다. 구사에 이르되, 탁 파 라 등은 한을 참는 소리라, 청 적 백 련 은 한빙의 색이라 하니다.

시고로, 十방의 一체 여래가, 색목다구(많이 구함)를 동명 탐수요,
보살은 탐 보기를 장해(瘴氣의 바다)를 피하는 것 같이 하느니라.
 {瘴은 바라人 氣分이니 사라미 드르혀면 病이라 하느니라}

탐수는 능히 업을 불리고, 악을 붙게 할 수 있어, 장해는 능히
독성으로 몰신하느니라(몸을 몰락시킬 수 있느니라).

                                                    三. 만습

三자는 만습(거만한 습)이 교(섞어) 능멸하未, 서로 믿는데서
발하느니, 치달아 흘러 쉬지 않음이, 이같은고로, 솟구치고 잔잔하고
분주히 파도가 있는 것 같아서, 파도가 쌓여 물이 되느니, 마치
사람이 구입와 설혀를 스스로 서로 이어서 맛을 보면, 인하여 물이
발하느니, 二 습이, 서로 고동치는(부추기는)고로, 혈하(핏물)
재하(잿물) 열사(뜨거운 모래) 독해(독의 바다) 융동(구리 물)
관탐(붓고 삼키고)하는 모든 일이 있으니, 시고로 十방 一체여래가,
색목을 아만 이라하대, 이름하여 음치수(마시면 어리석어지는 물)이牛,
보살은, 만을 보되, 마치 거대한 물에 빠지는 것 같다 하느니라.

                              164

만습은 교일(교만하고 방자함)하未, 가볍고 능멸하고 자기를 믿음으로
말미암아 발하여, 교만하고 방자함이 치달아 흐르는 고로, 오르고
편안하고 분주한 파도의 경계와 같은 감(느낌)이, 쌓이고 치닫고
악하고 독한 고로, 혈하(피의 강)를 붓고 삼키는 보 가 있나니, 만은
붙어서 어리석은 고로, 음치수 와 같다하고, 능히 치달아 심히

해치는 고로, 비유하면 거대한 익이다(물에 빠짐과 같다). 치수는
서국의 물이름이다. {嶺南有水名貪泉飮之則廉청렴者皆生貪心}

四. 진습

四자는 진습(성내는 습)이 교충(교차해 충돌)하末, 서로 거슬림에서
발하니, 거슬림이 맺어져 쉬지 않아서, 심에 열이 발화하여,
주기(쇠를 부어 만드는 기)가 금이 됨이, 이와같은 고로, 도산(칼산)
철궐(쇠말뚝) 검나무(칼나무) 검륜(칼바퀴) 부월(큰도끼) 창거(창톱)
가 있어, 마치 사람이 함원하면(원통을 재갈물리면), 살기가 비동
(날아서 움직임)하니, 二습이 서로 치는고로, 궁할(거세) 참작(참수
도끼로 찍고) 좌자(저미고 찌르고) 추격(추로 치고)하는 모든 일이
있느니, 시고로, 十방 一체 여래가, 진애(눈을 부라리고 마음에
담아두고 성냄)를 색목(지목)하여, 이름 하여 리도검(예리한 도검)
이午, 보살은 진(성냄)을 보되, 마치 주륙(베어 죽임)을 피하는 것
같이 하느니라.   165

심은 화에 속하고, 기는 금에 속하니, 진자는, 심으로 말미암아 기를
작하여(지으서), 반동으로 그 심에, 저오하는(막고 거스리는), 충격을
가하니, 즉 심화가 전성하여(굴러 성하여), 기금이 전강(굴러 강)한
고로 왈 심열발화하여, 주기위금(쇠를 부어 만드는 기가 금이 됨)이라.
단형을 왈 궁(없앰)이라 하고, 육형을 왈 할(파헤침)이라 한다.

五. 사습

五자는 사습(속이는 습)이 교유(서로 꾀어)하末, 상조(서로 고르고 조절하여 어울림)에서, 발하니, 인기부주(유인하여 일으킴을 멈추지 않음)할새, 이와같은고로, 승목(노끈과 나무)이 있어, 교교하느니 (차꼬에 목을 매느니), 마치 물이, 밭을 잠기어, 초목이, 나서 자람과 같다. 二습이 상연(서로 늘여 통함)하는 고로, 추기(수갑과 형틀) 가쇄(X로 묶음) 편장(채찍 과 볼기를 침) 과봉(회초리 와 몽둥이)의 모든 일이 있으니, 시고로, 十방 一체 여래가, 간(간통함)을 색목(지목) 하사, 명 참적(헐뜯는 도적)과 같다고 하시고, 보살은 사(사기침)를 보대 승냥이 처럼 두려워 하느니라.   166

사습은 간사한 지혜에 의지하여, 악을 일으켜, 점차 들러붙는 덩굴인 고로, 마치 물이 밭을 잠기게하여, 초목이 생장함과 같음으로, 조절로 말미암아 인 상 연(유인 서로 늘임)는 고로, 느낌(감)이 승목연인 (노끈과 나무로 연결하여 끌어당김)의 일이라, 참적 간사는 패정자 (바름바른것을 패부수는 놈)이라.

六. 광습

六자는, 광습(속이는 습)이, 교기하末(서로 속임), 상망(서로 속임)에서 발하느니, 무망(말로 속이고, 없는것을 있는체하여 속임)을 멈추지 않아서, 비심(마음을 허황하게뜨게함)이, 간사를 지어낼새, 이같은고로, 진(티끌) 토(흙) 시(똥) 뇨(오줌)으로 예한(더럽고 질펀)하여, 부정 하느니, 마치 티끌이 바람에 따르는 것 같아서, 각각 보이는 곳이 없는거같으니, 二습이 서로 더하는 고로, 몰(함정에 빠짐) 익(물에 빠짐) 등(오름) 척(던짐) 비(날고) 추(추락) 표(물에 떠다님)

륜(바퀴가 빠짐)의, 모든 일이 있으니, 시고로, 十방 一체 여래가 색을 지목하여 기광(숨죽여 허황되게 속임)이라하사, 겁살과 같다 이름하고, 보살은 광(속임)을 보기를 살무사를 밟는 것 같다 하니다.

167

광이란 놈은, 광언(사나운 말)으로, 기인하여(사람을 속이어기만), 그 의지를 무망하고, 그 심이 비양(날개처럼 날게)함이, 먼지를 두드리는 바람과 같아서, 사람으로 하여금 보임이 없는 것 같은 고로, 감 진토 예오지경(티끌과 흙의 더럽고 나쁜 지경을 느낌)과, 몰 익 등 추(몰락 빠짐 오름 추락)의 보라 하느니라.

七. 원습

七자는, 원습(원통해 원망하는 습)이 교협(서로 싫어)함이, 함한(한을 재갈물림)에서 발함이, 이와같아서, 비석(돌을 날림) 투력(돌을 연결해던짐) 갑저(뒤주에 가둠) 거람(나무로 짜서 볼 수 있도록 한 차) 옹성(성문밖에 독처럼 둥글게 만든 성) 낭막(자루와 장막)이 있으니, 마치 음독인(음침한 독한 사람)이 회포축악(악을 쌓아 품어 안고있음)과 같아서, 二습이 서로 삼킨 고로, 투척(던져 버리고) 금착(사로 잡음) 격사(치고 쏨) 만활(당겨서 모음)등의 일이 있으니, 시고로, 十방 一체 여래가 색을 지목해서 원가라(원망의 집)하여, 명 위해귀라(엇갈리고 해로운 귀신)하고, 보살은 원습을 보되, 짐주(짐새의 술)와 같다하느니라.

원습이 한을 품어서, 음은(음산하고 몰래)하나 상하게 하는 고로,
마치 음독이 축적된 악과 같은거라하여, 감(느낌)이 비석하고(돌을
날리고), 석낭(돌자루)에 넣어 치는 지경 이라, 투척 만활의 보를
받나니, 비석 투척 거갑(차와 뒤주) 우책(우리 와 울타리)은 다
음은사(음침하고 몰래하는 일) 이다. {책은 나무성이라}   168

八. 견습

八자는, 견습(보는 습)이 교명(서로 밝혀)하여, 여 살가야 견 계금취
(마치 살가야가 금계를 취함을 보는 것 같음)와, 사오제업(잘못
깨달은 모든 업)이, 발어위거(엇갈리고 거부함에서 발)하여, 출생상반
(나와서 서로 반대로 생김)이, 이같은 고로, 왕사(왕의 사신)와
주사(주요 사신)가 있어, 증집 문적(증거를 잡아 문서로 기록)하리니,
여행로인이 래왕상견(마치 길을 가는 사람이 오고 가면서 서로 보는
것인 듯) 하니, 二습이 상교 (서로 교차)하는 고로, 감문(헤아려 물어,
심문함)이 있어서, 권사 고신하여(권모와 사기를 생각하고 물어서),
추국 찰방(추측하여 국문하고 살펴려 심방방문)하여, 피구 조명하여
(헤쳐서 탐구하여 비추어 밝혀서), 선악동자가 손에 문부를 잡고, 모든
일을 사변(말씀을 변론)하니, 시고로 十방 一체 여래가 색을 지목하여
악견이라 이름하여 견갱(보는 구덩이)이라 하고, 보살은 모든 허망편집
(허망하고 편벽된 집착)을 보기를, 독학(독의 골구렁)에 들어가는것
같다 하느니라.

169

견습이, 五(다섯)이 있으니, 一은 살가야이니, 이는 운 신견(나를 주체로 모든것을 나의 소유라는 견해)이니, 이를테면 집신유아(신몸에 집착하여 아나가 있다) 하여, 종종(가지가지) 계산에 집착함 이고, 二는 변견이니(나라는 집착으로 나의 한쪽으로 치우친 견해이니), 一체 법에, 집단집상(집착을 끊고 상식을 견지함)할 것이고, 三은 사견이니 (인간의 도리를 무시하는 사악한 견해 이니), 사오착해(사를 깨달아 집착을 해결)하여, 무인과(인과가 없음)를 발(뽑아낼, 다스릴)것이며, 四는 견취(잘못된 소견을 취하는 것)이니, 과도 아닌 것을 계산하여 과라 하는 것이니, 마치 상 아닌것을 열반이라 하는 종류다. 五는 계금취 (잘못된 도를 고집하는, 금지된 계를 취하는 것)이니, 인이 아닌것을 계산하여 인이라 하는 것이, 마치 지구계(개소리의 계를 가져서)하여, 생천인지류(하늘의 인으로 생겼다 하는 종류)이다. 이 五다섯을 총(다) 이름하여 악견이니, 순사반정(간사를 따르고 바른것에 반하는) 고로, 위거(어그러지고 거부하는 것)에서 발하여, 나와서 서로 반대가 생긴다. 그 위(어그러짐)로 말미암아 반대인 고로, 느낌이 왕사가 증거를 잡는 지경이라, 권사추국지보(권세로 사기치고 따져서 국문하는공갈하여 심문하는 보)라 하니다. 로인(길가는 사람)이, 서로 보아서, 一거一회하느니(한쪽은 가고 한쪽은 돌아오느니), 비유하면 소견(보는 곳)이, 위반(어그러져 반대)이라. 이 五악견이 법신을 함정에 빠뜨릴 수 있는 고로, 명 견갱(견의 구덩이)이노, 업고에 이를 수 있는 고로, 명 독학(골)이니, 수행인은 당질멸지니라 (당연히 빨리 없앨지니라).

170

九. 왕습

九자는 왕습(억울한 습)이 교가(서로 더해)하末, 무방(속이고 헐뜯음)
에서 발함이, 이와 같은 고로, 합산(산을 합하고) 합석(돌을 합하여)
연애(연자와 맷돌)로 경마(갈고 문지름)가 있다 하니, 여참적인(마치
도적을 참소하는 사람)이, 핍왕양선(굽은 것은 핍박하고 좋은 것은
잘하는) 거라 하니, 二습이 상배(서로 밀어내는) 고로, 압날(양쪽에서
압착해 눌러짬) 추안(추나 막대로 안마하듯 눌러짬) 축녹(짜서
걸르냄) 형도(저울로 달고) 같은 일이 있으니, 이같은 고로, 十방
一체 여래가 색을 지목하여 원방(원통하고 헐뜯음)은, 참호(호랑이를
맛본다)와 같다 이름 하고, 보살은 견왕하대(사특하여 굽은 것을 보대),
벽력(벼락)을 만난것 같다 하니라.

어불의곡에 이곡지할새(마땅히 굽어지지않을 것에 굽어졌을새), 왈
왕(억울함)이니, 왕은 진정이 아니다. 무방(속이고 헐뜯음)으로
말미암아, 사람에 핍압(핍박하여 압착함)하는 고로, 보를 느낌이 이와
같다 하니라. 배(배척)는 제(밀쳐)서 좌(꺽음)이라. 압날(압박하여 누름)
도 역시 그 뜻이라, 록(걸르냄)은 력(스밈)이오. 형은 횡이라 하니,
이를테면 그 체를 박희(핍박하여 놓게) 하여, 그 혈을 력진하고(스며
걸러고), 또 박익(좁은 곳에 끼워서 핍박)하여, 고구(고통을 주는
도구)는, 횡충이도(가로로 찌르는 도, 가로로 충이 되는 각도)이니, 소위
하투괘망(아래로 투과하도록 망에 걸어매담) 하여, 도현거두(그
머리를 거꾸로 매담)는, 다 형도류(각도를 재는 종류)라.   171

참능상인(참소는 사람을 상하게)하는 고로, 이름하여 참호 이니,
이가경섭(놀람과 두려움이 더해지는) 고로, 벽력에 비유로 깨우쳤다
하느니라.

十. 송습

十자는 송습(소송하는 습)이 교훤(서로 지껄여 떠들어)하末,
장복(감추고 덮는)에서 발하느니 이같은 고로, 감견조촉(거울을 보고
촛불을 비추는 것)이 있어서, 일중에(낮에)는, 그림자를 감출 수
없나니, 二습이 서로 베푸는(상진) 고로, 악한 벗(악우), 업경(업의
거울), 화주(불구슬)로, 파로숙업하여(묵은 업을 파헤쳐 드러내어서),
대험제사(모든 일을 대하여 조사)하니, 시고로 十방 一체 여래가,
색을 지목하여 복장(덮어서 감춤)이, 음적(그늘의 도적)과 이름이
같다 하시고, 보살은, 觀복(덮는 것을 보기)을, 마치 대고산하여(높은
산을 이고), 리어거해(큰바다를 밟는)것 같다 하느니라.   172

송 비 관송(송은 관송이 아니다). 공발 기복지위야(그 덮은 것을
공평하게 발함을 일컫는다) 하니, 이는 정복습(바르게 다시 익힘)이다.
차복피송(이것은 덮고 저것은 소송)할거니, 왈 교훤(교차해 지껄임)
이니 고로, 감 감견조촉(느낌이 거울을 보고 촛불을 비출) 지경이요,
악우대험(악우를 대하여 조사함)의 보 라 하다. 음적장복(그늘의
적이 감추어 덮고) 있다가, 발하는 칙즉 스스로 해하느니, 죄를
덮음末, 적당히 만족하다 스스로 싫어져 스스로 추락하는 고로, 마치
대산리해(산을 이고 바다를 밟는다)라. 十습이, 발어十혹(열가지
의혹에서 발)하여, 통근본이겸수하니(六근을 통하는 근본이 겸하여

따르니), 번뇌 二를 따름이 十이니, 처음에 왈 분(성냄) 한(한탄) 뇌(번뇌) 복(덮음) 광(속임) 도(의심) 교(교만) 해(해침)니, 지금 사습(속임)은 곧즉 도(의심)이午, 원(원통)은 곧즉 한(한탄)이午, 왕(사특)은 곧즉 해(해함)이午, 송(소송)은 곧즉 복(덮음) 이니, 대략줄여 예를들 뿐이다.

二. 六교보(여섯가지 서로 갚음) 二

一. 총표(다 표시함)

어떤 것이 六보 이오. 아난아, 一체중생이, 六식으로, 조업하고(업을 만들고), 소초악보(악보를 부르는 곳)는, 종六근출하느니다(六근을 쫓아 나오느니다).

173

식을 쫓아서 업을 짓고, 근을 쫓아서 보가 나타나서, 업 과 보 가 서로 모이는 것임으로 교라 이른다.

二. 별명 六

一. 견보(보는 보) 二

一. 의근감업(근에 의지하여 업을 느낌)

어찌하여 악보가 六근을 따라 나오는고. 一자는 견보가, 악과를 불러 끌어당기느니, 이 견업이 교 하면, 곧 임종시에, 먼저 맹화{以火爲主}

를 보니, 十境방계에 가득하여, 망자의 신식이, 날았다 추락하여 연기를 타서 무간옥에 들어가서, 밝은 二상을 발하느니, 한놈은, 밝은 견이니, 두루할 수 있어 종종악물을 보아서 무량한 두려움이 생기고, 두번째 놈은, 암견이니, 적연하여 보지 못하여, 무량 공포가 생기나라.

견각은 화에 속하는 고로, 맹화를 느끼느니라. 두려워하는 (외)는 경계에서 보는 것이오, 두려움 (공)은 심에 장(감추었다) 하다. 六교가 다 직접 무간에 들어가는 놈이란, 취중언이(무거운 순서대로 나아간다는 말이)니, 등근테를 이룬다. 말하건데, 극선 극악이 다 중음이 없느니, 그러니까 직접 들어간다.   174

二. 수근전변(근을 따라 바뀌어 변함)

이와같이 견화가(보는 불이), 소견하니(견을 불사르니), (능위) 열사(뜨거운 모래) 열재(뜨거운 재)가 될 수 있고, 소청하면(들음을 불사르면), 확탕(끓이는 가마솥) 양동(구리의 대양)이 될 수 있고, 소식하면(숨을 불사르면), 흑연(검은 연기) 자염(자줏빛 불꽃)이 될 수 있고, 소미하면(맛을 불태우면), 초환(타는 알갱이) 철미(철 죽)가 될 수 있고, 소촉하면(촉을 불사르면), 열재(뜨거운 재) 로탄(화로의 숯)이 될 수 있고, 소심하면(심장을 태우면) 성화(불타는 별)를 생길 수 있음이, 병려하여(나란히 흩뿌려져), 공계 선고(허공과 세계를 (부채질하고 북을 친다)하느니라.

문청(듣는 청각)은 수에 속하는고로, 소청하면, 확(끓인)탕 양동(녹은 구리)이 될 수 있고, 비취(코로 냄새 맡는 것)는, 기의 주(주인)인

고로, 소식하면 흑연 자무(검은 연기 자줏빛 안개)가 될 수 있고,
설은 주 미(맛의 주인) 하니, 환미(알갱이 죽, 팥죽)의 종류이다.
신(몸)은 촉의 주이니, 재탄(재와 숯)은 촉류 라. 심(심장)은 바로
화에 속하니, 화소(불탐)으로서 전치하니(치열하게 변하니 달아 오르니)
병세선고니라(부채질과 북으로 나란히 뿌리느니라).　　　　　175

二. 문보(듣는 보) 二

一. 의근감업

二자는 문보가 초인악과하느니(악과를 불러 끌어당기느니), 이 문업이
교 하면 곧즉 임종시에 먼저 파도를 보니, 천지가 몰익(몰락해 빠져)
하여, 망자의 신식(신의 식, 영혼)이 강주병류(내리고 붓고 잡고 흘러)
하여, 무간옥에 들어가서, 밝은 二상을 발하느니, 한놈은 개청이니
(청각이 열리니), 청 종종 요하여(가지가지 시끄러움을 들어서),
정신이 무란할거니(어리석고 어지러울거니), 두번째 놈은
폐청이니(귀가 막히니), 적무소문하여(적막하여 듣는 바가 없어서)
유귀(유령의 귀신)로 침몰할거라 하니라.

문청은 수에 속하는고로, 관청을(청을 관함을) 선복(되돌림) 하면,
칙즉 수불능익하거니와(물이 빠뜨릴 수 없거니와), 의지조업하면(업을
지음으로 의지하면), 칙즉 능감파도하느니라(파도를 느낄 수 있느니라).
개폐(열고 닫음)는 마땅히 통색(통하고 막힘)이다, 무(안개)는
혼(어두움)이다.

二. 수근전변

이와같이 문파(듣는 파도)가, 주문하면(들음에 부으면), 칙즉 능
위책(책임을 묻고) 위힐(꾸짖고)하고, 주견하면(봄에 부으면) 칙즉 능
위뢰(우뢰) 위후(울부짖음) 위악독기(악한 독기)가 될 수 있고, 주식
하면(숨에 부으면), 우(비) 무(안개)가 될 수 있어, 모든 갖가지
독충을 뿌려서, 신체에 두루 가득 하게 된다. 주미(맛)에 부으면,
칙즉 농(고름) 혈(피) 종종 잡예(잡스런 더러운것)가 될 수 있고,
주촉하면(촉각에 부으면), 칙즉 축(측생) 귀(귀신) 분(똥) 뇨(오줌)가
될 수 있고, 주의하면(의뜻 각에 부으면), 칙즉 전(전기) 박(우박)이
되어 최쇄심혼하느니다(심장의 혼을 깨뜨리고 부수느니라).   176

주문하면, 소리를 발하는 고로, 책죄힐정(죄를 책임묻고 정을 꾸짖음)
의 일이 되느니, 주견하면 우뢰와 후울부짖음이 되고, 문파는 음이
되고, 견화는 양이 되니, 음양이 서로 다가와서(박), 우뢰를 이루기
때문이다. 주식하면 우무(비와 안개)가 되니, 수가 기를 따라서
변한다. 주미하여 농혈이 되는 것은 수가 맛을 따라 변하는 것이다.
주촉하여 축짐승귀가 되는 것은 수가 형을 따라 변하는 것이다.
주의하여 전박(전기와 우박) 이 되는 것은 의뜻가 심에서 나오니,
수화 교감 이다. 一切(일체) 물리(사물의 이치)가, 막불인五행하고
(五행의 원인이 아닌것이 없고), 음양을 타서 변화 하느니, 고로,
차 수근전변지사가 개불출차 하니라(이는 근을 따라 바뀌어 변하는
일이 다 이를 벗어나지 못한다 하니라).

177

三. 후보(냄새맡는 보) 二

三자는 후보가 초인악과하느니(악과를 불러 끌어 당기느니), 이런
후업이 교하면 칙즉 임종시에, 먼저 독기를 보니, 충색원근하여(멀고
가까운 곳에 꽉차서 막혀), 망자의 신식이, 종지용출하여(땅에서부터
솟아 나와서), 무간옥에 들어가서 밝은 二상을 발하느니, 한놈은
통문(통함을 앎)이니, 피제악기하고(모든 악기를 덮고), 훈극심우
(냄새가 극해 심이 어지럽게 요동) 할 것이오, 두번째 놈은,
색문(맡음이 막힘)이니 기엄불통하여(기가 가려서 통하지 않아서),
민절어지하느니라(답답해 땅에서 기가 끊어 지느니라 기절하더라).

인탐악향(악향을 탐함으로 인)하여, 종종 업을 지을새, 과감독기하여
(과가 독기를 느껴서), 성종종보(가지가지 보를 이룬다)하니라.   178

이와같이, 후기(냄새맡는 기)가 충식하여(숨을 충하여 부딪쳐서), 칙즉
능 위질 위리(질리〈진리 막힘과 통함)가 될 수 있고, 충견(봄을 충)
하여, 위화 위홰(화홰〈화해 불과 햇불)가 될 수 있고, 충청(들음을 충)
하여, 몰(빠짐) 익(가라앉음) 양(대양) 비(끓음)가 될 수 있고,
충미(맛)하여, 뇌(굶주림) 상(썩어 손상)함이, 충촉(접촉)하여
환(터짐) 련(달굼) 대육산(고기 산더미)이 될 수 있어, 百千의 눈을
가진 괴물이 무량 포식 (생으로 먹음) 할 수 있고, 충사(생각)하여,
회(재) 장(축측하고 독한 기운) 비사력(날아다니는 모래와 돌벼락)이
될 수 있어, 신체를 격쇄 (치고 부수고) 하느니라.

질(막힘)은 애(장애, 거리낌)다. 리(통함)는 통이다. 후업 소의 불리離이 통색(후업이 의지한 바 통하고 막힘을 떠나지 않은), 고로 충식(숨에 충돌)하면 능위질리야(능히 막힘이 통할 수 있다)하느니라. 충견(봄에 충돌)하여, 화홰(불과 횃불)가 되고, 충청(들음에 충돌)하여, 몰가라앉음 익빠짐 양넘침 비끓음가 되는, 칙즉 견각(보는 각성)은 화에 속하고, 문청(듣는 청각)은 수에 속함이 분명하므로, 기(모자라서 주림) 뇌(먹지 못해 주림)하고 괴(어그러짐) 상(손상됨)은 맛으로 말미암아, 기를 따라서 변한다. 탄(옷등 꿰맨 곳이 터짐) 탁(나무등이 자라 껍질이 터짐)하고, 란(불타거나 썩어서 문드러짐) 괴(무너짐)는 체몸로 말미암아 기를 따라 변한 것이다. 충사(생각에 충돌)하여, 재와 모래가 되니, 토에 의지하여, 감응한 것이다.   179

四. 미보(맛의 보) 二

                              一. 의근감업

四자는 미보가 악과를 불러 끌어당기느니, 이 미업이 교하면 칙즉 임종시에, 먼저 철망에 맹렴(맹렬한 불꽃)이 치열하여 세계를 두루 덮어서, 망자의 신식(영혼)이, 아래로 망을 투계(꿰뚫다 걸려)하여, 그 머리가 도현(거꾸로 달려)하여, 무간옥에 들어가서, 밝은 二상을 발 하느니, 한놈은 흡기(기를 빨아들임)이니, 맺혀 한(추워) 빙(얼어) 동(꽁꽁) 렬(박살나터진) 신육(살고기)이라할것이오, 두번째놈은 토기 (기를 토하여, 내뱉어)니, 비위맹화하여(맹화가 되어 날아서), 골수를 초란(그을려 달굼)할 것이라.

설근은 심에 속하니, 발어(말을 발)하여, 망인이, 탐미하여, 망물하는
(물건을 망태기에 싸는) 고로 철망이, 치열 주복(불로 맹렬한 열이
두루 덮는)하는, 감(느낌)이 나느니라. 설업은 의지하는 곳이, 흡 토를
여의지(벗어나지) 못하니, 흡기는 한(추위)이 되고, 토기는 열이 되니,
다 항상한 이치다.

二. 수근전변

이와같이 상미(맛보는 것)는, 력상(맛봄을 지나)면, 칙즉 능 위승
(받들어 타는 것) 위인(참는 것)이 될 수 있고, 력견(봄을 지나)면,
칙즉 능 위 연 금석하고(쇠와 돌을 태우게 될 수 있고),   180
력청(청각을 지나면)하면, 칙즉 리병도(예리한 병장기인 칼)가 될 수
있고, 력식(숨을 지나면)하면 칙즉 대철롱이 될 수 있으니, 미복국토
하고(국토를 두루 덮고), 력촉하면(접촉을 지나면), 칙즉 궁(활)
전(화살) 노(쇠뇌) 사(쏘고)하고, 력사하면(생각을 지니면), 비열철
(날으는 뜨거운 철)이 될 수 있어, 종공우하하느니라(공을 쫓아 비로
되어 아래로 떨어지느니라).
{기우제를 지내 비가 오는 것은 맛보는 생각이 맺힌 것이다 千明}

설담생명하여(혀의 삼킴은 생명을 먹어서), 사피승인(저것으로 하여금
참는 것을 타서 잇도록)하는 고로, 력상발고(맛을 지나서 고통을 발)
하여, 사기승인(자기로 하여금 받아 참게) 하리니, 견(봄)에 의지하여,
탐미하는 고로 연금석(금석을 태움)할 수 있고, 청(들음)에 의지하여,
발악(악을 발함)하는 고로 리병도(예리한 병장기)가 될 수 있고,
의후(냄새 맡음에 의지)하여, 자탐(방자한 탐욕)하여,

롱취군미고(모든 맛을 취하여 싸서넣기 때문)으로, 대철롱이 되고, 촉미(맛에 접촉)하여, 물건을 상하게 하는 고로, 감궁전하여(활과 화살같이 느끼어서) 스스로 상해 하고, 연미하여 사물(맛을 연하여 물을 생각하는), 고로 감 비철하여 충미 하느니(나르는 철같은 감느낌으로 맛이 가득찬다) 하느니. 181

五. 촉보(접촉의 보) 二

一.의근감업

五자는 촉보가 악과를 불러 끌어 당기느니, 이 촉업이 교하여 칙즉 임종시에, 먼저 태산(큰산)을 보고, 四면이 와서 합하여, 무복출로하여(돌아서 나가는 길이 없어), 망자의 신식(영혼)이, 큰 철성을 보아서, 화사불뱀 화구불개 호랑 사자 우두(소대가리) 옥졸 마두(말대가리) 나찰이 손에 예리한 창을 잡아서, 말을 타고 성문으로 몰고 들어가서, 무간옥을 향하여, 발명二상(二상을 밝히게) 하느니, 한 놈은 접촉 (촉과 합)이니, 합 산 핍 체 하여(산이 신체에 다가와 합해져서), 골(뼈) 육(살) 혈(피)이 궤하고(무너지고), 두번째 놈은 이촉이니(촉을 떠나니), 도검이 촉신(몸과 접촉) 하여, 심간(심장과 간장)이 도렬 하느니라(죽여서 찢어 발기느니라).

신업(몸의 업)은, 많은 악촉(악한 접촉)을 받고, 악촉을 일으키는 고로, 보가 부른 대산이 와서 합하고, 철성(철로 된 성) 화구(불 개) 등 이 되느니, 다 악촉하면 섞이는 감(느낌)이라. 촉업이 소의(의지

하는 곳)는, 불출이합하니(떨어지고 합함을 나와벗어나지 못하니),
도렬 곧즉 리상 야(죽여 찢음이 곧 상을 여윔=서로를 떠남 이다).

182

二. 수근전변

이와같이 합촉(촉과 합함)이 력촉(접촉)을 지나면 칙즉 도(길) 관(봄)
청(들음) 안(안건, 초안)이 되고, 력견하리니(봄을 지나리니), 칙즉
소(태워 불사름) 열(불사를 때 나는 열)이 되고, 력청하면(들음을
지나면), 당(종치는 것) 격(따라오며 치고 때리는 것) 사(칼을 꽂음)
사(쏘는 것) 하고, 력식하면(숨을 지나면), 칙즉 괄(손으로 침을 발라
묶음) 대(포대기) 고(생각으로 고문함) 박(끈으로 묶음) 하고,
력상(맛봄을 지나)하면, 칙즉 경(밭을 갈고) 겸(킬을 씌우고) 참(베고)
절(새주둥이 같은 창으로 끊음) 하고, 력사하면 (생각을 지나면),
칙즉 추(뭉테기를 떨어뜨림) 비(날림) 전(판위에 지지고) 구(불로
굽고) 하느니라.

道(도)는 취옥로(취의 옥으로 가는 길)이다. 觀옥왕문귈(옥왕문을
보면 양쪽으로 열면 비게 되니)함에, 양관(양쪽으로 봄)이다.
청안(책상을 들음)은 치죄지처(죄있는 곳을 다스림)이니, 다
신촉소의야(신체접촉이 의지하는 곳이다). 소열은 견촉이다. 당격은
문촉이다. 괄대는 식촉이다. 경감(밭을 갈고 칼을 씌움)은 설촉(혀의
접촉)이다. 비추(날려 떨어짐) 는 사촉(생각의 접촉)이다.
사사고박(칼을꽂고 쏘고 고문하고 묶음)은 상인(서로 인)하여

방거(옆을 드는 것)이리니, 사삽도어육(살에 칼을 꽂음)이다. 괄대
(자루에 묶음)는 소이(그러니까) 수기 야(기를 거둠 = 거두는곡식이
여무는 기 라). 사업(생각의 업)이 표탕(회오리바람에 나부끼고   183
끓는 물에 삶아 숨을 죽인) 고로, 감(느낌)이 비추지사(날아서
떨어지는 일이라) 할거라 하리니.

六. 사보(생각의 보) 二

一. 의근감업

六자는 사보가 초인악과 하느니, 이 사업(생각의 업)이 교하는 칙즉
임종시에, 먼저 악 풍이 취괴 국토하여(악한 바람이 국토를 불어서
무너뜨려), 망자의 신식(영혼)이 피취상공하여(불어오는 것을
당하여 공중에 올라), 선락승풍하여(바람을 타고 돌면서 떨어져서),
추무간옥하여(무간옥에 떨어져서), 발명二상(밝은 二상을 발)하느니,
한놈은 불각이니(깨닫지 못하니), 미극칙황(혼미함이 극에 달해 칙즉
거칠고 공허)하여, 분주하여 불식(쉬지 않을)할 것이오. 두번째 놈은
불미(미혹이 아님)니, 각지칙고 하여(각을 앎이 칙즉 고생 이어서),
무량전소(무량한 달임과 불태움)에 통심난인(고통이 심하여 참기
어렵다) 할 것이라.

사(생각)는 토에 속하고, 표탕하는(나부끼고 흔드는) 고로, 견 악풍이
취괴 국토 등사 (악풍이 국토를 불어 파괴하는 등의 일을 본다)
하느니라. 사업은 소의가 불출미각(생각의 업은 의지한 곳이 미혹한

각을 벗어나지 못)하니, 황분(거칠고 공허하여 분주함)은 미사(미혹한
생각)이오, 지고(고를 아는 것)는 각사(깨달은 생각)다.

184

二. 수근전변

이와같이 사악한 생각이 생각에 맺히면 칙즉 방(방위) 소(장소)가
되고, 견(봄)에 맺히면 칙즉 감(거울) 증(증거)이 되고, 청(들음)에
맺히면 칙즉 대합석(큰 돌무더기)이 되고, 빙(얼음) 상(서리) 토(흙)
무(안개)가 되고, 식(숨)에 맺히면 칙즉 대화차 화강(불배)
화함(불함정)이 되고, 상(맛)에 맺히면 칙즉 대규환(크게 부르짖음)
회(후회) 읍(눈물)이 되고, 촉(접촉)에 맺히면 칙즉 대크고 소작음가
되고, 하루 중에 萬생萬사(살고 죽고)하고, 언 앙(쓰러지고 우러르고
〈누웠다 일어났다 〈엎치락 뒤치락)하느니라.

생각은 필히 유소(장소가 있다)할새, 고로 결사하면(생각에 맺히면),
칙즉 위 수죄방소(죄를 받는 방위와 장소)라 하리니. 견 능감정(보는
것은 감정할 수 있는) 고로 결견 칙즉 위증죄인사(봄에 맺히면 즉
죄인의 일을 증거) 하고, 청(들음)에 맺히면, 대합석 등이 되어,
수토가 교감(교차하는 느낌)이다. 차 선소배 함대배 은 이에
식(숨)기가, 승난사하여 소변야(어지러운 생각을 타서 변화하는 곳이다).
상(맛봄)은 곧즉 설근이니 성소자발야(소리를 스스로 발하는 것이다).
대소 이하는 다 그 몸을 말하느니, 이에 촉업이 어지러운 생각을
타서 변하는 것이다.   185

三. 결유망조(망조로 말미암아 결론지음)

아난아, 이는 이름하여 지옥 十인 과 六과 이니, 다 이 중생이면
(무리가 생기면), 미망(망령을 미혹)하므로 만들어 낸 것이다.

四. 상명경중(경중을 상세히 밝힘) 五

一. 극중(극히 무거움)

만약 중생이 악업을 똑같이 지으면, 아비옥에 들어가서, 무량고를
받는데, 무량겁이 경 과 하느니라. 동어육근에 구조 十惡 인하대(六근에
똑같이 모두 十惡의 원인을 짓대), 겸경하고 겸근하면(경계를 겸하고
근을 겸하면), 이름하여 악업을 동조(똑같이 짓는다) 라. 그 죄가
극중한 고로 아비에 들어가서, 구 五무간(을 갖춘다)하느니다.

〔受罪 苦身 名量 切數 壽命也〕

二. 차중(다음 무거움)

六근이 각각 지었거나, 이에 저 지은 곳이, 경계를 겸하거나, 근을
겸하면, 이 사람은, 칙즉 입 八무간옥에(들어간다)하느니다.   186

각각 지은 것은 칙즉, 선 후가 있어서 간헐(그쳤다 일어났다)하여.
차중(다음으로 무거운) 고로, 八무간에 들어가느니 곧즉 八열옥이다.
유심 이불급범 칙즉 불겸경(마음이 있어서 범하지 않으려 했다면 즉
경계를 겸하지 않은 것)이오. 무심 이오범 칙즉 불겸근(마음이 없어서
잘못 범했다면 즉 근을 겸하지 않은 것)이라 하니, 고작 특범은 겸二
의(고의로 짓거나 특별히 범함은 둘을 겸하리) 라.

三. 우차(또 다음)

신 구 의 三으로, 살 도 음 을 지으면, 이 사람은 칙즉 十八지옥에
들어 가느니라.

신 구 의 살 도 음 은 중죄 이언만, 이불편六하고 (두루 六근이
아니고), 불구十고로 (十을 갖추지 않았기 때문에), 우차전(또 다음
앞)이다. 대옥은 다만 八한 八열 이 있으나. 而經(지나므로), 十八격자
(칸막이로 막은) 지옥이 있고, 이에 八만四천 권속 등의 지옥은, 다
대옥을 소분(나눈 곳)이다.   {而字餘字也}
  {身口意六根之三也 殺盜婬十因之三也 如身具作殺木三罪
    口意不作又輕於前}

四. 초경(조금 가벼움)

三업을 불겸하여, 중간에, 혹 一살 一도가 되면, 이 사람은, 칙즉
입 三十六 지옥(에 들어간다) 하느니라.

三업불겸은(세가지 업을 겸하지 않은), 구二궐一야(둘을 갖추고
하나를 뺏다고 이른다) 라.   187

五. 차경(다음 가벼움)

現견견하여(견이 나타남을 보아서), 一근이 단범 一업(하나의 근이 단독
으로 하나의 업을 범)하면, 이 사람은 곧 百八지옥에 들어간다
하느니라.

상 구二 궐一하고(위에서 二를 갖추고 一을 뺏고), 차 범一 궐二 고로
(여기서는 一을 범하고 二를 뺏기 때문에), 또 경(가벼움)이다. 견음은
현(소리를 봄은 나타남)이니, 명연불겸야(겸하지 않은 것이 분명하다).

五. 결답소문(질문한 것을 결론지어 답함)

이로 말미암아, 중생이, 따로 만들고 따로 지어, 세계중에 동분지에
들어 가느니, 망상으로 발생하니, 비본래유(본래 있는 것이 아니다).

별작으로(따로 만들어) 동분자(함께 나누는 것)는, 여 별조 극중 하고
(극히 무거운 것을 별도로 지은 것과 같고), 동입 아비 하구(아비에
들어감과 같구), 별조 차경 하고(별도로 다음 가볍게 짓고),
이동입百八(이百八에 똑같이 들어감)이, 시 야(이것 이다).

二. 귀취 三

一. 표연기(연으로 일어나는 것을 표함)

또 다음 아난아, 이 모든 중생이, 비파률의(률의를 파한것은 아니라 =
파함) 하고, 보살계를 범하고, 부처님의 열반을 훼손하여,   188
모든 나머지 잡업은 겁이 지나도록 소(불사른) 연후에, 죄를 마치고
돌아오면, 제 귀형을 받느니라.

비파률의(률의를 파하지아니한다)는 무정범(바른 규범이 없는 것)이오,
범보살계(보살계를 범하거나)는 무정인(바른 인이 없는 것)이오,
훼불열반(부처님의 열반을 훼손함)은 무정과(바른 과가 없는 것)이다.

三놈이 바르지 않으면, 모든 나머지가 다 사악한 고로 옥에 떨어져
죄를 마치면, 곧즉 귀취로 들어간다 하느니라.

二. 명감류(느끼는 종류를 밝힘)

이 류는, 이에 혹습이 섞인 상이니, 소위 모든 나머지 잡업은 十인에
국한하여 분배할 필요가 아니니, 문의불순(글의 뜻이 순서가 없다).

만약 본인(근본원인)에 탐물貪習로 죄가 된 사람은 죄를 마치고,
물을 만나 성형하느니(형을 이루리니) 이름하여 괴귀다.
탐색嬌習으로 죄가 된 사람은 죄를 마치고, 바람을 만나 형(성형)을
이루니 이름 하여 妭발귀 다.   189

탐물은 칙즉 인색함에 집착하여 풀리지 않은 고로, 물건에 붙어서
괴가 되고, 탐색은 칙즉 발사(예쁜 여자 발의 간사함)에 혹한 고로,
추락하여 발발(예쁜여자 발은 한귀가뭄 발)이라하니, 발귀가 풍을 만나
성형(형을 이루)하니. 만약 매귀가 우축(축생을 만나)고, 려(창병)귀가
우쇠(쇠소를 만나 쇠약해지)니, 각각 그 본류를 따라 변화하는 이치이다.

탐혹詐習이 죄가 된 사람은 죄를 마치면, 축생을 만나 성형하느니,
이름하여 매귀(매혹, 도깨비)가 되고, 탐한宼習(한탄, 유감, 원통)
으로 죄가 된 사람은 죄를 마치면, 충(벌레)을 만나 성형하느니,
명고독귀(기생충)다.

탐혹이 매가 되고, 탐한이 독(害毒)이 됨은, 고(굳다, 완고하다,
우기다, 고질)가 그 이치다. 매(매혹)는 精정매라 한다.

탐억順習(생각, 기억, 추억, 억울)이 죄가 된 사람은 죄를 필하면
(마치면), 쇠(쇠함, 상복, 도롱이)를 만나 성형하니, 명(이름하여)
려귀(창병 피부병 염병)다.
탐오慢習(오만 만습)가 죄가 된 사람은, 죄를 필하면 기(공기 기)를
만나 성형하느니 이름하여 아귀다.

190

억(기억 억울)이란 놈은, 항상 회 간학(간사 간통 간악, 모짐 험악
혹독 깔봄 희롱을 품은) 고로, 우 재쇠처(재앙이 쇠한, 재라는 옷을
입은 곳)를 만나, 려학귀(창병 학질)가 되리니, 오(오만 거만 교만)란
놈은 허(공허) 한 교시기(교만을 믿는 기운)인 고로, 기허기(모자라고
공허한 기)를 타서(승), 아귀류가 되느니라.

탐망誆習속임이 죄가 된 사람은, 죄를 필하고 유(검다 아득하다
유령)를 만나 형이 되니, 이름하여 염귀(잠꼬대 가위눌림)가 되고,
탐명見習이 죄가 된 사람은 죄를 마치고 精정을 만나 성형하느니, 명
망량귀(도깨비귀)다.

탐망속임이란 놈은, 잠심(잠재한 마음)이 음매(그늘져그윽히 어두움)
하느니, 유를 만나 염이 된, 개(다) 음매(소리어두운 음 염소)의 일이다.
탐명(밝음을 탐함)이란 놈은 망의(허망한 뜻)가 고명(높고 밝음)인
고로, 음부정명하여(음이 정명에 붙어서), 망량귀 를 이루느니라,

탐성汪習(이름을 탐함)이 죄가 된 사람은 죄를 마치고, 밝음을 만나
성형 하느니, 명 역사귀(사역귀 부림을 당하는)라.

탐당訟朁(무리를 탐함)이 죄가 된 사람은 죄를 필하고, 사람을 만나 형이 된다하니 명 傳부송귀(붙여서 보내는 귀) 다.   191

탐성이란 놈은, 희의 곡종(바라는 뜻이 왜곡을 따르는 굽혀 따르는) 고로, 영부명령하여(그림자에 붙어서 신령을 밝히어), 력사귀(힘든 일을 시키는 귀신)가 되느니, 곧즉 의령묘(사당의 신령에 의지)하여, 구사자(몰아 부치는, 내쫓아 부리는, 몽땅 죽는 놈)다. 탐당이란 놈은, 아부사녕(언덕에 붙은 아부, 간사한 아첨)인 고로, 우인(어리석은 사람) 이 성형하여(형을 이루어), 傳전송귀(전하여 보내는 귀)라 하리니, 곧즉 부무축하여(무당의 저주를 붙여서), 傳부길흉자(길흉에 붙는 놈)이다.

三. 결허망

아난아, 이사람은 다 순정으로 추락하였다가, 업화가 소건(불살라 마른)거든, 위로 나와서 귀가 되느니, 이 등은 다 이 스스로 망상업이 불러 들인 것이니, 만약 오보리하면(보리를 깨달으면) 칙즉 묘원명하여 (묘하고 두루하고 밝아서), 본 무소유 하니라(있는 곳이 없느니라).

정업은 적수(모은 물)인 고로, 하추소건(아래로 떨어져 불살라 마른) 칙즉, 정업이, 이미 다했다가(없어졌다가), 또 상(생각) 업을 타서, 위로 나오느니, 다 미망으로 된 것이라. 원명각심에는, 본 이런 일이 없다 하니다.   192

三. 축취 三

一. 표연기

또 다음, 아난아, 귀업이 이미 없어지면, 칙즉 정과 상 二(둘)이
갖추어져 공을 이루어서, 바야흐로 세간에, 여원부인(원래 빚진 사람
같음)의, 원대가 상치(원수를 대함이 서로 가치에 상당)하여, 몸이
축생이 되어, 그 묵은 빚을 갚느니라.

옥보는 정업이오, 귀보는 상업이니 고로 귀업이 다없어진 칙즉 二보가
구공(다 공)하고 복상부업하느니라(또 빚진 업을 갚게되느리라)
　　{먼저 보를 없앤 후에 빚을 갚음}.

二. 명감류

貧쳡 물괴(괴이한 물)의 귀는, 물소보진(물이 사라져 보가 없어진)
것이, 세간에 생겨서, 다 효(올빼미)류라 하리니, 풍발媱쳡의 귀가
되어 풍소보진(바람이 사라져 보가 다한 것)이 세간에 생겨서, 다
허물을 상징하는 것이 되어, 一체 이류 (일체 다른 종류)라 한다.

토효는 부괴(올빼미는 흙덩이에 붙는 것)라 하느니, 즉 사착여습
(사특한 집착이 남아있는 습)이다. 魃발(가뭄)귀는 옛날에는,　193
妖발(이쁜여자 발賭춘) 얼(재앙)인 고로, 여습이 또 구징(허물의 징조라)
하느니라. 구징이란 놈은, 흉사라, 전험(앞에 일어나는, 먼저보는 시험
〈전의 경험〉이니, 마치 오서가 호인하고(날다람쥐가 사람을 부르고),
상양이 무수류(상인의 양이 춤추는 것과 같아서 물 종류)라 한다.

詐쳡 축매의 귀는, 축사보진하면(축이 죽어 보가 없어지면), 세간에
생겨서, 다 호류(여우류)가 되느니라. 충고(벌레, 피를 빼는 벌레)

의 귀는, 蠱고가 멸하여 보가 다하면, 세간에 생겨서, 많아(多다) 위독류(독있는 류라 하리)다. {충고(기생충)의 귀는 고멸보진하면 생어세간하여 다 독류가 된다 하느니라.}

위매빙축하여(매귀가 되어 축에 기대붙어서), 고로 여습이 호(여우)가 되느니, 사(땅에 뱀) 훼(따뱅이른 뱀 훼충) 복(엎드린 큰뱀 살무사) 갈(전갈)은 다 독류 라.

瞋罶 쇠려의 귀는, 쇠궁보진(쇠가 다하고 보가 없어지)면, 세간에 생겨서, 다 蛔회류가 된다 하느니라. 수기慢罶(기를 받는)의 귀가 기소 보진하면(기가 소멸하여 사라지고 보가 없어지면), 세간에 생겨, 다 위 식류(다 먹는 식품 종류가 된다) 하느니다.
{鬼受飢虛畜充他飽 故爲食類即世間可 食之畜也}

려귀가 습인(사람을 엄습)할새, 요회(요충 회충)가 사람에 붙나니, 귀중에 기허할새(굶주려 허기질새), 축중에 충궤飮食(먹어서 음식으로 채운다) 하니다.   194

狂罶 면유지귀는(면의 그윽한 귀는), 유소보진(검고 아득하여 유령 같은 것이 사라지고 보가 다)한 것이, 세간에 생겨서, 다 복류가 된다 하느니라.
見罶 화정의귀는(화목한 깨끗한 정의 귀는), 정소보진(정하여 깨끗함이 사라지고 보가 다하여 없어지)면, 세간에 생겨, 다 응하는 류가 된다.

면은 착(붙은 것)이니, 착(붙은 것)은, 유 염인(어두운데서 가위눌린 사람인) 고로, 복류가 되어서, 사람에 면착하느니(면처럼 붙느니),

곧즉 잠충(누에 벌레)과 우 마 류(소말의 종류)라. {옷, 복종의 뜻으로
意借하고 音借함 吏讀}. 화(어울리다)는 합이라 하니, 이합정여습(정과
어울리고 남은 습으로)은, 능응절서하리니(절기의 순서에 능히 응할
수 있으리니), 즉사연한응실솔류다(곧 사연이 한이라 식솔이 응한다
{音借한 것임}, 〉 제비(연) 모여서(사) 추위에(한) 응하니(기러기)
귀뚜라미가 우는(실솔){音義借임} 구나, 라).

{立春後第五戌日社燕日 立秋第五戌日燕日 薦春社來秋社去}

枉휩 명령지귀(밝은 령의 귀)는 명멸보진하면(밝음이 사라지고 보가
없어지면 다하면), 세간에 생겨서, 다위휴징(다많은 아름다운 징조가
되어 一체 제류(모든 류)라 하느니, 의인지귀(사람에 의지한 귀)는,
인망 보진(사람이 망하여죽어서 보가 다)하면, 세간에 생겨나서, 다
순류(도는 좇는 종류)가 되느니라.   195

명이불유고(밝히는 것은 어둠이 아니기 때문에), 휴징(아름다운 징조
라) 하느니, 곧 가봉(아름다운 봉황) 상린(상서로운 기린)류 다.
석의인고(과거에 사람에 의지했기 때문에) 순복어인(질드려 사람에
복종〈사람의 옷을 입고 아침을 알리니)하니, 즉 묘(고양이) 견(개)
계(닭) 유(원숭이, 유인원)류 라. 무릇 모든 다른 물이, 성묘 호신령
하여(성이 묘하여 영혼을 불러서), 사람을 따라 멀리감에, 만약
구선고상하고(거북이는 상서로움을 잘 살피고), 마능지도하고(말은
길을 알 수 있고), 내지혹 한안실솔류(추운 기러기 귀뚜라미 종류)
이니, 불가역수(거짓없는 달력의 수, 홀수)를 명지절서는(어둠의
절기와 순서를 아는 것은), 다 餘휩(여습, 남은 습)이다. 각언다자

(각각 말한 많은 것은대부분은), 약업습다분하여 언지라(업습을 약하여 다 나누어 말하므로), 미필진연야(필히 다 그렇다는 것은 아니라).

三. 결허망

아난아, 이들은 다 업화로서, 건고(건조하고 말라시들어)서, 수기숙채 (그 묵은 빚을 갚)아서, 방위축생(곁에서 축생이 되니〈축생과 비슷〉하니, 이들은, 역 개 자허망업 지소초인(역시 다 스스로 허망한 업을 불러들) 이니, 약오보리면(만약 보리를 깨달으면=깨달음으로 보면), 칙즉 이 허망한 연은, 본 무소유하니다. 너가 말한 바와 같아서 보련향 등과 유리왕이든 성선비구이든, 이와같은 악업은, 본자발명이라(본 저절로 밝음을 발한 것이라), 비종천강이고(하늘을 따라 내린 것이 아니고), 역비지출이라(역시 땅에서 나온 것도 아니라), 역비인여(역시 사람과 함께 한 것도 아니다)라. 자망소초(저절로 망이 부른 바)라, 환자래수 (돌아 저절로 와서 받은것)이니, 보리심 중에(보려는 마음 중에), 개위부진망상응결(다 허망하게 뜨있는 상상이 응결한것)이다.   196

四. 인취 三

一. 명수업(갚을 업을 밝힘) 二

一. 반징기잉(그 남은 것을 반대로 징구함)

또 다음 아난아, 이 축생을 따라서, 수상선채(먼저 빚을 돌려주어 갚)대, 약피수자(만약 저 갚는 놈)가, 분월소수(분을 넘어서 갚은 것)는, 이들 중생이, 환복위인하여(돌아서 또 사람이 되어서),

반징기잉(그 남은 것을 반대로 징구)하느니, 여 피유력하고 겸유복덕
하니와(저 힘이 있고 겸하여 복덕이 있는 것과 같으면), 칙즉 어인중
(사람 중에) 불사인신하여 수환피력 거니와 (사람의 몸을 버리지 않고서,
저 힘을 돌려 갚으나), 약무복자 환위축생하여 상피여직하느니라(만약
복이 없는 놈은, 도로 축생이 되어서, 저 남은 것을 직접 갚느니라).

{有力謂有修乏學惠之力也 不捨人身則爲役奴婢 惑遭其刦殺木}

위축(축이 된 것)은, 정수(바른 갚음)이거늘, 수과기분(과하게 갚은
그 분몫)은, 곧 사람이 되어, 반징과분(반대로 과분을 징구함)은, 위
비리 (이치가 아니라고 이르리)니, 고역(고생스런 일)을 하거나,
담무도(절도없이 먹는 식충)이니, 실로 다 반대로 징구하는 것이니,
칙즉 범소 식취를 의무과분야(무릇 먹는 바를 취함은, 마땅히 과분이
없어야 한다).   197

二. 인징교수(서로 원수로 징구하는 원인)

아난아 당지하라. 만약 돈과 물질을 사용하거나, 그 힘으로 노역하여,
갚음을 충족했다면, 그 하던일을 중간이라도 자정(스스로 멈추거나,
자제) 해야지, 저 신명을 살해하고, 혹 그 고기를 먹으면, 이와같이
내지 미진겁을 지내더라도, 상식하고 상주함이(서로 먹고 서로 뱀이),
유여전륜하여(오히려 바퀴를 굴리는 것과 같아서), 서로 높고 낮게
되어, 무유휴식할걸새(휴식이 있지 않을걸새), 제 奢摩他(사마타)나
불출세(사마타나 부처님이 세상에 나오지) 않고서야, 불가정침
(하던일을 중도에서 머물러 잔다멈춘다 할 수 없다)하니다.

상족커든(보상을 족하거든), 자정 하면(스스로 멈추면), 칙즉
무교수(원수와 교류가 없어지)지만, 상족을 부정하면(멈추지 않으면),
칙즉 교수(원수와 교류)가, 불己이하느니(그만두지 못하느니), 스스로
비 정수 정력하면(바른 수행 과 바른 힘이 아니면), 막지알절 하리라
(막아서 끊지 못하리라).

二. 명감류

너는 지금 응지하리니, 저 효륜자(올빼미 윤리를 가진 놈)가   198
수족(갚는 것을 충족)하고, 복형하여(다시 형을 취해), 사람의 길
중에 나서, 參합 완류 하고(완고하고 미련한 무리와 섞여 삼합하고),
저 구징자(허물을 징구 하는 놈)가 수족하고 복형하여 사람의 길
중에 나서, 삼합 우류(우둔한 종류와 섞임)하고, 저 호륜자(여우의
윤리를 가진 놈)가, 수족하고 복형하여 인도 중에 나서, 삼합 흔류
하고(말과 행동이 거칠고 비꼬여 거스르는 무리와 섞이고), 저
독륜자(독을 윤리로 하는 놈)가 수족하고 복형 생 인도중 하여, 삼합
용류(고용되어 몸으로 떼워 갚는 무리와 섞임)하고, 저 식륜자
(식충이 놈)가 수족하고 복형하여 생인도중에, 삼합 유류(새순 처럼
연약한 무리와 섞임) 하고, 저 복륜자(옷의 윤리를 가진 놈)가 수족
복형하여 생 인도중에, 삼합 노류(노동하는 무리와 섞임)하고, 저
응륜자(절기에 응하는 놈)가 수족 하고 복형하여 생인도중에, 삼합
문류(글 하는 무리와 섞임)하고, 저 휴징자(아름다운 징조를 알리는
놈)가 수족하고 복형하여 인도중에, 삼합 명류 하고(밝히는 놈과
섞이고), 저 순륜자(돌아 다님을 윤리로 하는 놈)가 수족하고 복형하여
생인도중에, 삼합 달류(통달하는 무리와 섞임)하느니라.   199

올빼미는 흙덩이에 붙어서, 서로 먹은 고로, 여습(남은 습)이
완고하고 어리석어, 불의(의가 아니고)이고, 발(가뭄, 발)은
음요(음탕 요사)와 미혹의 성 인고로, 여습이 우둔하여, 부지(지혜가
아니고), 호(여우)는 축성이 자순(축의 성은 꼬리를 물려고 스스로
뱅뱅 돔)인 고로, 很戾흔려해(비꼬이고 어그러짐, 恨淚한루한스러워
눈물을 흘림과 字形이 비슷함), 부솔(거느리지 못함)하고, 독은
충고(벌레와 속벌레, 忠告충고와 同音異義)라 스스로 혼(어두운)한
고로, 용누(더럽고 천함을 고용)하여, 불민하고(슬기롭고 민첩하지
못함, 通建대통 통 약통 조통 불통으로 세우지도 못함), 蛔(회충)는
쇠기(回와 동음이의, 일년중 하지 부터는 태양이 줄어들기 시작하는
절기가 시작됨으로)로, 물건에 붙는 고로, 쇠미(형체가 기울고 기운이
쇠퇴하여 미약함), 불치(이가 없고, 부치 라고 읽으면 힘이 부치다 로
해석)하고, 식륜(식충이)은 아담(주림을 배고픔을 먹음, 소리인 아담
은 자그만하여 고상하고 담박함)한 고로 유겁불용하고(부드럽고
두려워하여 용감하지 않고), 복륜(옷의 윤리)은 면착에서 나온고로,
노역불식(쉬지 않고 노역함, 옷은 입혀지면 항상 몸을 따라 움직이니
노력이 쉬지 않음)하고, 응륜은 정명에서 나온고로 문물이 더럽지
않고, 휴징은 영지(신령을 앎)에서 나온 고로 총명하여 불혼하고
(어둡지 않고), 순륜은 숙섭세사한(세상 일을 찾아구해 섭렵함) 고로,
효달(새벽을 통달, 환희 깨달아 통달함)하여, 불매(어둡지 않음) 하니,
이들은 다 비 정보(바른 보가 아니)니, 여습이, 우(짝)이 된 것인
고로 삼합이라 한다. 후의 三가지는, 다 편교잡기(편하고 교묘한 잡기)
이고, 세지변총자(세상의 지혜를 요리조리 말하는 총명한 놈것) 이라,
비현달 문명지사 야(문명의 일을 현명하게 통달한 것은 아니라).

아난아 이들은 다 묵은 빚을 갚았으므로, 또 다시 사람의 길의 형태를 이루었으니, 다 무시래(시작도 없이 와서)에, 업에 매여, 전도로, 서로 생하고(살고), 서로 살해하여, 여래를 만나지 못하여, 바른 법을 듣지 못하여, 진노(번뇌, 세속적인 노고)중에, 법이 바퀴처럼 구르니, 이 무리를 이름하여 가련민자(연민하는, 불쌍한 근심하는 놈)라 한다.

간사한(사악한) 뒤바뀐 업륜(업의 바퀴)은 오직 바름만이 멈출 수 있는 고로, 여래를 만나지 못한 것을, 가련민이라.

五. 선취 三

一. 표연기

아난아, 또 사람을 따라 있는 것이, 불 의정각하여 수 三摩地(삼마지)(바른 깨달음에 의지하여 삼마지를 닦지 아니)하고, 별도로 망념으로 닦아서, 존상이 고형하여(존재하는 생각이 형으로 고정되어), 유어산림(산과 수풀에 떠돌며), 불급처(사람이 미치지 않는다)하느니, 十종류의 신선이 있다 하니라.　　　　　　　　201

선(신선)은 천(옮김)이라, 사람의 형신이, 능천이 불사자야(변천할 수 있으므로 죽지 않는 놈이라), 고로 왈하되, 존상하여 고형(생각을 보존하여 형태가 고정되었다) 하나, 연그러나 종귀패괴(끝내 돌아와 부수어 무너지)느니, 비천컨대 위열(하늘에 비하면 열등)하고,

비인컨대 위우 (사람에 비하건대 우수)한 고로, 별개(별도로 열었다)
하니다.

二. 명감류

아난아, 피제중생이(저 모든 중생이), 견고복이하여(약을 복용한다는
미끼로 견고하여 = 입는다는 미끼로 단단히 붙어 고정되어),
이불휴식(휴식하지 않아서)하여, 식도가 원성하느니(먹는다는 도를
원만하게 이루느니), 명 지행선 이라. 초목에 단단히 고정되어 쉬지
않아서, 약의도가 원성하느니, 명 비행선 이라.

약이라는 미끼로, 一기의 수명을 머무르고, 가볍게 들 수 없느니, 명
지행 이오, 황정(황토의 누런 정기)을 먹은 송백지류는, 오래 되어
몸이 가벼우니, 명 비행 이니. 행은 공행 이라. {人命百年一期}   202

금석에 단단히 고정하여 쉬지않아 화한도가, 원성(원만함을 이룸)하니,
명 유행선이라. 견고동지하여 불휴식하여(단단히 고정되어 움직임을
멈추어 쉬지 않아서), 기의 정기가 원성(원만함을 이루)니, 명 공행선이다.

련금석환단지류(금석을 달구어 환단(인삼을 붉은 식으로 돌린, 홍삼) 지류)
는, 골화(뼈, 골격, 인품, 강직을 화)하고, 역형 하고(형을 바꾸고),
흙을 거머쥐어 돌에 점을 찍어서, 인간을 유희하니와, 명 유행 이오.
승 음양 운지(음양을 타고 움직이고 정지)하여, 조기(기를 조절)하고,
정을 고정하여, 유형하여 섭공하니(형을 남겨 허공을 건너니), 명 공행
이라.

진액에 단단히 고정하여, 불휴식하여, 윤택한 덕이, 원성 하느니, 명
천행선 이라, 정색에 단단히 고정하여, 불휴식으로, 흡수한 순수가
원성하여(원만을 이루어), 명 통행선 이라.

고천지하고(천지를 북을 치고두드리고), 진액을 삼켜서, 빙설작작하여
(빙설처럼 예쁘게 중매하여), 세상의 욕과는 교류가 없어, 여천무이
하느니(하늘과 같아 다름이 없느니), 명 천행 이요. 탄흡정색(정색을
삼키고 들이쉬고), 복홍음무하여(무지개를 복용하고 운무를 마셔),
수기(순수한 기)가, 잠통(잠기어 몰래 통)하느니, 이름하여 통행이라.

{藐姑射山有神人身 体如氷五 綽妁如處女 綽妁은 乘軟하고 姸思也}　　　203

견고주금(주술과 금계에 단단히 고정)하여, 불휴식하여, 술법이
원성하니, 명 도행선 이라. 견고사념(단단히 고정된 사념)으로,
불휴식하여, 사억(생각과 기억)이, 원성하니, 이름하여 조행선 이라.

능히 술법으로, 술도 자연(도를 펴서 자연일거라)하니, 명 도행 이오.
징응 정사하여(맑음이 응겨 정을 생각하여〈생각을 맑혀〉), 오래 되어
비추어 응 할 수 있느니, 명 조행 이오. 혹 존상 정문하여(생각이
정수리의 문에 있어서), 이출신하고 격심 제륜하여 연단함(신이 나오고,
심을 치고 배꼽을 돌아서, 단전을 달굼)이, 다 사억(생각과 기억)이
원성한 것이다. {정수리의 백회에서 신이 나와 심장을 치고 단전을
돌리는 것은, 기억을 생각하여, 독맥에서 임맥의 유주를 따라 역류
하여 생각과 기억이 원만해지는 것이다. 于明}

견고 교구(좋은 기회를 만나도록 단단히 고정)하여, 불휴식하여,
감응이 원성 하느니, 명 정행선 이오, 견고하게 변화하여, 불휴식하여,
각을 깨달아 원만을 성취하느니, 이름하여 절행선 이라.

내로(안으로) 감남과 리녀로 필 배 부 처 하고 {河圖의 감 16 은 북인데
남이라 짝을지어 지아비하고, 리 27 은 남인데 처첩녀라 한 것은, 전도다. 千明},
외로(밖으로) 곧즉 채음 조양(음을 채집해 양을 도움)하여, 섭위정기
(정기를 다스려 지킴)하니, 이름하여 정행이니, 존상화리(생각을 두어
이치를 변화시켜)하여, 심수사오하여(마음을 따라 사를 깨우쳐서), 204
능히 대변화 할 수 있어서, 기행절세하니(그 행이 세를 끊게 하니),
이름하여 절행이라.

三. 결허망 {長生之理}

아난아, 이들은, 다 사람중에, 런심(마음을 단련)하대, 정각을 닦지
않고, 별도의 생리(살아가는 이치)를 득하여, 수명이 千萬歲이라.
휴지 심산 혹 대해도에 (심산이나 혹 큰 바다 섬에 멈추어 쉬어),
절어인경하느니(사람의 경계를 끊으니), 이도 역시 윤회 하느니,
망상이 류전하나(흘러서 구르나), 불수三昧할새(삼매를 닦지 않을 새),
보진환래하여(보가 다하면 돌아 와서), 산입제취하느니라(흩어져 모두
취에 들어가느니라).

六. 천취 三

初. 욕계六천 二

一. 열명(순서대로 밝힘) 六

初. 四천왕천

아난아, 모든 세간인이, 불구상주不求正覺하여(항상 머무르기를 구하지
않아서), 미능사 제 처첩은애(모든 처 첩 은혜와 사랑을 아직은 버릴
수 는 없다)하여刀, 사음중에(사악하고 음탕한 중에), 심마음이 불류일
(방탕하게 흐트러지지는 않아서)하여, 등영생명(맑고 밝음이 생겨
밝아)지면, 명종지후(생명이 끝난 후)에, 린어일월하리니(해와 달처럼
가까우리니), 이와같은 류를, 이름하여 四천왕천 이라.   205

미능이욕하여도(아직 욕을 떠날 수 없어도), 단능질욕하여(단 욕을
멈출 수 는 있어서), 사애수불류(사랑의 물로 하여금 흐르지
못하도록)하면, 칙즉 심성(깊은 성)이, 징영(맑고 밝은) 고로,
능생초천야(초천을 낼 수는 있다)하느니라. 六천 유 수 五계 十선하여
(六천은 五계 十선을 닦음으로 말미암아서), 이치(도달)하느니,
금단약욕미한 증승자는 {1 지금 다만 욕구를 조금만 올려 오르기로
약속한 놈은 2 금단을 약속하고 욕구를 조금만 올리는데 이긴 놈은
3 지금 단지 대략 욕이 적다하여 증가하는데 승리한 놈은 4 지금
단지 대략 욕이 적다하여 수승함을 증가시킨 놈은 千明}, 욕애가
위륜회 근본이니(2 욕애가 본래의 근으로 바퀴처럼 돌으니 1 윤회라
하는 바퀴 처럼 도는 근본이니), 전명륜추라(1 앞에 밝힌 빠져
떨어짐이라 2 앞에 밝힌 바퀴는 추한 것이라), 역시어차하고(역시
이것에서 시작하였고), 차명초등이라{2 이것은 초월하여 오르는 것을
밝힘이라 1 이것은 초등정도의 수준을 밝힘이라 千明}, 역시어차(역시

이에서 시작) 하리니, 의사초심 미능성취 선정지혜건대(뜻은 초심으로 하여금, 선정의 지혜를 성취할 수 없건대), 차 질 단 근본 일거라(또 근의 본을 빨리 끊어야) 하리니, 칙즉 륜회를 가출야(즉 윤회를 벗어날 수 있다) 하리라.

二. 三十三천 {四方各八千}

이미 처의 방에서도, 음애(음탕한 사랑)가 미박하여(미하여 엷어), 어정거 시(청정히 살 때)에, 부득전미(완전한 맛을 얻지 못)하나, 종명지후(명이 끝난 후)에, 초일월명(해와 달의 밝음을 초월)하여, 거 인간 정(인간의 정수리 꼭대기에 살게)하느니, 이와같은 一류를 명 도리천 이라 하니다. {日相觀 月相觀}

206

차는 애 박어전(이것은 애가 앞에서 엷다) 한, 고로 보거기상(보가 그위에 산다) 하느니, 후체연야(후에 번갈아듦도 그러하다). 정거는, 위청정자거지시(자기가 살 때 청정을 이름)이라. 미전청정지미(아직은 완전한 청정의 맛이 아니다)는, 유미애고야(조금은 사랑이 있기 때문이라), 日月(일월) 거 수미 요하고(해와 달은 수미산 허리에 살고), 도리는 거정 하니{1 도리천은 꼭대기에 있으니 2 예리하게 애태움은 정수리에 있으니 千明}, 이정영 증명고 (맑고 밝음이 밝음을 더하기 때문에), 능초지(초월할 수 있다) 하니라. {日은 圓覺午 月은 妙覺也}

三. 시분천

봉욕暫(잠)교하고(1 욕을 만나 잠시 사귀고 2 봉輴(순)점교상여를 만나 잠시 오고가고), 거무사억하여(가면 생각과 기억이 없어져서), 어 인간사(사람 사이의 일)에, 동소고 정다하여(움직임이 적고 고요함이 많아서), 명종지후(명이 끝난 후)에, 허공중에, 랑연안주(밝고 분명하게 안주)하여, 日月(일월)광명이, 상조불급(위로 비추어도 미치지 못)하거든, 시 제인등(이는 모든 사람 들)이, 자유광명하느니(스스로 광명이 있느니), 이와같은 一류를 명 수염마천이라. {日月은 굽어비추고 시분천은 日月의 등背 위上에 타고 있다 千明}

욕심 부작고(욕망의 심이 지은 것이 아니기 때문에), 동소고   207 정다야 (동이 작고 정이 많다)한다. 六욕에서 下 二는 명 지거천이오, 上 四는 명 공거천 이라 하느니, 불수日月이 이상명(모름지기 일월이 항상 밝음을 따르지 아니)하여, 이연화개합(연꽃이 열고 합)하므로, 분주야고{1 낮 밤을 나누는 고로 2 분주하기 때문에. 장마철에 일월이 밝지 않아서 연꽃이 열고 닫아 어둠을 밝힌다 千明}, 명 시 분이라 하느니.

四.지족천

一切일체시에(하나같이), 정하나(가만 있으나), 유응촉래(촉이 오면 닿으면 응이 있어(응하는 것이)대, 미능위려(어긋나고 거스릴 수 없) 느니, 명이 끝난 후에, 상승정미하여(위로 올라가 증발하여 정이 적어져서), 불접하계(하계를 접하지 못)하니, 제인천경(모든 사람과 하늘을 경계)하여, 내지겁괴하여刀(겁이 붕괴에 이르러도), 三재가 불급(세가지 재앙이 미치지 못)하느니, 이와같은 一류를 명 도솔타천 이라.
  {미모사 같은 식물과 동물의 경계를 말함. 千明}

수정심 유다(비록 고요한 마음이 점점 많아진다)하나, 역미면응촉
하느니(역시 아직 촉에 응함을 면할 수 없느니), 차능소욕커니(이는
욕이 조금 있는 것이거니), 미능 무심야(아직 심이 없을 수는 없다).
도솔천은 내원과 외원(내과와 외과)이 있나니, 三재가 三선에
이르러도, 이에, 불급자 (미치지 못할 놈)이라 한 것은, 약(줄여서)
내원이라 말한 것이라, 정미 불접(정이 미한 것이지 접하지 못한 것은
아니)니, 다 내원 의 일이라.

五. 락변화천

아는 욕심이 없으대, 너에 응해서 일을 행하여, 어횡진시(1 가로놓아
올 때 2 옆으로 늘려 올 때 3 병렬연결, 横 宖 鑛 횡액은 여러것이
한꺼번에 나란히 온다)하여, 미여작납하니(맛이 밀납을 씹는 것 같으니,
밀납은 벌집이라 다닥다닥 붙어있고 비어 간격만 남아 있으니, 꿀은
없고, 단 듯하나 맛이 미하고, 잇빨에 끼이기도 하고 간혹 벌도 있다
하니), 명종지후에(명이 끝난 후에), 생월화지하느니(변화의 땅을
넘어서 생기느니), 이와같은 一류를 이름하여 락변화천 이라.

이는 무심이니, 경계로서, 자지(1 자지 처음부터 이르기까지, 2 자질
저절로 덜렁대니)하느니, 왈 횡진 이요. 작납은 언미심박야(밀납을
씹는것은 맛이 심히 박함없음을 말한다). 제천(모든 하늘)은, 다 보의
경계에 있으대, 차(이) 하늘(천)은 락자변화(즐기나 저절로 변화)하여,

이수용(받아서 쓰므로, 비는 받아서 쓴다)하대, 월어하천(아래를 넘어서
하늘천)인 고로, 이름하여 월화(변화를 넘었다)라 하느니라.

六. 타화자재천

무세간심 하대(세간에는 마음이 없어대), 동세(세와 똑같이),
행사(일을 행)하여, 어행사(일을 행하는 것)에, 교하여, 료연(밝게
불타 분명)하여, 초월하면, 명이 끝난 후에, 편능출초한(두루 능히
나와서 초월할 수 있는), 화와 무화의 경(변화와 변화가 없는 경계)라
하리니, 이와같은 一류를 이름하여 타화자재천 이니다.   209

료연(결정하여) 초월함은 전무미(전연 맛이 없음)를 말한다. 화는 곧즉
제 五천 이午, 무화는 곧즉 하천야(변화가 없음은 곧 하늘의 아래 라).
제욕낙경이 불로자화하여 개유타화하여 이자재수용할새(모든 탐욕을
즐기는 경계가, 노력하지 않아도 저절로 화하여, 다 타로 말미암아
화하여, 스스로 있어 쓰임을 받을새), 이름하여 타화자재 라.

二. 결망

아난아, 이와같은 六천은, 형수출동하나(형은 비록 나와서 움직이나),
심과 적은 상교(심 마음 과 자취는 오히려 서로 교제 주고받고) 하니,
자차이환(처음부터 여기까지를〈이때부터 이미 갔으니〈저절로 자기가 이를
이미 다하고 돌아오니), 명 욕계 라.

수출진요하나, 미능절욕고, 통명욕계야(비록 시끄러운 티끌세속은
나왔으나, 아직 욕을 끊을 수는 없기 때문에, 통상 이름하여 욕계 라).

대불정여래밀인수증료의제보살만행수능엄경

권제八

210

了然超越言全無味也化即第五天無化即下天

也諸欲樂境不勞自化皆由他化而自在受用名

他化自在、

阿難如是六天形雖出動心迹尚交自此已還名為　二結妄

欲界、

雖出塵擾未能絕欲故通名欲界、

大佛頂如来密因修證了義諸菩薩萬行首楞嚴經

卷第八

衡切　晉　鈌苦宂切　口　嘆杜覽切喫啖也　鑽相官切　累良偽　陷戶館切　綏音雖　忤五故切

也逆陟瓜切　撖其月　梱苦本　鋸居御切刀鋸也　按音校考也　剡以折傷也　剌七迹切　調切徒　磿音磿　撮

過陟瓜切音圖無以無也　籤為有也　誣武夫切　詖音圖　咂許鬼切似地而小語去聲音咂　誠試

樋音圖籤為有也　調音圖咂也　咂為咂弗摧為蚍奈何

豈魚對切　鴥直禁切毒鳥也以其毛歷飲食則殺人　鞠音葡窮理罪人也謂以言鞠之也　押乙甲切按也言

葁古切一戶礦也　戥子六葛切　搪音葡煸音　捼奴回切揜也止也又　押於肝切捼作荅切口入口也

捼者壓也乃葛切手挼也　戥切　搪音窪　撻搖趯也　餒奴罪切飢也　按於肝切捼作荅切口入口也

音甲非　訟似用切爭也　慾識兇切　餒奴罪切飢也

察行也言讒言諧也訟言之於公也　慾音茂無　拷苦老切打其钳也或作考

肝音幹　訟言諧也　慾音茂無　拷苦老切打其钳也或作考鉗淹

暖五切　弨色角切弓弩曰弨　漬胡對切側厠切挿刀也

弩有觲者　稍八尺曰稍　割　拷苦老切打其钳也或作考鉗淹

弩以鐵有　魃音跋旱　癘有言氣不和之疾也

所劼京也　魃鬼也　癘魅魈魊山川之精物也很

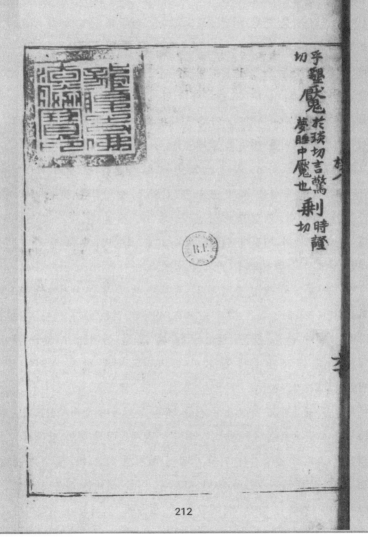

夢

切

乎聲
驚魘於琰切言驚
魘夢睡中魘也
時睡
剝剝切

擴藏

부처님의 원음은 중생이 들어도 알 수 없으나 계환 불공 개운 한길로
천명일 선생님을 만난 인연으로, 고희를 앞두고 근접할 수 있었다.
五독을 하였으나 미미하더니, 때가 되어야 하는지, 첨단기기 덕분에
緣曾 의 심연을 이해하기 쉬워져서, 귀한 인연을 깨쳐, 빙수의 맛을
알았으니, 홀로 지니기는 너무나 귀한지라 여럿이 나누고자 글로
옮기기 시작했다. 그런데, 이로 인해 도리어 알게 되어, 수지독송
서사해설의 의미를 비로소 알게 되더라. 다행히 아직은 6근이
그런대로 쓸 만 하여, 이 정도로 펴 보일 정도가 된 것이 다행이다.
하지만, 글이 우선은 보기 쉬운 것 같아도, 글만으론 헷갈려 알 수
가 없을 뿐더러, 자형이 주는 깊은 오의는 감지 할 수가 없는 것이니.
하여, 참조만 하고 필히 般刺密諦의 譯을 보아야, 이해 할 수 있다는
것은 앞에서도 말했으니. 반드시 함께 보아야 비로소 證하리니,
수행인은 마땅히 명심 수행하라. 혹자는 책이 무슨 차이가 있겠느냐
하겠지만, 기계로 찍은 것과 손으로 서사한 것은 氣가 이미 다르니.
그리할 때야 불공, 개운, 양성의 譯 編 寫 를 이해할 수 있을 것이며,
계환의 差 도 또한 알게 될 것이니, 세간의 허망 한 쪽 들이야 말 할
것이 있겠는가.
부처님은 세세하고 자상하게 거듭 예를 들어가며 알려주었으나,
중생의 六근으로는 소리와 字, 법이 이렇게저렇게 형이 달라서,
의역이 오히려 갈림길이 되어 미로에 빠지게 하는 바. 글字는 소리
뜻 형태 방법 습관 에 따라 다 다르니. 이를 최대한 원음 그대로
알아야만, 개운이 남긴 바 깨달을 수 있음에. 직역함이 최선이라
직역을 주로 하였으나, 이도 또한 아상 일 따름이요, 역시 미완성의

진행형이며. 원본과 필적은 수제작인 바, 구하는 사람에게만 따로
전할 것이니. 가능한 한 계환의 해를 원음 으로 수지독송서사해설
하여, 其 竹 로 觀 하여 단 단 이 等 하도록 수행하면, 매매하던
의가, 우리 말인 원래 산스크리트 주술이었음을 알아 개오 해 질 터
이니, 道了하여 阿羅漢 하리라.

불기 2566. 5. 29.

千 明 疏

대불정여래밀인수증료의제보살만행수능엄경

卷第九   온능개원연사비구   계환 해

二. 색계十八 천

비록 욕염을 떠났으나, 오히려 색질이 있는 고로, 명 색계라 하니다. 통명(통칭하여) 범천의 세계라 이름 한 것은 이미 욕염을 떠났다는 것이다. 四禪으로 통으로 부른 것은 이미 산동(분산하여 움직여 흩어짐)을 여위었다 라, 욕천(욕계六천)은 단 十선(좋은 것)으로 감이 생기거니와, 이 천(색계十八천)은 선정을 겸해야 감이 생기느니, 그러나 특 유루하여(특별히 새는 것이 있어서), 선으로 觀하여 六사(여섯가지 일)를 행 하는 것ㅛ이다, 六행자(여섯을 행하는 놈)는, 욕계의 고 추 장(고통 추한 미혹 장애)을 싫어하고, 색계의 정 묘 이(청정 묘함 여윔)는 흔(기쁘) 하느니라. 이는 칙즉 범부가 복혹하여(의혹을 항복받아서), 세간도(세간의 길)를 초월하는 것이라 하니다. 글 二   5

一. 열명(횡열로 나란히 밝힘) 四

一. 초선三천(초선의 三천) 四

一. 범중천

아난아, 세간에 一체의 심(마음)을 닦는 사람이, 불가 禪那(선나를 가탁임시로 의탁하지 못)하고, 지혜가 있는 것이 없으나, 단 능집신하여

(몸을 잡을단속할 수는 있어서), 불행음욕(음욕을 행하지 아니)하여,
약행 약좌(행하거나 좌하거나)하면, 상념이, 구무하여(다 없어져서),
애염(물드는 것을 좋아함)이 생기지 않아, 무유욕계하여(욕계에
머무름도 없어서), 이 사람이 응념(느낌에만 응)하여, 신 위범여(몸이
범천의 무리가 되)느니, 이같은 一류를 명 범중천 이라 하니라.

불가선나 등자 라고 말함은, 비록 진 三摩地(삼마지)를 바르게 닦은
것은 아니라, 바른 지혜가 없으나, 단 六행은 닦아서, 복욕하여(욕은
항복 시켜서), 애염으로 하여금 생기지 않게한 칙즉, 욕계에 머무르지
않아서, 추혹이 물들이지 못하고, 청정한 보가 앞에 나타나는고로, 곧즉
범세에 생하느니, 처음 이름이 범중은 칙즉 중서(많은 사람, 백성)일
뿐이오, 다음 명 범보는 이에 대범재보(대범을 보필하는 재상)이오,
마지막에는 대범에 이르니, 그 나아감에 순서가 있다 하니라.   6

二. 범보천

욕습이 이미 멀어져서, 욕을 떠난 마음이 나타나고, 모든 율의를
애락 수순하면(좋아하여 즐기고 순리를 따르면), 이사람은 응시(때에
응)하여, 범덕을 행할 수 있으리니, 이와같은 一류를 명 범보천 이라.

초천은 단 능히 집신(몸을 잡음)으로 욕을 항복시켰거니와, 이 천은 또
정공계(선정과 함께 계)를 득하여서, 이 순 율의(법칙과 법도에 순응)
하여, 범덕을 행한 고로, 초(초월)라 하느니, 계 정이 상응하末(계와
선정이 서로 응하미) 명 정공계 라 하다.

三. 대범천
신심이 묘원하여, 위의가 불결하고(위엄있는 거동이 결함이 없고),
청정 금계하고, 밝은 깨달음을 더한, 이 사람은, 때에 응해, 범중을
다스리어, 대범왕이 되느니, 이와 같은 一류를 명 대범천 이라 한다.

앞의 사유로, 정심(청정한 마음) 위의(위엄있는 거동) 계행하여, 나아가
묘원 청정에 이르고, 또 밝은 깨달음을 다하여, 초월 통달한 칙즉   7
성덕에 이른 고로, 범왕 이 되느니다.

四. 결

아난아, 이 三승류(세가지 수승한 흐름)는, 一체 고뇌가, 소불능핍
이니(핍박할 수 없는 곳이니), 비록 진 三摩地(삼마지)를 바르게 닦는
것은 아니나, 청정한 심중에, 제 누(모든 새는 것)가, 부동 하느니
(움직이지 않으니), 이름하여 초선천 이라.

막비류(흐름이 아닌것을 막음(없음))이니, 무명류(무명의 흐름)
생사류(생사의 흐름) 욕류(욕의 흐름) 승류(수승의 흐름)
四과류(四과의 흐름) 열반류(열반의 흐름)가 있으니,
개각수류-류이추야(다 각각 흐름의 종류에 따라 쫓아 행한다)하리니.
욕류는 칙즉 추어생사(생사에 달려가)리니, 수지六천하여도 미족위승
(비록 六천에 이르러도 아직 수승하기에 충족하지 못)하리니와, 이 천은,
이미 욕류를 나와서, 생사를 등지고, 수승의 청정으로 달려 가는 고로,
四선을 다 승류(수승한 흐름)라 칭하느니. 이미 욕계의 八고를 떠난
고로, 왈 고뇌가 핍박하지 못함이오, 이미 산동욕심(흩어져 움직이는

욕심)을 떠난 것인고로, 왈 제 루가 부동하니, 구사에 이를 이르기를
이름하여 이생희락지(기쁘 즐기는 地에 태어남을 여읨)이라 하느니, 8
욕계의 잡된 악이 생기는 것을 떠나고, 경안락(가볍게 편안히 즐김)을
득한 것이라.

二. 二선三천 四

一. 소광천

아난아, 그 다음 범천은, 범인을 통습(잡아 다스려 유지)하고, 원만
범행하여, 징심(맑은 마음)이 부동하여, 적심생광하나니(고요하고 맑아
빛을 내느니), 이와같은 一류를 소광천 이라.

이 대범의 행을 밟아서, 승진(올라 나아가)하여, 계 정 혜 를 갖춘
고로, 왈 원만하니, 원만하기 때문에, 능히 그 심을 맑게 응겨서,
경계를 따라 움직이지 않아서, 적심생광(고요하고 맑은 빛을 내)거니,
그러나, 이는 초능탈점 복심(처음 붙은 점을 벗어나 맑음을 회복)한
것이라, 그 빛이, 오히려 열등한 고로, 명 소광 이라.

二. 무량광천

빛과 빛이, 상연(서로 불타서분명)하여, 조요가 무진하여(비추어 빛남이,
다함이 없어서), 十방계를 비침이, 두루하여 유리를 이루니, 이같은
一류를, 이름하여 무량광천 이라.

정력이(선정의 힘이), 전명하여(더욱 밝아서), 묘광이 질발(묘광이 번갈아들어 발)하여, 경수광정(경계가 빛을 따라 청정)하여, 편성유리 (두루하여 유리를 이룬다)하니라. {칼을 앞뒤로 갈아 더욱 빛이 남}

三. 광음천

흡지원광하여(원광을 흡수하여 지녀서), 교체(교화한 몸)를 성취하여, 발화가 청정(화를 발함이 청정)하여, 응용 무진하니(응함여 쓰임이 다함이 없으니), 이같은 一류를 이름하여 광음천 이라.

모든 세계중에, 교체 부동하리니(교화한 몸은 똑같지 않으리니), 고로 사바는 문자로 써고, 향적은 무문자설(없는 글자로 스스로 말)하시구, 단 이중향(많은 향)으로 쓰느니라. 차천은 이원광 성음하여(이 하늘은 원광으로 소리를 이루어서), 이발선화법(베풀어 발하여 법을 화) 할새, 고로 이름하여 광음 이라.   10

四. 결

아난아, 이 三승류는 一체 우수가(근심걱정이), 소불능핍하니(핍박할 수 없는 바), 비록 진三摩地(삼마지)를 바르게 닦은 것은 아니나, 청정한 심마음 중에, 추루가 이복하니(거칠게 새는것이 이미 항복하니), 명 二선이라 하니라.

二선은 근심을 떠나고, 지극한 희락을 득한고로, 운하사 우수가 불핍 하니라(근심 걱정이 핍박하여 닥친 것은 아니라) 이르시니라. 초선은 비로소 루심이 부동한 방편을 득하나, 아직은 항복시킬 수 없거니와.

이 천은 이미 추루를 항복시켜, 칙즉 업이 점차 열하여지고, 행이 점차 승(우세)해 지므로, 구사에 이르기를, 이름하여 정생희락지 라 하니라. 말하자면 유정수 윤업하여 우수불핍야(선정이 있는 물이 윤업하여 우수가 핍박 하지 못한다) 라.

三. 三선三천 四

一. 소정천

아난아, 이와같이 천인(하늘사람)은, 원광이 성음하고(원광이 소리를 이루고), 피음 로묘(피운리 소리가 이슬같이 묘)하여, 발하여 정행을 이루어서, 적멸락을 통 하느니, 이와같은 一류를 명 소정천 이라.

11

상위으로 말미암아, 원광교체하여(원만한 빛이 몸을 가르치어), 피로묘리하여(이슬같은 묘한 이치를 피워서), 발성정행하여(발하여 정성된 행실을 이루어서), 넘박적정하느니(편안하게 머물러 몸과 마음이 고요하고 청정하니, 번뇌를 떠나고 고를 멸한 해탈 열반의 경지), 이름하여 적멸락 이라. 정력(깨끗한 힘)이, 오히려 열한 칙즉 능통이이(능히 이미 통할 수 있을 뿐)이오, 미능성야(아직 이룰 수 는 없다)하니, 오히려 열한 고로, 명 소정 이라.
{나사를 돌릴 때 천천히 돌려야지 안 돈다고 힘주어 확 돌리면 산을 넘어 버린다. 于明}

二. 무량정천

정공이(맑은 허공이), 앞에 나타나거니, 인발무제하여(늘어나 경계끝이 없음을 발하여), 신심이 경안하여, 적멸락 을 이루니, 이같은 一류를 명 무량정천이라.

정공자는, 이제희동하고(모두 입을 벌리고 웃으며 기쁘 움직이는 것을 여위고), 불연물경 지정상야(물질의 경계를 연하지 않은 정상(선정의 상)이라, 이같은 사유로, 충확하여(채우고 넓혀서), 정상으로 하여금 끝이 없게 하여, 협호묘성(화합함을 묘성이라 부르는) 고로, 신심이 경안하여, 성락(즐거운 성품)을 이루나니, 이 무 제 고(한계가 없기 때문)으로, 이름하여 무량정 이라.   12

三. 편정천

세계 신심이 一체 원만 청정하여, 청정한 덕을 성취하여, 승탁(수승함에 의탁함)이 앞에 나타나서, 적멸낙으로 돌아가니, 이같은 一류를 명 편정천 이라.

정공(맑은 허공)이 무제고(끝이 없기 때문에)로, 세계 신심이 一체 원정 하여, 정덕을 성취한, 칙즉 성덕이 이에 귀탁(돌아와 의탁)하므로, 一체가 원정 한 고로, 이름하여 편정 이라.

四. 결

아난아, 이三승류는 대수순을 갖추어서, 신심이 안은하여 무량락 (한량 없는 즐거움)을 득하여, 비록 진 三摩地(삼마지)를 바르게 득 하지는 못했으나, 안은심 중에 환희가 필히 갖추어지니, 명 三선이라.

구 정행과 성락(정밀한 행과 즐기는 성을 갖춤)을, 명 대수순이라 하는
고로, 안은 무량야(편안하고 은근함이 무량하다).   13
환희필구자는 명(이름)이 이희묘락지(이빨을 드러내고 웃는 것을 떠난
묘한 즐거움의 자리)니, 이를테면 심수이희 하나(마음이 비록 희를
떠났으나), 이희락(희의 즐거움)을, 자구 야(스스로 갖춘다) 라.

                              四. 四선九천

四선의 보경(凡夫 보의 경계)은 단 凡夫三천이 있으나, 그 제 四무상은
이에 제 三광과 천(넓은 결과 천)에서, 凡夫범부外道의 보경(보外道의
경계)을, 별로(따로) 열은 것이니, 이는 四네번째의 상(위)이라,
五불환천이라 하니, 이에 성현이 별도로 정려(고요한 생각)를 닦아서,
자 광과 고로(광과를 자산으로하기 때문으로), 업이 생긴다 하나라,
여凡夫(범부와 함께)하나, 부동할새(똑같지 않으므로), 고로 또 별도로
나열 하느니라. 글 二

一. 四근본천(네가지 근본 하늘)

앞의 선행(선을 행함)은, 단 이는 자이(자기의 이익)이요,
미능이타 이니(아직 타인의 이익 일 수는 없으니), 四선에 이르러,
이에 겸 수 자비희사 이타지심 하니(자비희사와 타인을 이롭게하는
마음을 겸하여 닦으니), 명하여 四무량선이라. 무루觀혜와 모든 선三昧
(삼매)는, 실 종차 출고로(실로 이를 따라 나오기 때문에), 이름하여
근본천이니라. 글五   14

                              一. 복생천

아난아, 또 다음 천인 은, 신심을 핍박하지 않아서, 고괴로움의 원인이 이미 다하나, 락즐거움은 상주하지 않는다. 오래가면 필히, 괴(무너짐)가 생기거니와, 고와 락(괴로움과 즐거움), 二심두가지 마음을, 구시돈사하여(다 홀연히 버리어서), 추중상멸하고(추하고 무거운 상이 없어지고), 정복성이 생(청정한 복의 성이 생)기니라. 이와같은 一류가, 명이름하여 복생천 이다.

앞에서 수핍고이진(비록 핍박하여 괴로움이 이미 다)하여, 무량락을 득했으나, 그러나 락은 불종락이어서(마지막 락이 아니어서), 괴고가(붕괴된 괴로움이), 필수(필히 따르)거니와, 차천오차 고(이 하늘은 이를 깨달았기 때문에), 고락 돈사하니(괴로움과 즐거움을 홀연히 버리니), 이 고락을 버릴새, 명 추 중상이 멸하고(거칠다는 이름의 무거운 상이 없어지고), 사념하면 청정할새(느낌을 버리면 청정해질 것이니), 고로 정복성(청정한 복의 성)이 생긴다.

二. 복애천

사심(버리는 마음)이 원융하여(원만하게 녹아서), 승혜(수승한 지혜)가, 청정하여, 복이 차단되지 않는 중에, 묘한 수순을 득하여, 궁미래제(미래의 끝가에 닿도록 궁구)하니라. 이와같은 一류를 명 복애천 이라.

15

고 와 락 둘을 망(잊은) 고로, 사심이 원융해져서, 심마음이 무소루한(쌓인 곳 이 없는) 고로, 승혜(수승한 지혜)가 청정하여, 유시(이로 말미 암아), 복이 무차애하여(복이 막히고 걸림이 없어서),

득묘수순하니(묘를 얻어 순하여 따르니), 자 유루 선정하여(루가 있는 것으로부터 선정하여), 이발 무루 행하여(무루한 행을 발하여), 구경에 이르는 고로, 왈 궁미래제 라. 선정의 복이, 이와 같아서, 즐길 수 있게 되는고로, 명 복애라.

三. 광과천

아난아, 이로부터 하늘중에, 二기(두가지 갈림 길)가 있으니, 만약 앞의 마음에, 무량정광하면, 복덕이 원명하여, 수증이주(닦아 증득하여 머무른다)하니라. 이와같은 一류를 명 광과천 이라.

{此三千已上無三災}

복애(복 과 사랑)를 따라서 二기(두가지 갈림 길)가 나누어 진다. 一은 직왕도니 취광과하고(하나는 곧게 가는 길이니 넓은 결과로 달리고), 一은 오피도니 추무상하니다(하나는 오염을 피하는 길이니 무상(생각이 없음)으로 달아나는 것이다). 만약 앞의 마음에, 불대이집(다른 집착을 차지두르지 않아서), 직수선정하여(곧바로 선정을 닦아서), 사 자 무량광천 지 복애(무량광천 부터 복애에 이르기 까지) 하여, 소수복덕(복덕을 닦은 곳)이, 원명(둥글고 밝아서 보름달 같게)하면, 이주차천하니(이런 하늘에 머무르게 되느니), 정복(선정의 복)이 미광고(더욱 넓기 때문)으로, 명 광과 다.   16

四. 무상천

만약 앞의 마음에, 쌍염고락(고 와 락 둘 다 싫어)하여, 정연사심하대 (정을 연마다듬어 심을 버리대), 상속부단(서로 이어서 끊어지지 않게)

하여, 원궁사도신심(둥글게 궁극에 이른다 갈고닦아 둥글게한다 는 길을 버린 신심)이, 다 멸하고(불타서 녹아 없어지고), 심려가 재응하여 (심의 걱정이 재로 응겨서), 五백겁을 지나느니, 이 사람은, 기즉 이생멸 위인(이미 생멸로서 인으로)하고, 불능발명 불생멸성하여 (밝음을 발할 수 없어 생멸성도 아니어서), 초 반겁은 멸하고, 후 반겁은 생하느니, 이와같은 一류 를 명 무상천 이라.

앞의 마음에서, 비록 의혹을 항복받고 선을 닦으나, 而涉妄 帶異 (이섭망 대이)하여 (허망을 건넌다는 다름을 둘러서), 以有心 爲生滅 (이유심 위생멸)하고 (있는 심마음을 생멸이라 하고), 以無想 爲涅槃 (이무상 위열반)하여 (무상으로 열반이라 하여), 이에 고와 락을, 쌍염(둘다 싫어)하여, 전연사심(심을 버리는것만 오로지 연마)하여, 이추무상 하여(무상으로 달려가므로서),   17
유물계신하고(물질을 말미암아 몸에다 들이붓고〈물건으로 치장하여 몸을 숨기고), 이지심상(심상에 이르기 까지)하대, 一체 개사 하면(일체를 다 버리면), 명 원궁사도(둥근 원이 궁극에 달하는 버림의 도길)이 라. 심려재응은 곧즉 무상정야(심의 걱정이 재로 응김은 곧 무생각의 선정이라). 이로서 감보하여, 생 무상천하여(무상천에 나서), 壽목숨이 五백겁이니, 구사 에 설하기를, 초이생천(처음 이 하늘에 생)하여, 미전무상(무상이 완전치 못했다)하다가, 경반겁시무(반겁이 지나서야 비로소 없어지)고, 내보장진(이에 보가 장차 다)하려면, 복경반겁유상 (다시 반겁을 유상으로 경과)한, 연후에 보사 하느니라(보를 갚는 사례를 하느니라).

아난아, 이 四승류(수승한 흐름)는, 一切(일체)세간의 모든 고와 락의
경계가 소불능동(움직일 수 없는 곳)이니, 수비 무위 진 부동지이나
(비록 함이 없는 것이 아닌 참 부동지이나), 유소득심(마음을 얻은(둔)
곳은 있어서), 공용이 순숙하니(공을 쓰서들여>공부의 작용이 완전히
익은 것이니), 명 四선 이라 한다.

상념의 심마음이 추한(거친) 것을 왈 심(손으로 더듬어 찾음)이누,
세(미세한 실같은 기의 흐름)를 왈 사(같은지 비교해 본다)라 하니.
초선二천은 겸했고. 대범은 무심하고 유사(추심은 없고 오직 깨우쳐
엿봄) 이오. 二선은 무심사하고 유희락한거고(추심과 엿봄이 없고
웃음과 즐거움이 있는 거고). 三선은 희락을 떠나고 출입식이 있으니.
심사는 감화하고(불을 느끼고), 희락은 감수하고(물을 느끼고),   18
출입식은 감풍하느니(바람을 느끼느니). 四선은 병리지할새(나란히 여읨
일새), 불 위三재 소동(세가지 재앙이 움직이는 곳이 아니라) 하느니,
이름하여 부동지 라. 그러나 저 根기(근이란 그릇 = 개가 짖는 그릇
= 사방에 입口을 벌린 그릇 字形)는, 비 진상 하고(항상 참된 것이
아니고), 정구생멸(생멸을 갖춘 정)은, 수 비 무위 진경(비록 함이
없는 참경계가 아니라)하나, 이유위 공용이 지차하여 이순숙의(유위로
공부한 작용이 이에 이르러 이미 능숙(능수 능란)해 졌다 = 전념하여
숙련되었다) 라.

二. 五불환천 三

아난아, 이 중에, 또 五불환천이 있으니, 하계 중에, 九품 습기를,
구시(몽땅 한꺼번에) 멸진하고(다 멸하고), 고락을 쌍망하여(둘 다
없애어), 하 무복거 고(아래에는 거처를 정할곳(점칠 점찍을 곳)이 없기
때문에), 어사심 衆 동분중(버린 마음이 많아모두 똑같이 나눈 중에),
안립거처하느니라(거처를 안전히 세우느니라).

제三과의 사람이, 욕계의 혹을 단절하여 다하고, 곧즉 이 천에
태어나서, 불복욕계 수생(다시 욕계에 생을 받지 않는다)할새,   19
고로, 명 불환 이라 하느니라. 역 명 五정거니(역시 이름을 다섯가지
청정하게 산다 하느니), 위 이욕 정신이면 소거야(이를테면 욕을 여읜
청정한 몸이면 사는 곳이다). 습기는 종자의 혹이다. 여 현행과(행이
나타남과 함께), 개멸 고(모두 없어지기 때문에), 운 구진(모두
다했다 말)하니, 차 지 욕계 무속 생업 야(이는 욕계에 연속하지
않음이 생기는 업을 가리킨 것이다). 고락 쌍망은, 겸지 四선 이하
무속업야(四선 이하에 계속되는 업이 없음을 겸하여 가리킨 것이라)
하느니라. 고로 운 하무복거(하계는 점찍은 곳이 없다) 하느니, 이는
五천은 四선으로부터(자) 별도로 서니, 통 명 사념 청정지(통칭하여
이름컨대 느낌을 버린 청정한 땅)이니, 고로, 왈 사심동분(버린 심
마음을 똑같이 나눔)이라 하느니라.

二. 별열(나누어 열거함) 五

一. 무번천

아난아, 고락이 양멸(둘다 없어져)하여, 투심(다투는 마음)이
불교(교제 오고가지 아니) 하느니, 이와같은 一류를 명 무번천 이라.

앞에서 고락은, 유사(버림도 있고), 유염하면(싫어함도 있으면), 칙즉
심이 경계와 함께, 다투어서, 불능무번 거니와(번뇌가 없을 수
없거니와), 유심경(오직 심과 경계)는, 양석하여야(둘다 풀어버려야),
번뇌를 사단하리라 (죄다 쪼개 끊어리라).   20

二. 무열천

기와 괄이(기계와 뭉치, 화살과 오늬, 시위에 끼우는 부분, 방아쇠뭉치),
독행(혼자 따로 행)하여, 연교가(연구하고 교제함이〈다듬어 섞임이),
무지(없는 땅)이라 하느니, 이와같은 一류를 명 무열천 이라.
    {括筈也 箭受弦如也}

성한 열을, 왈 번 이오, 미세한 번을 왈 열 이라. 상 수투심이 불교(위는
비록 다투는 마음이 교류하지아니)하나. 의心되니, 약유 유 교지하거니
(오히려 교류하는 지땅가 있는 듯 하거니), 방멸추상하여(비로소 방편
으로 거친 상을 없애어), 득무번이이(번뇌 없음을 얻었을 뿐이)거니와,
이것은 다시 증승(수승을 증가)하여, 심기가 무대하여(심이란 기계가
대함이 없어서), 연교가 무지 하여(연구하고 교류함이 없는 땅이어서),
능멸연영고(연의 그림자를 없앨 수 있기 때문에), 득무열야(열이
없음을 얻었다)하니라.

三. 선견천

十방세계에 묘견이 원징하여(원만하고 맑아), 갱 무진상 一切침구(다시 티끌의 상과 일체 침착한 때가 없느)니, 이같은 一류를 명 선견천 이라.

능멸연영고(연의 그림자를 멸할 수 있기 때문에), 묘견이 원징 하여 (원만하고 맑아서), 이염심한(심을 물들이는더럽히는), 진外의 상(밖의 티끌의 상)과, 누성한 침 구煩惱(성을 묶은 담은 때, 첩첩이 묶인 더러운 성의 침착된 번뇌)가, 어시 개무야(이에 다 없어진다)하다. 원견十방고 (시방이 둥글게 보이기 때문에), 명 선견이라.   21

四. 선현천

정견이 앞에 드러나서, 도주(질그릇과 불려만드는틀, 도공이 옹기를 만들어 단공이 주조로 금속을 녹여부어 그릇을 만드는 것, 利他)가, 무애하느니(걸림이 없느니), 이와같은 一류를 명 선현천 이라.
　{陶쇠디기였소히라 鑄쇠노길시라 範土曰陶鎔金曰鑄}

정견(정성스럽게 봄)은 지조야(지혜로 비추어 봄이라). 향 체 진구 하여(지난번에 티끌과 때로 막혀서), 불능발화(화를 발할 수 없)다가, 금이 징원(지금 이미 맑고 원만)하여, 유여명경(오히려 밝은 거울과 같은 것)이, 수연현현할새(연을 따라 현저하게 드러날새), 이름하여 도주무애(질그릇을 만들어 주조하는데 걸림이 없다)하느니라.

五. 색구경천

구경군기(모든무리의 기를 구경)하여, 색성을 궁구한 識성이, 입무변제 (한계 없음에 들어)가느니, 이와같은 一류를 명이 색구경천 이다.

기란 놈은 색의 미한것이오, 성이란 놈은 상의 根본識이니, 아직 궁료할
수 없다 하면, 칙즉 색상에 국한하여, 자위한애하니와(저절로 한계에
걸리느니와), 차 능 구 이궁지 고(이에 능히 구할 수 있는데 까지
궁구했기 때문에), 출호형득하여(나와서 모양이라 부르는 것을
얻어서), 무변제로 들어가니, 명(이름)이 색구경 이다.

22

三. 결승(결 수승)

아난아, 이 불환천은, 저 모든 四선 四위 천왕이, 독유흠하여 문하고
(홀로 공경하여 들음이 있고), 불능 지견하느니(알거나 볼 수 없으니),
마치 지금 세간의 광야 심산 성 도장지와 같은지라, 다 아라한의
소주지 고로(대개 아라한이 머물러 지키는 곳이기 때문에), 세간
추인(세간의 추한 사람)이, 소불능견(볼 수 가 없는 곳 것)이다.

하 천은, 유루四禪四位한 범정(새는 것이 있는 평범한 선정)을 수하고(닦고),
이 천은 무루 성인이 업을 닦느니, 추下天 와 세地天 가 다름이 있는
고로, 불능견(볼 수 없다) 하니라.

二. 총결

아난아, 이 十八천은 독행무교(홀로 행하여 교류가 없다)하나, 미진
형누(오랏줄로묶인 형상을 아직은 다하지 못)하니,
2 자차근(이)환이로부터 환 까지를 1 자차근(기)환이로부터 자기가 돌아옴을,
명 색계라 하느니라.

이미 욕에 물듦을 여읜고로, 독행무교 이오, 상오히려 색질이 있는고로,
미-진 형누(아직은 다하지 못한 묶인 형)이니라.

三. 무색계四천

무 업과색(업과身相의 색은 없고), 유 정과색(정과神識의 색은 있으니),
의 정이 개연하니(의보(의지한 보)와 정보(바른 보)가 다 불타느니), 내
멸신 귀무하여(이에 몸을 멸하여 돌아갈 곳이 없어서), 정성 성문의
소거(선정의 성품을 지닌 성문이 사는 곳)이고, 혹 무상 외도(생각이
없는 외도)는 별보(각기 특별한 보)를 받고, 혹 사염(싫어함을 버린)
천인은 잡처라 하느니, 그 류는 불一하대(하나가 아니대), 다 무색온
(색이 없는 쌓음) 이니. 글四

一. 분기초출(갈림길에서 초월해 나옴, 불일치 초과)

또다시 아난아, 시 유정 색변제중하여(이 정수리에 색이 있는 변제정천
중에서), 그 사이에, 또 二종의 기로(갈림길)가 있느니, 약어사심(만약
버린 마음)에, 발명지혜(밝은 지혜를 발)하여, 혜광이 원통하여,
편출진계 하여(문득 티끌같은 세계를 나와서), 아라한을 이루어,
보살승에 들어가느니, 이와같은 一류를 명 회심 대아라한이 되었다 라.

색구경천이, 거유색정하여(색이 있는 정천에 있어서), 무색과 함께 24
인접할새, 명 색과 변제라. 二기(두갈림길)는, 一(하나)은 出 三계니,
곧즉 此科(이과)이午. 一(하나)은 入 무색이니 곧즉 次다음 科라. 四선이

개 의사념하여(대개다 느낌을 버림에 의지하여), 수증(닦아 증득)하느니,
차 사심 언(이 마음을 버림이라 말한 것)은, 지 유정 인심야(유정천으로
인한 마음〈정수리에 있는것을 심장에 새긴 것을 가리킨 것이다〉).
인심(마음으로 원인)하여, 무루지혜를 발하여, 단진 의혹하여 (의혹을
다하여 끊어서), 원명에 이르러, 곧즉 출三계하여, 소과에 머무르지
않고, 보살승에 들어가느니, 이것이 명 회심 이라.

二. 수정취입(선정에 따라 취에 들어감)

이 四천이 있는 것은, 다 편공(偏한쪽으로 치우친 공)에 의지하여,
수진하느니(닦아 나아가느니), 처음에 색을 싫어하여 공에 의지하고,
二(두번째)는 공을 싫어하여 식에 의지하고, 三(셋째)는 색 공 식
등이 도멸 이의식성(식성에 의지하므로 멸하지 못更讚)하고, 四는
의식성하여 이멸궁연하나(식성에 의지하여 멸로서 끝까지 연마하나),
이부득진멸(진멸을 얻지 못)하느니, 이것이 다 유위 증상 선과(함이
있는 점점 올라가는 선과) 라. 미출윤회(윤회에서 나오지 못)하여,
성도를 이루지 못하느니라. 글四   25

一. 공처

약재사심하여(심을 버리는데 있어서). 사염(싫어함을 버리는 것)을
성취하여, 각 신 위애하여(몸이 걸림이라는 것을 깨달아서), 장애를
소멸하고, 입공(공에 들어가느)니라. 이와같은 一류를 명 공처라 한다.

차 전의사(이는 버리는데 완전히 의지)하고, 불수지혜하여(지혜를 닦지
않아서), 염 기형애(자기라는 형이 걸림임을 싫어)하여, 견수공觀하여

(공을 觀하는 것만 단단히 닦아서), 멸신귀무(몸을 멸하고 없는데로
돌아가)니, 곧즉 염색 공자야(색을 싫어하여 공에 의지하는 놈이라).
이름하여 공처정고(공처 선정이기 때문에), 업보가 공처를 생낳느니라.

二. 식처

모든 장애가(걸림이) 이미 소멸하고, 무애 무멸(걸림도 없고 없음도 멸)
하여, 그중에, 오직 아뢰야식八識만 남고, 전부 말나七識에 있으면,
반분은 미세하느니, 이와 같은 一류를 명 식처 라 하느니.

모든 장애가 이미 소멸하여, 없으면, 칙즉 색에 의지하지 않음이午,
무애지무(장애가 없음도 없음)가 역 멸(역시 멸)하면, 칙즉   26
불의어공(공에 의지하지 않음)이 오직唯유 아뢰 말나만 남으니留唯,
곧즉 염공 의식 자(공을 싫어하여 식을 의지하는 놈)이라. 이름하여
식처정(식처의 선정)인 고로, 보는 식처에 생긴다 하느니라. 뢰야는
제八식이라하고, 말나는 제七식이라. 신근이 이미 사라져서, 다시 六식
으로 돌아감이 없는 고로, 오직 二자가(두놈이), 독유(홀로 남)대, 말나
로서 연하는 곳은 색 공 식 三(셋)이니, 이 위(위치 자리)가, 색과 공을
싫어하고 식을 의지하면, 칙즉 색 공 추하여(거칠어서), 연이 이미 없는
고로, 오직 전반분미세(전체 반분이 미세하다) 라.

三. 무소유처

공과 색이 이미 망하고, 식심이 도모두 멸하여, 十방이 적연하여, 향
무유 왕 하느니(멀어서 갈 곳이 없느니), 이와같은 一류를 명 무소유처
라 한다.

전위(앞의 자리)는, 능망 공색 하대(공색을 없앨 수 있대), 식심을 멸
하지 못 했거니와. 차(이는) 칙즉 도멸(멸도 없앤)고로, 十방이   27
적연하여, 향무소왕 하니(멀어서 갈 곳이 없어니), 이적然 무유왕
(조용하나 갈 곳이 없는) 고로, 명 무소유 라. 그러나 이는 비록
식심이 없어졌으나, 식성은 망하지 않았으니, 지금 수행인이, 견성이
불심하니 다 체 어차 하느니(보는 성이 깊지 못함이 많아서 이에
막히느니), 비록 능 洞了동료 색공하여(비록 색공을 통탈 완료할 수
있어서), 재멸심려하여(심마음의 생각의 재를 없애어서), 체 무소유
(무소유를 잡았다)하나, 마침내 식성에 유유면면하여, 불능자탈 하느니
(스스로 벗을 수가 없느니), 생사의 窟(굴)인(살고 죽는 굼기라)
穴(혈)이 실존호차(실제 존재한다 부름이 이것이다) 하니라.

四. 비상비비상처(상도 아니고 상아님도 아닌 곳)

식성이 부동(식성이 움직이지 않)거늘, 이멸 궁연(없어지도록 궁구
연마)하여, 없음을 다 한중에, 발선진성(다한 성을 베풀어 발)하여,
존재한듯 존재하지 않는것 같고, 마치 다하면서도 다함이 아닌 듯
하느니, 이와같은 一류를 명 비상 비비상처 라 한다. 이들은 공을
궁리해도 공의 이치는 다하지 못하니, 불환천(돌아오지 않는 하늘)을
좇아서(따라서), 성도(성인의 길)를 궁자(궁리하는 놈)라 하니,   28
이같은 一류를, 명 불형심한(생각이 아주 멀지 않은), 둔한 아라한이午,
약종무상 하면(만약 무상을 따르면), 제 외도천은, 궁공 불귀(공을
궁구하대 돌아오지 못)하여, 미루 무문하여(새는 것을 미혹하여
들음도 없어서), 편 입 윤전(바로 빠짐에 들어가 구르)느니라.

식성자(식성이란 놈)는, 식심유본(식심은 오물오물함이 근본原)이라. 부동자(부동이란 놈)는, 적무유왕(고요하여 갈 곳이 없음)이다. 기 능 부동하고(이미 움직일 수 없고), 복궁연사멸(또 궁극으로 갈아 없애려) 하나, 그러나 식에 의지하여, 멸한다하는 경계라 진멸이 아니니, 이는 강제로 다함이 없는 중에서, 발-명 진성(다한 성을 밝힘을 발)하니, 소이(그런까닭에), 사존부존하고(존재한듯하면서 존재하지않고), 사진부진이니(다한듯하면서 다하지않으니), 사존부존 고로 (존재한듯 하나 존재하지않기 때문에), 비상이午(상이 아니오). 사진부진하니(다한듯하면서 다하지않으니), 또 비비상야 (상아닌것도 아니다). 또 유유면면 지미지상 야(오물오물 숨덩어리 같이 그윽한 지극히 미세한 상이다). 이면미 불탈고로(면같이 미세함을 벗어나지 못했기 때문으로), 운 부진공리(공의 이치를 다하지 못했다 한다) 라. 성문이 이에 의지하여, 이위구경하여(구경함, 경계를 구하여), 마침내 둔과를 성취하고, 외도가 이를 의지하나, 돌아가 머물 곳이 없어서, 29 마침내 유루를 미혹한다 하느니라. 수 출세심이 지차(세상에 나오려는 마음을 닦음이 이에 이르)면, 종극하여(마침내 至극해져서), 추업(거친 업)이, 이미 없어지고, 오직 식성만 걸리니(막히니), 만약 奮然(분연히) 탈차하면(이를 벗어나면), 斯사출三계의(감히 三계를 나오게 되)리라. 모든 하늘의 행위가, 다 이 三摩삼마 점차라(세가지 마를 점차 닦는 것이라), 불도설시이니(말로만 보이는 무리제자가 아니니), 기 행상이 (그 수행의 상)이, 상섭 상자하여(서로 디디어 밟고 서로 자산으로 도와서), 동전 성위하니(앞의 五十二 성위와 똑같아지니), 단 이는, 시 범 천 승진이(범부가 얕은데 꼴지에서 올라 나아감을 보인)거니와, 만약 심지체지(깊은 지혜로 몸으로체득했다)면, 역시 가돈증야(갑자기 증득했다)하리라. {奮然분연히, 鷹응 依字形 鳥날개치고 빨리나는 새, 매같이}

三. 통변범성

아난아, 이 모든 천상의 각각 천인은, 칙즉 이 범부의, 업과
수답(업과로 갚을 답 = 업과로 받은 보답)이다. 답진(답이 다)하면,
입륜(윤회빠짐로 들어)가니와, 피지천왕(저 천왕)은, 곧즉 이 보살이,
三摩地(삼마지)에 노닐면서, 점차증진하여, 회향성윤하는(성인의 윤리로
돌아가는), 소수행로 다(수행로에 해당하는 곳이다).

> {三梵天王標十地 十十舟行 叢扱爲十 初地閻浮提王
>
> 二地四天王 三地忉利王 四地夜広王 五地知足王 六地化樂王
>
> 七地他他王 八地二祥王 九地三祥王 十地四王 十十舟
>
> 修進不爲初祥王 王者帶二計故}　　　　　　　　　30

욕 색 무색 천을 통틀어 가리킨 것이니, {이를 삼마 라 하는듯, 千明}
그 중이(중생이), 이에 업을 따라 감보하여, 윤회를 벗어나오지 못하고,
그 왕은, 이에 수행권응하여(행을 쫓아서 권세로 응하여), 기위하여
승진(위에 기생의지 하여 승진) 하느니, 화엄위(화엄에서 말하)건대,
초지보살이 다 염부제왕이 되고, 二지는 륜왕이오, 이에 六욕에 이른
三범천왕이, 이것이다. 이는 수론(바로 세우는 논리)이 이미 끝난고로
통光聖 결하여 指가리킨다 하리다.

四. 결명현망 二

一. 결명(결론을 밝힘)

아난아, 이 四공천은, 신심이 멸진한(다하여 없어진), 정성(선정의 성)이 현전하여, 무업과색 하니(업과의 색이 없어진없는 것 이니), 종차체종(이로 부터 끝까지)을 명 무색계 라.

신심이 멸하여 다한 놈은, 무 색온이라 내 추식야(색의 덮임이 없어서 이에 거친 식이라) 한다.

二. 현망(망을 나타냄)

이는 다 묘각명심을 깨닫지 못하고, 망을 쌓아모두어 발생하여, 망이 三계를 있게 했으니, 중간에, 망이 七취를 따라 침닉 하거니(잠겨서 빠지거니), 보특가라는 각 그를 따르는 류라 하느니라.
{補特伽羅는 本趣를取 此云敎取卽有情隨諸趣受生也}

三계는 망으로 말미암아 발생하고, 七취가 망을 말미암으면 착을 취하느니라. 보특가라는 곧즉 망이 취한 유령같은 본(六근의 근본原 八識)이다.

七. 수라취

또 다음 아난아, 이 三계중에, 또 四종 아수라 류가 있느니, 만약 귀도에 호법력(법을 수호하는 힘)으로 승통(신통을 타고) 입공하느니, 이 아수라 는, 난(알)에서 생하나니, 귀취에 소섭하고(관련된 것이고), 만약 천중에, 내린 덕을 폄추하여(폄하여 깍아내려=추락하여 모자라),

기소복거(그 살아라고 점지해 준 곳)가, 해와 달에 인접하느니, 이
아수라는 태를 따라 나오느니, 인취에 소섭 한다. 수라왕이 있어,
세계를 잡아 가져서, 힘이 무외(두려움 없음)를 洞동하여, 범왕과   32
천제석과 四천과 함께 쟁권(권력을다툼)하나니, 이 아수라는 변화로
인하여 있으니, 천취 소섭이다. 아난(천취가 다스리기 어려운 언덕)이어,
별도로 一분의 하열수라가 있으니, 대해심 생하여, 침수혈구에 잠하여,
단(아침)에는 유허공하고(허공을 헤엄치고), 모(저물면) 물에 돌아가
자느니, 이 아수라는, 습기로 인하여, 있으니, 축생 취섭이다.

수라는, 이는 말하건데 비천이니(하늘은 아니니), 복력이 하늘(천)과
같으나, 이무천행하니(천행이 없으니), 성냄이 많아지게 되기 때문
이다. 업을 따라 가볍고 무거워, 四생의 다름이 있느니. 수혈은 곧즉
미려(동쪽바다의 큰구멍)이다. {尾閭는 바로 물빠지는 땅이라}

                                          四. 통결총답 四

一. 통결七취(七취를 통털어 결론냄)

아난아, 이와같이 지옥 아귀 축생 인 및 신선 천 자수라(수라로 부터)를
정연하면(정밀하게 연마하면), 七취이건대,   33
대개다 이 혼침한 제유위상이(모든 함이 있는 것이 서로>모든 상이라
하는 것들이), 망상을 받아 생기고, 업을 따르거니와, 묘원명무작본심
(묘하고 원만한 밝은 지음없는 근본 심)은, 다 공화(허공에 핀 꽃)와
같아서, 원래 붙을 곳이 없어서, 단 하나의 허망도 갱무근原서
(뿌리내릴 실마리가 다시 없는 것)이다.

정연(정밀하게 연마함)은, 세궁(세밀하게 궁구함)이다. 몽식은 혼침인 고로, 망상은 七취를 따르거니와, 각심이 료원하면 칙즉 료무근서 (잠간도 뿌리내릴 실마리가 없음을 깨달아라) 하니라.

二. 총답전문(앞의 물음에 통털어 답함)

아난아, 이들 중생이, 본심을 알지 못하여, 이 윤회를 받아, 무량겁을 지내도, 진정(참 솥에 넣고 끓여 마를 항복시킨 청정)을 얻지 못함은, 살 도 음을 수순함으로 말미암기 때문이니, 이 三종을 반대로 하면, 또 칙즉 없는 살도음을 생겨 나오게 하느니, 있는건 명 귀론 이녀, 없는건 명 천취(하늘의 취) 니, 있고 없음이 기울어져, 윤회성이 34 일어나느니, 만약 묘발 三摩地자(묘한 삼마지를 발하는 놈)라면, 칙즉 묘는 항상 적하여(없어 고요하여), 유무(있고 없음) 二(둘)이 없고, 二무가 역멸 하여(둘이 없음이 역시 멸하여), 항상 무살 불투 불음 하니, 어찌 다시 살도음 일을 따르 리녀.

앞에서 묻기를 묘심이 원편하거늘(둥근달 같아 두루미치거늘), 어찌 지옥 귀신 사람 하늘 등 길이 있느뇨 했는 고로, 이 결론은 살도음 三셋이 근본이 되어 말미암은 것을 보임이니, 이 업이 있는 칙즉 명 귀륜 (귀신의 윤회)이라 말하는데에 필히 추락한다. 이 업이 없는 칙즉 명 천취라 말하는 데에 필히 오름 이라. 나와서 무살도음을 생하는 곧즉 천취다. 七취에 二(둘)을 든 것은 선악을 통섭한 것이다. 인유이추(있음으로 인하여 추락)하고, 인무이승할새(없음으로 인하여 오를새) 고로, 유무상경하여(유무 가 서로 기울어져서), 윤회성이 일어나니, 만약 정정(바른 선정)을 득한 칙즉 묘성이 상적(항상 고요)

하여, 또 윤회가 없으리라. 유무둘(二)이 없음은 서로 기우는 업이   35
끊어진 것이다. 무二 역멸(없는 둘이 역시 없음)은, 분별 정 망(정을
분별 하여 없앰)을 말한다. 업단하고(업을 끊고), 정망하여(정을 없애어),
즉 三종 망본이, 이름하여 적이(자취가) 쌍민(두쌍(宿明) 이 망) 하리니,
고로 욕단망륜(욕을 끊고 윤회를 없앰)이대, 수수정정(모름지기 바른
선정을 닦아라) 니다 .

아난아, 三업을 끊지 못하는 것은, 각각 사적인 것이 있고, 각각 사로
인하여, 중사동분하여(모든 사를 똑같이 나누어서), 비무정처(정처가
없는 것이 아니)니, 자망발생(저절로 망이 발생)하느니라. 생망은
무인하여(생긴 망은 인이 없어), 무가심구(찾아 궁구 할 수 없)다.

앞에 묻건대, 지옥 유정처(고정된 자리, 七이 피함)이오, 무정처(七이
피함이 없음)인가 하니, 피피발업(저것이 저 업을 발)하여, 각각사수
(각각 사사로 받는)고로 이에 첩답(서찰로 답)한다. 三업은 곧즉
살도음 이라.

三. 권단三업(三업을 끊기를 권함)

너가 수행을 힘써서, 보리를 득하고자 하대, 三혹을 없앰이 필요하니,
三혹을 다함이 없으면, 비록 신통을 득해도, 다 이 세간의 유위공용
이니, 습기를 없애지 않으면 마도에 떨어져서, 비록 망을 없애려   36
원해刀, 허위만 배가하리니, 여래가, 애린자가 될 것이다 하고 설
하셨으니, 너의 망은 스스로 지은 것이지, 보리의 구(허물)가 아니다.

살도음은, 혹업의 본根이 되는 고로, 三혹이라 이름하여, 상위에서, 모든 취를 밝혔으니, 계비실착하리고(계를 준비하여 착오를 도망치게 하려고), 마침내 三혹을 없애기를 권하니, 이에 계비진요(계를 준비하는 참된 요지) 이니다.

四. 결시정설(바른 설을 결론지어 보임)

이렇게 지어 설하는 놈은, 명 바른설이午, 만약 타설 놈은 곧즉 마왕설이니다.

助道分第二大科(조도분제이대과)

마의 경계를 二(둘)로 상세히 변(요리조리 잘살펴)하여, 사오(간사한 오류)를 깊이 방지하리니. 魔羅(마라)는 이에 살자(죽이는 놈)라 이르久, 역시 탈자(약탈, 빼앗는 놈)이니, 이르기를 능히 혜명을 살하久고 (죽이고), 선법을 빼앗는 것이 펴면 五(다섯)이 있으니, 왈 오음마 번뇌마 사마 천마 귀마 이오, 합하면 오직 음마 천마 뿐 이니, 　37 음마 는 곧즉 생사 번뇌가 五음에 의지하여 일어난 놈이오, 천마는 인수사정(간사한 선정을 닦음으로 인)하여, 정도를 해치기를 좋아하는 놈이라, 미발심한 놈은 항상 함께 순하게 따를 것이니, 칙즉 무구적 (원수와 적이 없)거니와, 오히려 정수자(바른 수행한다는 놈)는, 위이불순 할새(어그러지고 순하지 않아서), 편도뇌해(치우쳐 괴로움의 해)에 이르느니, 고로 수변식야(따라서 변별하고 의식하라). 글 二

初. 소고선시(불러 알리고 베풀어 보임) 三

初. 소고(불러서 고함)

바로 그때, 여래가, 장차 법좌를 파하려 하다가, 사자상에서 람七보궤를
(당기어서), 회자금산하사(자금산같은 몸을 돌리어), 재래빙기(다시 와서
기대 의지)하시고, 대중에게 널리 고하시고 아난에게 말하사, 너희들
유학 연각성문이, 오늘날, 회심(심을 돌리어서), 대보리 무상묘각을
취하느니, 내가 지금 이미 진수행법을 설했거니와, 너가, 오히려
奢摩他사마타와 毗婆舍那비파사나를 미식(알지 못)하고, 단지 미세한
魔事마의일만 하느니, 魔境이 현전(마의 경계가 앞에 나타나)거니, 38
너가 세심 비정하여(마음을 씻어서 바르지 않음을) 알 수 없으면,
사견에 떨어지리니, 혹 너가 음마 하고, 혹 또 천마 하고, 혹 착귀신
하고, 혹 조이매하여(이매를 만나서), 심중이 불명하여(밝지 못해서),
인적위자(적을 인정하여 아들이 되고), 또 가운데에, 득소위족(적게
얻은 것을 만족)하니, 제 四 선 이라, 무문 비구(듣지 못한 비구)가,
망언성증(성인을 증득했다고 망언 하는 것)과 같아서, 천보를 필하면,
쇠상현전(상이 사라짐이 앞에 나타나)리니, 방 아라한 신조후유
(아라한도 몸을 만나 뒤가 있다고 비방)하고, 아비옥에 추락하리니,
너는 응당 체청하라. 吾(오)가 지금 너를 위하여 자세히 분별하리라.

전법이종(앞에 법은 이미 끝내)시고, 당기(법을 듣고 깨달은 이)가
무문(묻지 않은) 고로, 장차 법좌를 파하려하다가, 보궤를 당기어서,
회금용(금빛 모습)을 돌려, 무문자설자(묻지않았는데 스스로 설한 것)
는, 진止觀중(참 지관 중)에, 미세마사(미세한 마의 일)는, 一切(일체)
지혜가 아니고선, 막능변식(분별인식 할 수 없)느니, 능히 보각을
휴(무너뜨려), 법왕가를 파할새, 수특고(따라서 특별히 알리)시니, 39

내최후심자야(이에 최후의 깊은 자비라)하리다. 四선무문자는 지론(용수보살이 지은 대지도론)을 설한 비구라, 무다문혜(많이 들은 지혜도 없)고, 단근소행(작은 행만 조금)하여, 득생四선(四선을 생함을 득)하여, 편위 이증 라한(라한을 이미 증했다고 편한데로 말함)으로, 내호천보(이에 천보라 부름)가, 장필하여(장차 마치면), 견유생처하고 (생처가 있는 것을 보고), 수방 불 망설(마침내 부처도 망설한다고 비방)하여, 라한도, 불수후유(수기를 받지않고 후가 있다)하니, 이로 인하여 추타(무너져 떨어짐) 하리니, 내사오지구야 (이에 삿되고 잘못된 허물이다) 하니라.

아난이 기립하여, 병기회중(아울러 그 모임중)에, 동똑같은유학자들로, 환희정례하고, 복청자회(엎드려 자비로운 가르침을 듣기)를 기다리니.

二. 정시(바로보임) 四

初. 서마소기(마가 일어나는 것을 서술함)

부처님이 아난과 모든 대중에게 말씀하사, 너희들은 당지하라. 유루세계에 十二류생이 본각은 묘명하여, 각원심체가 十방불과 함께 무二 무별(둘도 없고, 차이도 없건만), 너들이 망상으로 말미암아 40 이치를 미혹하여 구(때)가 되어서, 치애(어리석은 사랑)가 발생하여, 두루 미혹을 생하여 발하는 고로, 공한 성품이 十있다 거늘, 변화하고 미혹함이 불식하여(쉬지 않아서), 유세계가 생(세가 있어 계가 생)기니, 즉 이 十방 미진국토가, 비 무루자(새지 않는 놈이 아니)니, 다 이 미혹과 완고한 망상이 안립된 것이다. 각원심체는 소위 진원이니,

미리(미혹한 이치)로 말미암아 배진하여(참을 등져서), 화미 립망 하여
(변화한 미혹이 망령을 세워서), 유루계를 이루어서, 位魔所依(마라하여
의지하는 것이라)하다, 화미자(미혹을 변화하는 놈)는, 수미하여
전변야(미혹을 따라서 굴러 변한다).

당지하라. 허공이 너를 생기게 했으나, 마음속은 오히려 조각 구름과
같아서, 대청속의 점이라, 하물며 모든 세계가 허공에 있는 것이랴.

공은 대각중에 생기고, 마치 바다에 한점 물거품을 발하는 같으니,
또 비유하면 조각 구름같아서, 세계를 밝힘으로, 허환미망하여   41
(허망한 환상의 미세한 까끄러기라), 역이소운야(쉽게 녹아서
사그라져서 어두워질운이다) 하니다.

너희들 중에 한사람이 발진귀원하면(참을 발하여 근원으로 돌아가면),
차이 十방 공이, 개실소운(다 실로 녹아서 사라질 운)이니, 어찌하여
공중에 국토가 있어서 이불진렬(진동해 분열하지 아니)하리오.

참 근원의 체는 본래 저절로 확연하고, 허공국토는 다 이 미혹하고
완고한, 망상으로 안립하니라. 참을 발하여 미혹하지 않으면, 칙즉
무안립자라 할새, 고로 저절로 훼손하여 분열한다 하니, 혹 왈 유루
허공계에 중생이면 똑같이 느끼니, 어찌 한사람이 사라져 없어지게
하리오. 신하물며 고금에 참을 발한자는 많았으나, 공계는 의연하니,
편안히 있는 그를 사라져 없애랴하리오. 가로되, 동업소감(똑같은 업이
느끼는 바)는, 불리매매하니(매매를 따로 뗄 수 없으니〈해뜨기 전이나
해진 후나 어둑하나 밝은것은 마찬가지니), 발진반명할새(참을 발하여

도리어 밝은 〈진실로 밝음만을 반영한다면 〈상황은 다르나 진실로 밝다는
것은 같다할새), 고로 가소운 하대(사라질 운명이지만, 해뜨기 전의 밝은
서광은 해 뜨면 밝아서 없어지고, 해진후의 노을은 밝은 것은 같으나 곧
어두워져 사라지니, 비록 밝은 것은 같으나 없어질 것은 같다 千明), 연 중생
불가진 이고(그러나 중생은 다 할 수 있는 것이 아니고),   42
세계불가진 고(세계도 다할 것이 아니기 때문)으로, 비록 한사람이,
진을 발하나, 중복감결(중생이 다시 느낌을 회복해 감응으로 맺어진다)
할새, 소이 의연(의연한 까닭)이니다. 사동업지인(업을 똑같게 하려는
사람)이, 동능발진하면(똑같이 진을 발할 수 있으면), 칙즉 산 하 기
계 가, 응당 느낌이 변화하여, 무상지각을 이루어서, 위정묘불토의
(청정하고 묘한 불토가 되)리라.

여배가 修禪하여(너희무리가 선을 닦아서), 식莊嚴 三摩地(삼마지)를
꾸며서 장飾식하여, 十방보살과 및 모든 무루 대아라한 까지, 심정이
통문(통하여 입술이 붙듯)하여, 당처가 심연하면, 一체 마왕 및 여 귀신
과 모든 범부外人 천이, 그 궁전을 보니, 무고(까닭없이), 붕괴 하고
균열하여, 대지가, 진탁하고(진동하여 터지고), 수육이 비등하여(물과
육지가 날고 솟아올라서), 무불경습하리니(놀랍고 두렵지 않을 수
없으리니), 범부는 혼암하여, 불각천와(옮기고 변화함을 깨닫지 못)
하거니와, 저것들은 五종 신통을 다 득하고, 오직 누진만 제외(득하지
못)하였으니, 런차진노(이 티끌과 노고를 그리워)하거니, 어찌 너로
하여금, 최렬기처하게(그곳을 깨뜨리고 찢게)하리오. 시고로 귀신   43
제 천마 이매 요정이 어三昧시(三삼매 할 때)에, 첨래뇌여(다 와서
너를 번뇌)하게하리라.

魔(마)는 회매(캄캄하고 어둠)를 의지하느니. 지금 선을 닦고 정을 장식
하여, 묘심이 정명하여, 보살 라한과 홀합(함께 들어맞아 합)한, 고로
능진렬魔界마계하여(마계를 진동하고 흔들어서 찢을 수 있어서),
수치뇌해야(마침내 번뇌를 해함에 도달했다) 하리라. 범부천은 마왕천
이니, 오직 누진통 만 득하지 못했다 하니다.

二. 오 칙즉 무혹(깨달은 즉 의혹이 없음)

그러나 저 모든 마 가, 비록 대노하나, 피 진노내(저것은 티끌이 안에
힘쓰는 것)이고, 너는 묘각 중이니, 여풍이 취광커니와(마치 바람이
빛을 부는 것 같으니와), 여도단수(마치 칼로 물을 끊는 것 같)거니,
了불상촉하久(서로 닿지 않도록 깨달음을 오래 깨어 있으면). 여여비탕
하口 피여견빙하여(너는 끓는 탕에 입다문것과 같고, 저것은 굳은 얼음
같아서), 난기가 점인하면 不日(불일)해 소운하리라 (난기가 점차 인접해,
해는 아니어도 사라져 없어지리라). 〔구결의 久와 口의 의미 子明〕

묘각 진체는, 무동 무괴라(움직임도 없고 허물어짐도 없어), 정력소삭
사기 자소하리라(바른 힘으로 녹이는 바 사기는 저절로 녹아지리라).

도시신력(신력을 믿는 무리)이야, 다만 객이 될 뿐이니, 성취하고,
파란(어지러움을 깨뜨림) 勿(물), 너를 말미암은, 심중에, 五음 주인이니,
주인이 만약 미하면, 객이 그 편을 득하리니. 당처禪那선나하여 각오
무혹하면(당처에서 선나 하여 각을 깨달아 혹이 없으면), 칙즉 저 魔事
마의 일들이, 무내여하(너를 어찌 해 보려고 어떻게 못)하리니,

음소입명하면(음이 사라지고 밝음으로 들어가면), 칙즉 저 군사(사의 무리)가 함수유기(다 어두운 기를 받은 것)이니, 명이 능파음할새 (밝음이 능히 음을 파할 수 있을새), 근자소운하리니(가까이 가면 거의 저절로 사라져 없어지리니). 여하 감유 하여(어떻게 감히 머물러서), 요란선정(선정을 시끄럽고 어지럽게) 하리오.

도시신력(신력을 믿는 무리)은 제마를 말함이다. 五음주인은 진심 (참된 마음)을 가리킨 것이다. 음소입명(음이 사라지고 밝은데로 들어감)은, 지발진자다(참을 발하는 것을 가리킨 것이다).

三. 미즉조해(미해지면 해를 만남)

만약 밝은 깨달음이 아니면, 저 음이 미한 바, 칙즉 너 아난이, 필히 마자(마의 아들)가 되어서, 마인을 성취하리니, 마등가 같은 것은, 심히 묘열(애꾸눈처럼 열등)하여, 피유주여하여(저것은 오직 너를 주문 주술로 빌어서). 파불율의(부처님의 율의를 파)하대, 八萬행중   45 지훼一계(다만 하나의 계만 헐어훼손)했거늘, 심은 청정했기 때문에, 상미륜닉(오히려 빠져들어 가지는 아니하였)거니와. 내휴여(이에 너를 무너뜨렸)다면, 보각전신을 여재신가(마치 재상의 집)가, 홀봉籍沒적몰 하여(집문서 등을 몰수당함을 홀연히 만나서), 완전영락하여(완전 영으로 떨어져서), 무가애구(애통하게 구할 수 도 없이 망한 것이라) 하리다.   {籍沒은 屬籍덜시니 屬籍名付文.}

등가는 묘열할새, 지훼계체하니와(다만 계체만을 허물었어나), 모든 마는 치악하여, 능히 보각을 추락시키느니, 고의심방(견고하게 마땅히 깊이방어)해야 한다. 재신 적몰은, 유기어각위(깨달음의 위치에 어느 정도는 깨우쳤)다삐, 이륜추악취(악취에 빠져 떨어진 것이라)하리니다.

四. 수음상변(음을 따라 상세히 변설함) 五

初. 시음상

아난아, 마땅히 알아야 할것은, 너가 도장에 앉아서, 소락제념하여
(모든 느낌이 사라져 버려서), 기념이 약진(그 느낌이 만약 다)하면,
칙즉 제이념(모든 느낌을 떠남)이, 一체가 정명하여, 동정이 불이하고
(옮기지도 않고), 억망 여一(기억하고 잊어버림이, 마치 一하나와
같아서 바다의 파도가 잔잔해져 거울처럼 평면이 되어 하나가 된듯 함 千明),
당주차처(당연히 이런 곳에 산다)하여, 三摩地(삼마지)에 들어감이,
여명목(마치 밝은 눈)을 가진 사람이, 큰 어두운 암 처에 있는 것
같아서, 정성은 묘정하나, 심이 빛을 발하지 못하니, 이는 칙즉   46
이름하여 색음의 구우(구역, 구분한 집) 라.

소락제념자(모든 느낌이 녹아서 없어진다는 놈)은, 이심 선 기허망생
멸 야(그 허망이 생긴것을 심하게 돌려서없앤 것이다. 팽이 위의 무늬는
허망이니 돌리면 보이지 않는 것과 같다 千明). 이념정명자(느낌을 여의어
청정하고 밝아진다는 것)는, 득원명각 무생멸성 야(원래 밝은 각을
득하여 생멸성이 없어진 것이라), 심적(심한 고요)인 고로, 동정이
불이 하여(옮기지도 않아서), 이념(느낌을 떠난) 고로, 억망이 여一과
같고, 정력이 雖爾수이 하나(선정의 힘이 비록 그러 하나), 이색음미파
고(색음이 아직 깨뜨려지지 못했기 때문에), 여명목으로(밝은 눈
같어므로), 처암 수 정성이 묘정하나(곳이 어두워 비록 정밀한 성이

묘하고 청정하나), 이심미발광(마음은 아직 빛을 발하지 못)하니, 차이는 색음의 상이다. 음은, 폐복(가리어 덮음)으로, 위의(뜻이라) 하니, 구국성진고는(성을 참에 국한시켜 선을 그으 구분했기 때문에) 고로 왈 구우(구분한 집이) 라.

만약 눈이 명랑하면(밝고 환하면), 十방이 洞동개하여(통해 열려서), 무복유암(다시 어두운 어둠으로 돌아가지 않으)리니, 명 색음이 다한 것이니, 이사람이 곧 겁탁을 초월할 수 있으리니, 觀기소유건대(그 말미암은 곳을 觀하건대), 견고한 망상이, 이위기본(그 근본으로 삼아야) 하니다.

47

五음진상(五음이 다 한 상)은, 비멸신귀무라(몸을 멸하여 없음으로 돌아간 것이 아니라), 觀이 이 洞동조하여, 불위미애이이(미혹에 걸림이 아닌 것 뿐이)니, 고로 비유하면, 만약 눈이 명랑한 칙즉, 十방이 洞개 야(통하여 열린 것이라). 최초 一(하나)의 느낌이 허공 과 견(보는것)이 불분하여(나눔이 아니어서), 명 겁탁이니, 이에 색음의 체라 한다. 고로 색음이 다 한 칙즉 초월이라 하리라. 색음의 시작은 부 모 자기 三셋으로 인한, 망륜이 교차해 결(맺힐새)할새, 고로 왈 견고한 망상을 본 이라 하니라. 오음 망본은 경 말에 스스로 풀었다 하리니다.

二. 변현경 十

一. 신능출애(몸이 장애를 벗어남)

아난아, 응당 이중에 있으면서, 정연(정밀하게 닦여) 묘명하면, 四대가
부직 하여(짜여지지 않아서), 소선지간(잠깐 선택된 순간잠시 잠깐)에,
신능출애(몸이 장애걸림를 탈출)하리니, 이를 명 정명(정연묘명)이,
류익전경(앞의 경계에 흘러 넘친다)하니, 이는 단 공용(공의 효용,
공부의 작용일 뿐)으로, 잠득여시(잠시 이같이 얻은 것)이지, 성증은
아니다. 부작성심(성을 짓지 않은 심)을, 명 선경계 이오, 약작성해
하면 (만약 성을 지어 인위적으로 창작하여 풀어, 성해를 지으면), 곧
군사(사악한 무리)를 받으리라.   48

차중(이가운데)은, 一(하나)의 색음 선정중 이다 라. 묘체는 본 융커대
(녹은것이대), 망질(허망한 성질)로, 말미암아 장애를 이룬 고로,
정궁묘명한 칙즉, 四대가 부직하여, 몸이 능히 장애(걸림)를 벗어날 수
있음이라. 그러나 이는, 특정력 소핍 사 정명(특히 선정의 힘을
가까이한 바 정명으로 하여금), 유닉잠 이불상고(잠시 흘러 넘치게
한 것이지 항상 그런 것은 아니기 때문에), 성증(성인을 수증함)이
아니다.

二. 체습여회(체가 요회를 모아가둠)

아난아, 또 이 심으로, 정연묘명하여, 그 몸이 내로 통해, 이 사람이
홀연 그 몸안에, 나온 요회를 주워도, 신상(몸의 상)이 완연하여 역시
상해나 훼손함이 없으리니, 이를 이름하여 정명이, 흘러넘친 형체 라
하니, 이는 단지 정행으로 잠깐 이같은 것을 득한 것이지, 성증이
아니다. 성심을 짓지 않은 것을, 명 선경계 이오, 만약 성해를 지으면,
곧즉 군사(삿된 무리의 유혹)를 받으리라.   49

진정묘명이, 앞의 경계에 흘러넘치면, 칙즉 외 무소격하고(밖으로
사이가 뜨는 바가 없고), 형체에 흘러넘치면, 칙즉 내 무소장할새
(안으로 걸리는 바가 없을새), 고로 능히 몸안에 나온 요회를 주울
수 있으리니, 차역잠이(이도 역시 잠깐이)리라.

　　　　　　　三. 공문밀의(허공에서 밀의를 들음)

또 이 심으로, 내외를 정연하면, 그때, 혼(간) 백(폐) 의(비) 지(신장)
정신(심)이, 제집 수신하고(집착을 버리고 몸을 받고), 나머지는 다
섭입 하여, 서로 빈손님과 주주인가 되어서, 홀연히 공중에, 법을
설하는 소리가 들리고, 혹은 十방에 들려서, 동부밀의(밀의를 편 것과
똑같으)리니, 이는 이름하여 정령과 혼백이, 번갈아 이 합(떨어졌다
붙었다)하여, 선종(좋은 종자)을 성취하나, 잠깐 이와같이 득한 것
이어서, 비위성증 (성인을 증득한 것)이 된 것은 아니다. 부작성심
(성심을 짓지 않음)을, 명 선경계 요, 만약 성해를 지으면, 곧 군사를
받으리라.　　　　　　　　　　　　　　　　　　　　　　　　50

혼 백 의 지 신 은 五장의 주라, 집수(집착하여 받은것)는 제八식이니,
제七식은 총(다)이午, 몸은 五근의 총(다)으로 된것이니, 이미 총통(다 통
함)이 된 것 일새, 고로 무소섭(관계가 없다, 건널바(곳)이 없다)이라.
앞의 정연은, 처음에는 외(밖)를 허(비워)하게 하고, 다음에 능히 내를
철(통)하게 한다. 이는 다시 내외를 정연하여, 다 허철(모두 비고 통) 한
고로, 五신 七식이, 다 실고상 하여(모두 항상 하던것을 잃어서),
질호상섭할새(서로 건너다님을 번갈아 하여, 여러번 서로 접촉하여)
고로, 숙석문훈 (좀 오래된 옛날에 듣고 익혔던 것)이, 저절로 능히

발휘할 수 있어, 홀연히 듣는 것(바)이 있게 된 것이다. 금부(지금
무릇) 각의응신하여(의를 새기고 장신을 엉기어서), 토론지극(토론이
극에 달)하면, 칙즉 기문려조(기이한 글과 수려한 무늬)가 미상경의자
(경의 뜻을 맛보지 못한 놈)를 왕왕 환연(불타는듯) 득어영매(잠에
취해 몽롱하여 꿈속에서 득)하리니, 정으로 연마 격발하면, 신자가 우현
류가지야(신이란 놈이, 우연히 드러난 종류임을 알 수 있다) 라.
{魂肝主 魄肺主 意脾主 志腎主 精神心主}

四. 묵현불경(침묵으로 부처님의 경계를 드러냄)

또 이 심으로, 등로교철(맑은 이슬처럼 밝게 통합)하여, 내광이
밝음을 발하여, 十방에 두루하여, 염부단색을 짓고, 一체종류가,   51
화하여 여래가 되게하고, 이때부터, 홀연히 보이는 비로자나가, 거
천광대에 걸터앉아서, 千불이 위요하고, 百億국토가, 연꽃과 함께,
때를 갖추어 출현하리니, 이를 이름하여 심혼이 령오하여(심혼이 령을
깨닫고), 또 물든 곳을, 심광이 연명하여(갈아 닦아 밝히어서), 모든
세계를 비추나, 잠깐 이같은 것을 득한 것이라, 성증이라 하는 것은
아니다. 성심을 짓지 않으니, 명 선경계 이오, 만약 성해를 지으면,
곧 군사를 받으리라.

정(깨끗함) 예(더러움)의 경계는, 항상 심을 따라 감하는(느끼는) 고로,
징철(맑고 통합)의 극인 칙즉 심혼이 령오에 물들어서, 부처의 경계가
심광에서 드러 났다하리니, 심이 불국에 있는것(존) 같아, 명현야
(아련히 나타난다) 라.

五. 공색여보(허공이나 물질이 보물과 같음)

또 이 심으로, 정연묘명하여, 관찰부정(쉬지않고 살펴서 관)하여, 52
억안항복(솟구침을 눌러 편안히 하고 엎드려 항복)하여, 제지초월
(하려고 하는 일을 말리어서 못하게 함을 뛰어 넘어감)하면, 때에,
홀연히 十방 허공이 七보색을 이루고, 혹은 百보색이, 동시, 편만 불
상 유애하여(두루 원만하여 서로 걸리거나 막힘이 없어), 청 황 적 백
이 각각 순현하리니, 이것이 이름하여 억안(그치려고 누른) 공력이
유분(분수에 넘침) 이라 하니, 잠깐 이같은 것을 득한 것 일새,
성증이라 하는 것은 아니니, 성심을 짓지 않음이 이름하여 선경계
이오. 만약 성해를 지으면 즉시 수군사 하리라.

정연묘용은 明밝아서 억복잡상(잡상을 그치려누르고 항복)하여, 제심승탁
(심을 이기어 수승함에 의탁)하여, 역용이 과월(힘을 씀이 지나치면
넘어 가는) 고로, 묘명이 핍극(다가듦이 지극)하여, 환산이현야(빛내
흩어짐이 나타나느니라 유리조각들이 붙어있어 빛이 산란함과 같다 千明).

六. 암실여주(암실이 낮과 같음)

또 이 심으로, 연구징철(연마를 궁구하여 맑음을 통함)하여, 정광이
불란하면(정밀한 빛이 교란하지 않으면, 정밀하게 연마하여 거울처럼
맑으면 빛이 교란하지 않는다. 千明), 홀연 야합하여(밤과 합해, 어두울제),
암실내에서, 종종 물(물건)을 보아도, 백주(대낮)와 다름이 없어,
암실의 물건이, 역불제멸(역시 제하여 멸하지 아니)하리니, 이는 53
이름하여 심이 세밀하여, 그 견을 밀징(모는 것을 빽빽하여 빈틈없이

맑게) 하여, 소시통유(응시함이 어둠을 통한것)이니, 잠득여시(잠깐 이같은 것을 득한것)이라, 비위성증이다(성증이라 하지 않는다). 불작성심(성심을 짓지않음)을 명 선 경계 이두, 약작성해(만약 성을 이해했다) 하면, 곧즉 수군사 하리라.

사람이 고유불명하여(완고함이 있어 밝지 않아서), 스스로 발하여, 암 불능혼자(어둠이 어둡게 할 수 있는 것은 아니)거니, 오직 정심을 세미(가늘고 작게)하여, 맑음으로 하여금 어지럽게 하지 않은 연후에 드러나리니, 암물(어둠이라는 물건)을 부제(버리지 않음)라 말한 것은, 다 실경계이라. 선정을 따르지 않고 변한 것이라 한다.

七. 신무소각(몸은 감각이 있는 바가 없음)

또 이 심으로, 원이 허움으로 들어가면(둥근태양이 텅빈 블랙홀로 빠져 들어가면 千明), 四체가 홀연히, 풀과 나무와 똑같아져서, 화소도삭하여도(불로 불사르고 칼로 베어도), 조금도 각이라는 것이 없다. 또 칙즉 화광이 불능소설하고(불살라 태울 수도 없고), 종할기육하여도(비록 그 살을 베어도), 유여 삭목하리니(오히려 나무를 깎는 것과 같으리니), 이를 이름하여 진병(먼지와 아우른다, 먼지와 합한다) 하고, 四대성을 배열 하여(바르지 않은 것은 밀어내어 줄을 세워), 一향입순하니(한줄로 향하여 순으로 들어가니), 잠득여시하여, 성증이라 하지 않는다. 부작성심은 명 선경계이오, 약작성해하면 곧즉 수군사 하리라.

정력이 허융한(선정의 힘이 녹아 빈), 칙즉 五진병소(五진이 모두
소멸)하고, 四대 배견하여(四대를 밀치고 보내어서), 순각유신(순각만
몸에 남은) 고로, 무상촉하고(접촉해도 상처 없고), 정력 소지(선정의
힘을 가진 바 인) 고로, 불이 능히 태울 수 없으리라. 세지단거쇠아자
(세상에 단정하게 살다 쇠한 아 라는 놈)도, 상능사형고목이오(오히려
마른나무의 형태가 되었고), 이심사재 거니(심이 죽어 재가 되니),
황 진정지력재 릿가(하물며 참선정의 힘이겠느냐).

　{莊子曰 南郭子 慕中 穏几而空 仰天而噓하여 嗒焉似喪

　　其耦 顔成子游 立倚乎前시니 曰 何居乎니고 形固可使如枯木

　　而心 固可使如死灰乎니가 今之隱几者 非昔之隱几者也로호

　　子慕曰 偃不亦善乎 而问之也 今者 吾喪我 汝知之乎}

　　　　　　　　　　　八. 견능洞觀(견은 통해서 觀할 수 있음)

또 이 심으로, 청정을 성취하여, 정심공극(청정한 심의 공력이 극에
달)하여, 홀연히 대지 十방산하를 보니, 다 불토를 이루어서, 七보를
구족 하여, 광명이 두루 가득하고, 또 항사 제불여래를 보니,
편만공계(공계에 두루 가득)하거든, 루전(루각과 전각)이 화려하고,
아래로 지옥을 보고, 위로 천궁을 觀함에, 득 무장애 하리니,　　　55
이것이 이름하여 흔염하여(즐기는 것에 물려서, 쑥떡을 좋아하여 먹다
물려서 다시 먹지 못하게 됨과 같음 千明), 응상일심하여(상을 응기게 함이
날로 심해져서), 상구하여 化(변화)를 성(상이 오래되어 화를 이룸)이니,
성증이 된 것은 아니다. 성심을 지은 것이 아니니, 이름하여 선경계
요, 약작상해하면 즉 수군사 하리라.

염 추 탁 지 질은 애 하고(싫어함 거침 탁함의 성질은 거리낌이고),
흔정묘지허융(청정과 묘하게 허융함을 기쁘함)이, 명 성취 청정 이라.
상의 응김이 날로 심해, 오래되니 스스로 화하기 때문에, 洞통觀관 할
수 있어서, 무장애를 득하리라.

九. 야혹격견(밤에도 혹 막혀 사이가 뜬 것을 봄)

또 이 심으로, 연구심원(깊고 먼 것을 연구)하여, 홀연히 밤중에,
요견 원방에(멀리 원방에) 시정 가直洛 항枉路 친족 권속을 보고, 혹
그 말을 듣기도 하리니, 이는 명 박심(심을 핍박)하여, 핍극 비출할새
(핍박이 극에 이르러 날아 나왔을새), 고로 다격견(다 막힌거를 본)
거니, 성증이라 하는 것은 아니다. 성심을 지은것도 아니니 명 선경계
이午, 약작성해 하면 곧즉 수군사 하리라.   56

연 심궁원(심의 궁극의 먼것을 연마)하여, 정신을 핍박해서(심의 주는
신이다), 유신이출(몸을 버리고 나와서), 명유소지고(아득히 이르는
곳이 있기 때문으)로, 문원방사(원방의 일을 보고 들을 수 있다)
하리라. 이상은 모두 색음을 떠난 것은 아니고, 도인정력(선정의 힘으로
인한 무리)여서, 이능출애하고(능히 장애를 나올 수 있고), 견문원급
(보고 들음이 멀리 미친)거니와, 만약 색음이 진(다)하면, 칙즉 十방이
洞開(통하여 열려)하여, 다시 유암(그윽한 어둠)이 없어서. 六통을
차례로 쫓아(縱종) 무위를 맡겨서(任임), 산벽 유지 직도(산과 벽에도
직도를 유지)하니, 固고 무애의(확실히 의심이 없어)리라.

十. 점발마사(점차 마사를 발함)

또 이 심으로, 연구정극(정을 극에 이르도록 연구)하여, 선지식을 보아, 형체가 변하여 옮겨져서, 소선(조금씩)하여 무단하면(끊어지지 않으면), 종종변개(종종 변하여 고쳐)하리니, 이는 이름하여 사심이 이매를 머금어 받았거나, 혹 천마를 만나, 그 심복(심장과 배)에 들어가서, 무단하게 설법하대, 통달묘의하나, 성증이 된 것은 아니라, 성심을 짓지 않으면, 魔事(마사 마의 일)가 소갈(사라져 그침)하리니와, 약작상해하면 곧즉 수군사하리라.   57

소견 지식(선지식앎과 인식을 보는 것)은, 내 魔(마)변현야(이에 마가 변하여 나타난 것이다). 앞에 九는 단 정력을 밝혔고, 유독 이에 마사란 놈을 밝힌 것은, 정력미성(선정의 힘을 아직 성취하지 못)하여, 마를 움직일 수 없으니, 연구정극(연구가 정밀함이 지극)하여야, 이에 점차 마의 일을 발한다 하느니, 고로 아래글에서는 마의 일이 점점더욱 심해진다 하다.

三. 결권심방(결론 깊이 방비할 것을 권함)

아난아, 이와같은 十종 선나가 경계에 드러남은, 다 이 색음이 심을 쓰서 교호 할새, 고 현사사(고로 이런 일이 드러난 것이니), 중생이 완고하고 미혹하여, 부자촌량(스스로 량을 헤아리지 못)하고, 이로 인하여연을 만나서, 미불자식(미혹을 스스로 인식도 못)하여, 위 언 등성(이를테면 성에 올랐다고 말)하여, 대망어를 이루어서, 무간옥에 추락하느니. 너희들은 당연 의지하여, 여래멸후, 말법중에, 이 뜻을 선포하여 알려서, 무령 천마 득기방편(천마로 하여금 그 방편을

득함이 없)게 하여, 보지복호(보살피고 지켜서 덮어 수호)하여,
무상도를 이루어라.   58

二. 수음 三

初. 시음상(음상을 보임)

아난아, 저 선남자가 三摩提(삼마제삼마의 언덕)를 닦아서, 奢摩他
(사마타) 중에, 색음이 다한자가, 모든 불심을 보면, 마치 밝은 거울
가운데 같아서, 그 상이 현저하게 나타나고, 만약 득한바가 있는듯
하나, 이미능용(사용할 수 없음)이, 유여염인(오히려 가위눌린 사람)
이, 수족이 완연하고, 견문이 불혹하대, 심촉객사하여 이불능동커니
(심이 사악한 객손님을 만나 움직일 수 없는 것 같거니, 의혹이 아니어
움직일 수 없음 千明), 이를 즉 이름하여 수음의 구우라.

수는 앞의 경계를 받아 들인다 이니, 뜻이 이미 색음을 파한 것이
되어서, 내 외가 허용한 고로, 모든 불심을 보는 것이, 거울에
드러나는 상과 같다 하리니, 모든 불심이 이미 아(나)의 묘각명심이라.
거울에 나타나는 상과 같아서, 이를테면(위) 청정허응하여(청정함이
허공에 응긴 것 같아서), 형이 걸림이 없다는 것을 깨달았다 라. 59
수구묘체하나(비록 묘체는 갖추었으나), 이미능운용(아직 운용할 수
없는 것)이, 개위수(뚜껑을 받은 꼴이라, 덮어 씌우져)하여, 소복 할새
(덮여 있는 바), 고로 여염매인(마치 가위눌려 잠자는 사람)이,
지체완구(사지 몸체가 완전히 갖추어져 반듯)하고, 六근이 명료하나,
운동할 수 없는 七(칠)푼이하니, 이것이 수음의 상이다.

만약 가위눌린 염의 구(때)가 헐하면(그치면), 그 심이 몸을 떠나서, 反觀기면(그 얼굴을 반대로 觀)하여, 거주(가고 사는 것)가 자유하여, 무복유애하리니(다시 머물러 걸림이 없으리니), 명 수음이 진(다) 한 것이니, 이 사람이 칙즉 견탁을 초월 할 수 있으리니, 觀기소유(그 말미암은 바를 觀)하면, 허명망상이 그 본이 되었다.

색음이 다한자는 이미 형의 걸림을 떠났으나, 그러나 가위눌린 바를 받아서, 작용할 수 없는 고로, 수음소갈하면(수음이 사라져 그치면), 곧즉 능이신 반관 거-주 무애 야(곧 몸을 떠나서 반대로 觀해야 거-주(가서 머무름)가 걸림이 없다) 하리라. 망기견각하여(망령이 일어나서 깨달음을 보아서), 골요심성이(맑은 성을 어지럽히고 시끄럽게=물에 빠져 꼬록꼬록 하는 것이 干朋), 명 견탁이니, 곧즉 수음의 체라 하리니, 고로 수음이 진(다) 하면 곧즉 초월하리라.   60

어기고 순함으로 인한 환의 경계가 손익이 생기면, 망수(망을 받으)리니, 칙즉 수음은 무체하여, 허유소명고(허하여 비어 있어 밝은 것이기 때문에), 왈 허명망상이 본이 된다 하리다.

二. 변현경(나타나는 경계를 말함) 十

        一. 억복생비(억누르고 항복시켜 슬픈감정이 생김)

아난아, 저 선남자가 바로 이자리에서 득 대광요(대광채)를 얻어서, 그 심이 밝음을 발하여, 안으로 억누름이 과분하면(분에 넘치면), 홀연 그자리에 발무궁비(끝없는 슬픈 감정을 발)하여, 이와같이하다가, 觀견 문맹(모기나 등애를 보)고刀, 유여적자하여(마치 갓난아기 같아서),

심에 연민이 생겨, 불각유루(눈물이 흐르는 것도 깨닫지 못)하리니, 이는 명 공부의 작용이 억최과월(억눌러 꺽음이 과하여 넘은 것)이니, 오 칙즉 무구하니와(깨달은 즉 허물이 없거니와), 성증이라 하지 않고, 각了불미하면(미혹하지 않고 깨달음을 완료하면), 구자소갈(헐) 하리니 (오래 지나면 저절로 사라져 그칠 것이니), 만약 성해를 지으면, 칙즉 비마(슬픔의 마)가 그 심부에 들어와서, 견인 칙즉 비하여(사람만 보면 즉 슬프져서), 체읍무한하리니(소리내며 우는 것이 끝이 없으리니), 실어정수할새(실, 잃음 잘못 허물. 어, 에 에서 기대어. 잃음에 기댄 바른 받음이라할새>바른 받음을 잃을새), 당종윤추(당연 차례로 빠져 추락) 하리라.   61

이 중 은, 수음정 중야(수음의 선정중 이다). 이미 색음을 파하여, 무복 유암(다시 그윽한 유령같은 캄캄함이 없는), 고로 대광요를 득하여, 수음을 앎이, 허물이 되는고로, 안으로 저절로 억복하여, 파함으로, 억복대과(억누르고 항복함이 너무 과)하여, 실어 자유하여 (자비와 유순을 잃어서), 고로 다비민하여(슬픔과 가엽게 여김이 많아져), 이치비마부언(슬픔의 마가 붙게되는데 이르게 된다)하니라.

二. 감격생용(감이 과하면 용기가 생김)

아난아, 또 저 정 중에, 제 선남자가, 색음이 사라지고, 수음이 명백함을 보고, 승상(수승한 모습)이 앞에 나타나서, 감격이 과분하면, 홀연 그 중에, 무한한 용기가 생겨서, 그 심이 맹리하여(용맹하고 예리해져서), 지제제불하여(의지가 모든 부처님과 나란해져서), 이르기를 三승기(세번의 무량대수 아승지, 사람으로 거듭난 땅귀신)를,

一념(한 느낌)에 능히 넘어리니, 이를 이름하여 공용릉솔과월(공부의
작용이 능멸과 경솔을 과하게 넘었다)라 하니, 깨달은 칙즉 허물이 62
없으나, 성증이 아니라, 각료불미(깨달아서 미혹이 아님을 료달)하면,
오래되면 저절로 사라져 없어 지리니. 만약 성해를 지으면, 칙즉
광마가 있어서, 그 심부에 들어가서, 견인칙과(사람만 보면 자랑)하여,
아만이 비할데가 없어서, 그 심이 내지 상불견불하고 하불견인하리니
(위로 부처님을 보지도 못하고 아래로 사람을 보지도 못하는데
이르리니), 실어정수할새(바른 받음을 잃을새), 당연 차례로 떨어져
추락 하리라.   {陵릉은 남을 이너길시오 摔솔은 몬저할시라}

색이 다하고, 수가 나타나, 정지승상(선정으로 수승한 상)이 되어서,
공을 이루었다는 기쁨으로 인하여, 감이 격(과)하여, 용맹을 움직여서,
이위 불과를 가제(부처님의 과를 나란하게 할 수 있다)하고, 공행을,
역치(쉽게 도달했다)하여, 릉솔(능멸과 경솔)하므로, 과했기 때문에,
광마가 붙은 것이니, 금 부 이소위족(지금 무릇 적게 만족)하여, 교만
광미침 범함 으로 분(나누어), 자시무전자(스스로 보이는 것이 앞에
아무것도 없는 놈) 는, 다 능솔이 과한 것 이라 한다.

三. 혜열미억(지혜가 열등하면 미혹을 기억함)

또 피저 정중(선정 가운데)에, 모든 선남자가, 색음이 사라지고,
수음이 명백함을 보고, 앞에 새로 증 할 것이 없고,   63
귀실고거하여(돌아가려 해도 옛날 집을 잃어서), 지혜의 힘이 쇠미하여,
휴지(무너진 땅) 중에 들어가서, 향 무소견하면(멀리 보이는 바가
없어면), 심중에 홀연히 대 고갈水乾 (큰 야위고 목마름, 나무가 마르고

우물물이 없음)이 생겨서, 어一체시에(하나를 자른 때 < 어느 때나 항상),
침억불산하여(침울한 기억이 흩어 지지않아서), 장차 이위근정진상
(이를가지고 부지런히 정진하는 현상이라) 하리니, 명 수심하대
(마음을 닦대), 무혜하여(지혜가 없어), 자실한(스스로 잃어버린)
것이니, 깨달은 칙즉 허물이 없으나, 성증이라 할 수 없어, 약 작성해
한 칙즉, 억마(기억의 마)가 있어서, 그 심부에 들어가서, 단(아침)
석(저녁)으로, 촬심(심을 잡아서), 현재一처(한 곳에 매달아 놓을
것이니), 정수(바른 받음)를 잃고, 당연 차례로 떨어져 추락하리라.

무릇 觀행을 닦음에서는, 모름지기 정(선정) 혜(지혜)를 등지하여야
(동등하게 지니어야), 내능무실(잃어버림이 없을 수 있는)것을, 지금
차이는 선정이 강이고, 지혜가 미약하므로, 수음이 미진(다 하지 않은)
고로, 나아가도 새로운 증이 없고, 색음이 이미 사라진 고로,
퇴실고거하여(옛집도 물러나 잃어서), 나아감과 물러남의 사이가,
묘(아득)하여, 무소의할새(기댈 곳이 없음에), 명 중휴지 라.   64
무의무견(기댈곳도 볼 것도 없는) 고로, 고갈만 깊이 기억하여,
이억마(기억하는 마)가 붙은 것이라하리니. 억심 망계(기억하는 마음이
망령을 붙들어맨), 고로, 여유촬현(잡아 매달은 것 같다) 한다.

四. 정열실심(선정이 졸열하여 살핌을 잃음)

또 저 정 중에, 제 선남자가, 색음이 사라지고, 수음이 명백함을 보고,
지혜력이 선정보다 과하여, 맹리(사나움, 용맹하고 예리함)에
그르쳐서, 모든 승성(수승한 성)을 마음속에 품게되므로, 스스로 심이,
이미 노사나인가 의심하여, 득소위족(적게 얻은 것에 만족)하리니,

이를 이름하여, 용심하대(심을 쓰대), 망실항심하여(항상 살핌을
잃어서), 지견에 빠진 것이니, 깨달으면 허물이 없으나, 성증이
아니어서, 만약 성해를 지으면, 칙즉 하열함이 있어, 역지족마(쉽게
앎에 만족하는 마)가, 그 심부에 들어가서, 견인자언(사람만 보면
스스로 말)하대, 나는 무상제일의 체를 득했다 하리니, 실어정수할새
(바른 받음선정의 수음을 잃을새), 당연 차례로 떨어져 추락하리라.

앞에서는 정강지미(선정이 강하고 지혜가 미약)했고, 이는 또 혜력이
과정하여(선정을 지나쳐서), 다 서로 잃은 바가 있다 하기 때문에, 65
욕등지 야(똑같이 가지기를 바랬다)이다. 대의(큰뜻)는 같은 과라
하니라.

五. 실수생우(지킴을 잃어 우려가 생김)

또 저 정 중에 선남자가 견 색음 소하고, 수음 명백하여(흰 해태양 같이
밝아서), 새로운 증을 획득하지 못한 고로 심이 이미 망했고(없어졌고),
역람二제 하고(色所과 受所 두가지 경계를 지내보고), 자생난험하여
(스스로 어려움과 험함이 생겨서), 심에 홀연히, 무진한 우(다함 없는
우려)가 생겨, 여좌철상하고(마치 철방석 같고), 독약을 마신것 같아서,
심불욕활 하여(심이 활동하려고 살려고 하지 않아서), 항상 사람들에게
구하기를, 지금 그 목숨을 해 하여, 조취해탈(빨리 해탈을 얻게 죽게
해달라고)하리니, 이는 명 행을 닦다 방편을 잃음이니, 깨달은 칙즉
허물이 없거니와, 성증이 된것이 아니다. 만약 성해를 지음이 칙즉
一분 이라도 있으면, 항상 우수마가 그 심부에 들어와서, 손에 칼을
잡고 찔러서, 스스로 그 살을 베어서, 흔기사수(그 목숨을 버리기를

좋아)하고, 혹 항상 우수(곡식이 안될까, 곡식을 도둑맞을까 근심)
하여, 주입산림하여(산림으로 달려 들어가서), 불내견인(사람을
만나는데 진절머리가 나지않는다)하리니, (산림으로 들어갔으니 사람을
만날일도 없는데 진절머리가 나지않는다하니, 干明) 실어정수(정수를
잃은 것)일새, 당연 차례로 떨어져 추락하리라.

{二際者 未證己니 二也 乏?方便安忽 耐其心還成憂惱 不耐活命也}

66

진퇴(나아가고 물러나)하여 실수(수비, 지킴을 잃는)고로, 심생난험
하여(심에 어려움과 험함이 생기어서), 이성사우하여(그릇된 우려를
이루어서), 자치환해야(스스로 환난근심으로 해를 받게 된다) 한다.

六. 망착생희(망에 붙어 기쁨을 생함)

또 저 정 중에, 제 선남자가, 견 색음이 소하고(색음이 사라짐을
보고), 수음이 명백하여, 처청정정중하여(청정한 곳 가운데에서), 심이
안은해진 후에, 홀연히, 자유 무한 희생하여(저절로 무한한 기쁨이
생기어서), 심중이 환열하여(밖으로 기쁨이 넘치고, 마음속으로도 심장이
두근거리며 기쁘서), 불능자지(스스로 그치지 못)하리니, 이를 명
경안(가볍고 편안함)을 무혜자금하니 (지혜가 없어 스스로 금하니),
깨달은 칙즉 허물이 없으나, 성증이 된 것은 아니다. 약 작성해하면,
칙즉 一분이 있어도, 호희락마(좋아하고 기쁨을 즐기는 마귀)가, 그
심부에 들어와서, 사람을 보는 칙즉 웃어서, 어구로방(네거리 길가)에,
자가 자무하여(스스로 노래하고 스스로 춤추어서), 자위이득 무애해탈

이라 하리니 (스스로 이미 무애해탈을 얻었다고 이를 터이니),
실어정수할새(바른 받음을 잃을새), 당연 차례로 떨어져 추락하리라.

선정의 힘으로, 잠이(잠시 그러한 것이)거늘, 무혜자지고(스스로 가질
지혜가 없기 때문에), 망착성구(망에 붙어 허물을 이루)니라.　　67

七. 견승생망(수승함을 보고 만이 생김)

또 저 정 중에, 모든 선남자가, 색음이 사라지고, 수음이 명백한 것을
보고, 스스로 이미 만족했다고 말하면, 홀연 끝없는 대아만이
일어남이 있어서, 이와같이 만(거만함) 과만(지나친 교만) 만과만
(지기만이 최고라 하는 지나친 교만), 혹 증상만(진리를 증득했다고
속이는 교만), 혹 비열만(비열한 교만)함을 一시에 모두 발하여서,
심중에, 오히려 十방여래도 가벼이 여길것이니, 하물며 하위의 성문
연각 이겠느냐. 이는 수승함을 보고 스스로 고칠 지혜가 없으니,
깨달은 칙즉 허물이 없으나, 성증이 된 것은 아니다. 만약 성해를
지으면 칙즉 一분이라도 있으면, 대아만의 마가 그 심부에 들어가서,
탑이나 사당에 예배하지않고, 경상을 깨뜨리고 훼손하여, 단월에게
이르기를 이것은 금이요 구리다, 혹은 흙이나 나무다, 경은 나뭇잎
이다 하고, 혹 이는 첩화(헝겊)니, 육신이 참되고 항상한 것이거늘,
자기를 공경하지않고, 각(도리어) 흙 나무를 숭배尊奉하면, 실로
전도가 된것이다 하면, 그 심신자가(그를 깊이 믿는 놈이), 따라서
그를 훼손하고 부수어서, 땅속에 잎(경)을 묻어버리어서, 중생을　68
의심하고 오해시켜서, 무간옥에 들어가게하리니. 정수를 잃고 당연
차례로 떨어져 추락하리라

만은 명이름이 七이 있으니, 시기능타(자기를 믿고 타인을 능멸함)이
아만이午. 동덕상오(덕이 같으나 서로 오만함)이 명 만이午,
어동쟁승(같은데 승부를 다툼)이 명 과만, 어승쟁승(이기는데 승부를
다툼)이 만과만, 미득위득(득하지 않고 득했다 말함)이 증상만,
이열자긍(열등한데 뽐냄)이 비열만, 불례탑묘등(탑묘에 예배하지 않는
등)이 사만 이다.
지금 망인(망령된 사람들)이, 불례불송(예배하지도 않고 외우지도
않음)이, 다 만마귀다. 첩화는 보건류(보배 수건 종류)다.

八. 득소위족(적게 얻고 만족함)

또 저 정 중에, 제 선남자가 견 색음 소하고, 수음이 명백하여,   69
정명중에 원오정리하여(정밀한 이치를 원만하게 깨달아서), 대수순을
득하면, 그 심에 홀연히 무량 경안이 생겨서, 스스로 말하대, 성인을
이루어서 대자재를 득했다 하리니, 이는 이름하여 지혜로 인하여,
여러 가벼운 청(맑음, 깨끗함)을 획득한 것이니, 깨달은 칙즉 허물이
없거니와, 성증이라 하지 않는다. 만약 성해를 지었다고 칙즉 一분이
라도 있으면, 호경청마(가벼운 깨끗함을 좋아하는 마)가, 그 심부로
들어가서, 스스로 만족했다 말하여, 다시 나아감을 구하지 못하리니,
이들은 다 무문비구를 지어서, 중생을 의혹 하여 오해하게 하여,
아비옥에 빠지게 하리니, 정수를 잃게 할새, 당연 차례로 빠져서
추락하리라.

색이 사라져서 정명이 되고, 정명으로 원만한 깨달음이 되어서, 마침내
대수순을 득하게 되었다 하여, 이경청자재(가볍고 맑음으로 자재하다)

하니, 다 조금 얻고 만족하여, 무문지주야(들음이 없는 무리 라)
하리라.

九. 집공발무(허공을 잡고 없는 것에 얽매임)

또 저 정 중에, 제 선남자가 견색음소하고, 수음이, 명백해져서,   70
밝은 깨달음 중에, 허명성을 득하면, 그중에, 홀연 귀향영멸 하여
(영원히 멸로 돌아가서), 발무인과 하여(원인도 결과도 없다는데
얽매여), 一향입공(오직 공으로 들어가는 것만 향)하여, 공심이 앞에
나타나면, 심이 생(나고) 장(자라고) 단(끊어지고) 멸(없어지고)
해(해탈한다)에 이르니, 깨달으면 허물이 없거니와, 성증이라 할 수
없다. 만약 성해하면, 칙즉 공마가 있어서, 그 심부에 들어가서, 이에
지계를 비방하여, 이름하여 소승이라하고, 보살은 공을 깨달았으니, 유하
지법(어찌 계를 지키고 계를 범함이 있다)하리오 하고, 그 사람이 항상
신심에 단월이어, 음주담육하여(술마시고 고기먹어서), 광행음예(음탕과
더러움을 널리 행)하니, 마귀의 힘으로 인한 고로, 그 앞의 사람들을
모아서, 의혹과 비방이 생기지 않도록하고, 귀심이 들어간지 오래여서,
혹 분뇨 주육을 함께 먹고, 一종(하나같이), 다 공 이다 하여,
파불율의 하여(부처님의 율의를 깨뜨려서), 오입인죄(잘못 들어가
사람이 죄를 짓게)하리니, 실어정수 한 것일새, 당종윤추 하리라.

허명을 득함으로 인하여, 오집단공하여(잘못된 것을 잡아 끊고 공이
되어), 성제사구하니(모든 간사한 허물을 이루니), 범위차자는   71
개공마야(무릇 이런 놈이 되는 것은, 다 공이라는 마귀라) 한다.

十. 면미발애(솜같은 맛이 사랑♡애욕을 발함)

또 저 정 중에 제 선남자가 견색음소 수음명백하여, 맛이 허명하여
(텅비고 밝아서), 심골까지 깊이 들어가면, 그 심이, 홀연 무한한
사랑이 생기는 것이 있는데, 사랑이 극에 달하여 발광(미친 것 처럼
날뜀)함이, 문득 탐욕이 되리니, 이는 명 정경(선정의 경계)의,
안순(편안하고 순)함이, 심에 들어갈 것을, 지혜가 없어, 자지하여
(자기가 가져서), 제모든욕으로 잘못 들어간 것이니, 깨달은 즉 허물이
없으나, 성증이라 할 수는 없다. 만약 성해를 지으면, 즉 욕마귀가
있어, 그 심부로 들어가서, 一향설욕(줄곳 욕을 설)하여, 보리도라
하여, 모든 속인들을 평등하게(똑같게), 욕을 행하도록 변화시켜, 그
행음자(음을 행하는 놈)를, 명 지법자(법을 가진놈)라 하니,
신귀력고(신이대 귀신의 힘이기 때문에), 말세중에, 섭기범우(평범한
우둔한 사람들을 모아), 그 수가 百에 이르니, 여시 내지 一百 二百
혹 五百 六百 多 滿(많이 꽉차) 千 萬 하리니.   72
마귀의 심이, 생염하여(싫증을 내어), 그 신체를 떠나면, 위덕이 이미
없어져서, 왕난에 빠지고, 중생을 유혹하고 그르쳐서, 무간옥에
들어가게 하리니, 실어정수 할새, 당종윤추 하리라.

{솜은 희고 봉글봉글하고 부드럽고 가볍고 포근하고 그윽하고 아늑하여 따뜻하게
전신을 감싸나 안에 점점이 검은 씨가 있고 빠져들면 얽혀서 헤어나오지 못하고
물을 먹으면 무겁고 쉽게 마르지 않는다 千明}

애심은 다(많아서) 순으로 인하여, 일어나는 고로, 정경이 순심
(선정의 경계가 심에 순)하면, 곧즉 사한 애(삿된 사랑)가 허물을
이룬다 하니라.

三. 결권심방(결론 심히 방비할것을 권함)

아난아, 이와같이 十종의 선나가 경계에 나타남은, 다 이 수음이,
심에 작용하여, 서로 어긋매길새, 고로 이런 일이 나타나느니, 중생이,
완미하여, 부자촌량(스스로 헤아리지 못)하고, 이런 인연을 만나서,
미하여 부자식하여(미혹하여 스스로 알지도 못하여), 성인의 경지에
올랐다고 말하면서 대망어를 이루어서, 무간옥에 추락하리니, 너희들은,
역시 응당 여래어를 받들어, 아가 멸도후에, 전시말법 하여(말법에
전하여 보여주어서), 두루 중생으로 하여금, 이 뜻을 깨달음이 열리게
하여, 천마로 하여금, 그 방편을 득함이 없게 하여, 보지복호
(보전하여 지키고 덮어 도와보호)하여, 성 무상도 하게 하라.   73

모든 음을 결맺는 문글월은 개언 보지복호등 곧즉 심방사오(사악함과
그르쳐 잘못함을 깊이 방비함)이니, 조도지의야(돕는 길이란 뜻이다).

三. 상음 五

初. 시음상

아난아, 저 선남자가 三摩地(삼마지)를 닦아서, 수음이 다한 자가,
비록 누진은 못했으나, 심마음이 그 형(모양)을 떠난(여읜)것이,
여조출롱하여(새가 조롱을 나온 것 같아서), 이능성취하여(이미 성취
할 수 있어서), 종시범신(이 범부의 신체로 부터)하여, 상력 보살
六十성위하여(위로 보살의 六十성위를 지나), 득의생신하여(선이라는
가치를 바라는 정신작용으로 몸을 생함을 얻어서), 수왕무애 하여
(추구하는데로 가는 데 걸림이 없어서), 비유하면 어떤 사람이,

숙매예언하여(깊은 잠에 잠꼬대를 하는 것 같아서), 시인 수 칙즉
무별소지하나(이 사람이 비록 즉 아는 바는 특별히 없으나), 그 말이,
이성음운윤차하여(이미 음운의 윤리와 차례는 이루어서), 지금
불매자(자고있지 않는 놈)는, 함오기어하니(다 그 말을 깨달으니),
이것이 칙즉 명 상음의 구우라 하느니라.

{十信与三賢 及十地 泊 四加幷三漸次也 金乾慧 本妙}

○六十 건혜 十신 十주 十행 十회향 四가행 十지 등각 여래 묘각三漸次

　　　　1　　10　　10　　10　　10　　4　　10　　1　　1　　3

상 이란 놈은, 심려 부상하고(심마음이 우려되어 이리저리 살펴보아
떠다니는 상이고), 식정 망습(인식하는 마음작용의 뜻의 허망한
습관)이니, 능복묘명하여(묘명을 덮을 수 있어), 성인으로 가는 길에
장애가 되는 고로, 비록 수음이 다함을 득하여, 기심 이신하여(그
심이 몸을 떠나서), 거주 자유(가고 머무름이 자유)하여, 이미 성위를
성취하여, 득 의생신지인하나(뜻이 인으로 몸을 생함 = 심이 원인으로
몸을 생할 수 있음{= 유심소현 = 一又 유심조 千明} 을 얻었으나),
그러나 아직은 상음에 소복한(덮여있는) 고로, 비숙매예언야(비유하면
깊은 잠에 잠꼬대를 하는 것과 같다) 하리다. 비록 곧 득하지는
못했으나, 인으로 이미 성취한 고로, 비유하면, 아는 바는 특별히
없으나, 이미 음운은 성취했다는 것이라 하리니, 이와같은
인상(원인한 상)은, 오직 상진자(생각이 다한 놈)라야 능히 알 수
있으리니, 고로 비유하면, 불매자(자고있지 않는 놈)는, 그 말을 다
깨닫느니, 이는 상음의 상이다. 상이다.

{一切煩惱以想爲本擾惱身水汨亂眞性故名爲濁}

만약 동념(움직이는 느낌)이 다하여, 부상(뜬 생각)이, 소제하면
(소멸하여 없어지면), 각명심(각의 밝은 심)에, 여거진구하여(티끌의
때가 가버린없어진 것 같아서), 一륜(한바퀴, 한차례) 생사의 수미
(머리와 꼬리, 처음과 끝)를 두루 비추리니, 명 상음이 다했다 한다.
이 사람은 곧 번뇌탁을 초월 하리니, 觀기소유건대(그 말미암은 바를
觀관하건대), 융통망상 이위기본 (망상을 녹여 통하게 함이 그 본)이
되었다. 〔□□明 生氽超濁空想陰故〕   75

부동진(뜨서 움직이는 티끌)이, 소(사라진) 고로, 각명에 때가
없어졌다하니다. 무동(움직임이 없음)한 즉 생멸상(나고 죽는 생각)이
망하고(없어지고), 각정(각이 청정)한 즉 시종(처음과 끝)의 느낌이
멸(없어진) 고로 一륜類也(한바퀴 도는 류라). 생사의 수미始終가
원만하게 비춰진다. 억(기억하고) 식(인식하고) 송(외우고) 습(익혀서)
하여, 발지현진(앎을 발하여 티끌을 나타나게 하는 것)이, 명 번뇌탁
이니, 이는 곧 상음의 체다. 고로 상진칙초지(생각이 다하면 칙즉 초월)
하리니, 상능융변 하여(생각이 능히 녹아서 변할 수 있어서),
사심수경(심으로 하여금 경계를 따르게) 하고, 사경수심하米(경계로
하여금 심을 따르게 하미), 여상초매(마치 신 매실을 생각)하면,
능통질애고(막힌 본질을 통할 수 있기 때문) 으로, 명이름이
융통망상(망령된 생각을 녹여 통하게 함) 이라.

二. 변현경 十

　　　　　一. 상애선교(생각은 좋은 기교를 좋아함) 三

一. 정력과실(선정의 힘이 지나치면 잃음)

아난아, 저 선남자가, 수음이 허묘하여(비어 묘해져),
부조사려하여(사특한 헤아려보는 생각을 돌고돌아 만나지 않아서),
원정(원만한 선정)이, 발명(밝음을 발)한, 三摩地삼마지 중에(삼매
선나 세가지로 땅을 문질러 밝은 보름달을 맞는것 같은 중에 千明).   76
심애원명(마음이 두루 원만한 밝음을 좋아)하여, 기 예기정사(그
정성을 들여 문질러갈아 깨끗한 생각을 예리하게)하여, 탐구선교하면
(좋은 기교를 탐하여 구하면), {愛圓明者省定境也}

득수음이 진할새 왈 허묘(수음을 득함이 다할새 왈 묘함을 비게하는
것)이오. 이미 마를 받음이 없어서 왈 부조 라, 원정 등 자는, 상음
정중(상음 선정중)이라, 애원명 구선교자는, 인기허묘(그 텅빈
묘함으로 인)하여, 생애사어 원명지체(원만하고 밝은 몸에 좋아하는
생각을 생기게)하여, 이발구方便 화지용야(담구어 화목함을 발하게
하는 작용 = 발효시켜 변하게 작용하는 방편)이다.

二. 천마득편(천마가 편을 득함)

이때(너들 때에), 천마가 후득기편(살피다 그 편을 득)하여, 정을 날려
사람에 붙어서, 경법을 입으로 설하게 하더니, 그 사람이, 이 마가
붙은 것을 알지 못하고, 스스로 말하건데, 무상열반을 득했다고
말하고, 저 기교를 구하는 선남자 처에 와서, 자리를 펴고 설법
하는데, 그 형이, 사수(잠시 잠간)에, 혹 비구를 지어서, 령피인 견
(저사람修定人으로 하여금 보게)하고, 혹 제석이 되거나, 혹 부녀가

되거나, 혹 비구니가 되거나, 혹 암실(침실)에서 잘지라도,
몸魔附人男에 광명이 있거늘, 시인有定無惠也 우미(이사람이 우둔하고
미혹)하여, 보살이 되었다고, 신기교화(그 변화함을 가르쳐 믿게)하여,
그 심이 요탕(흔들려 방탕)하게 하여, 부처님의 율의를 파하고,
잠행탐욕(몰래 탐욕을 행) 하리라.

변현 교화(변하여 나타나서 가르쳐 변화시킴)은, 구화선교(담구어
발효시켜 화목하게 하는 좋은 기교)를 보임이다. 부인은 부타인야
(사람에게 붙어서는 다른사람에게 붙어서다). 기인은 소부인야(그
사람은 사람에게 붙은 곳이다). 저사람, 이사람은 수정인(선정을 닦는
사람)이다. 우미는 유정무혜(선정은 있으나 지혜가 없음)이다.

三. 귀마겸부(귀신과 마귀가 함께붙음)

구중에(입으로), 재(재앙) 상(상서) 변(변함) 이(다름) 를 호언
(말하기 좋아)하여, 혹 여래가 모처에 세상에 나왔다고 말하고, 혹
겁화를 말하고, 혹 도병을 설하기도 하여, 사람을 공포에 떨게하여,
그 집의 자산을, 까닭없이, 소모하여 흩어지게 하리니, 이를 이름하여,
괴귀가 년노하여 마귀를 이루어서 이사람을 고뇌 혼란하게 하다가,
염족심(만족을 싫어하는 마음)이 생겨서, 저 사람의 몸으로 가게되면,
제자修定人와 스승摩附人이, 다 왕난에 빠지리니, 여당선각하면(너가
당연 먼저 깨달으면), 불입륜회하리니와(윤회에 들어가지 않으리와),
미혹부지(미혹하여 알지 못)하면, 추무간옥하리라(무간옥에 빠지리라).

十단으로 나누어, 다 처음에 천마를 들고, 다음에 귀마를 밝히니,
옛날 구과에서는 구분이 없었으나, 지금은 경을 안분하여, 앞에서
총서하여, 왈 奢摩他사마타중에 미세마사, 혹 너의 음마, 혹 다시 천마,
혹 착귀신, 혹 조매귀라 하고, 후{後二想队第三科}에 총결하여, 왈 이
十종마, 혹 부인체(사람의 몸에 붙기도)하고, 혹 자현형(스스로 형을
나타내어)하여, 마사가 음음(음탕하고 음탕함)을, 상부하고(서로 돕고),
사정(삿된정기)이 매기심부(그 심부를 매혹)하리니, 마치 수음 중에,
거 비 등 十류(슬픔 등 열가지를 든 것)은, 즉 음마 이다. 상음에서,
초거十류(처음에 열가지를 든 것)은 즉 천마다. 차거겸부는(다음에
겸하여 붙여 든 것은), 즉 귀신 이매 이다. 처음 글에, 개다 말하기를
잠행탐욕은 곧 마사와 음음이 상부한 것이오. 다음 글에, 개다
말하기를 구중에 호언은 곧, 사정이 매기심부 야(삿된 정기가 그
심부를 매혹한다) 라. 괴귀 발귀 등은 다 앞에서 든자前鬼趣 들이다.

79

二. 상애경력(생각은 지나다님을 좋아함) 三

一. 정력과실(선정의 힘이 지나치면 잃음)

아난아, 또 선남자 수음허묘하여, 부조사려하여, 원정이 발명한 三摩地
삼마지 중에, 심 애유탕(심이 방탕하게 놀기를 좋아)하여, 비기정사하여
(그 정사를 날려서), 탐구경력(탐하여 지나다님을 구함)하면

애유역이경 야(다른 경계에 놀기를 좋아함) 이라.

二. 천마득편(천마가 편을 얻음)

너들 때에, 천마가, 후득기편하여, 비정 부인하여(정령을 날려
사람에게 붙어서), 입으로 경법을 설하더니, 그 사람이, 역시 마가
붙은줄을 알지 못하여, 역시 무상열반을 얻었다고 스스로 말하고, 저
놀기를 구하는 선남자 처에 와서, 부좌 설법하고, 자형이 무변魔附人
하고(자기의 형태는 변함이 없으면서), 그 청법자修空人가 홀연
스스로 몸을 보니, 보연화에 앉아서, 전체가 화하여, 자금광취를
이루어서, 一중청인(하나같이 모든 듣는 사람)이, 각각 이와 같아서,
미증유를 득하리니, 이사람이 우미하여, 혹 보살이 되어서,   80
음일기심하여(그 심이 음탕으로 달아나서 〈 음탕해 빠져서), 부처님의
율의를 파하고, 잠행탐욕하리라.

三. 귀마겸부(귀신과 마귀가 함께 붙음)

입으로, 말하기 좋아하는 제불이, 응세하여(세상에 응화하여), 모처
모인이, 당연 이 모불의 화신이, 이에 온거라. 모인은 즉 이 모보살
등이 와서, 래화인간(인간으로 화)한 것이라 하고. 기인견고(그 사람이
보았기 때문에), 심생경갈하여(심이 한쪽으로 갈망함이 생겨서), 사견
(삿된 견해)을 밀흥하여(빽빽히 일으키어), 종지(지혜의 종자)가 소멸
하리니, 이는 이름하여 발귀이니, 년노성마하여(나이가 들어 마귀가
되어서), 이사람을 뇌란(번뇌로 분란)케 하리니, 염족심 생하여(만족을
싫어하는 마음이 생겨서), 저사람의 체몸에 가서, 제자와 스승이,
구함왕난 하리니(왕난에 빠지리니), 너가 당연 미리 깨달으면 윤회에
들어가지 않으나, 미혹하여 알지 못하면, 무간옥에 빠지리라.   81

三. 상애계합(생각은 꼭들어맞춤을 좋아함) 三

一. 정력과실

또 선남자 수음 허묘하여, 부조사려하여, 원정발명한, 三摩地삼마지 중에, 심애면홀 하여(심이 솜에 들어맞음〈그윽히 맞춤을 좋아하여), 징기정사(그 정밀한 생각을 맑게)하여, 탐구계합(꼭들어맞춤을 탐하여 구)하면,

애면홀자(그윽히 맞춤을 좋아하는 놈〉솜속에 빠져들어가기를 좋아하는 놈)는, 욕밀계묘리야(묘한 이치에 빽빽하게 꼭들어맞기를 욕구한다).

二. 천마득편

너들 때에, 천마가, 후득기편(살펴 그편을 득)하여, 비정부인하여 (정을 날려 사람에 붙어서), 구설경법하더니, 그 사람이 실제로 마가 붙은것을 깨달아 알지 못하여, 역시 말하기를 스스로 무상열반을 얻었다 하고, 저 합을 구하는 선남자처에 와서, 부좌설법하되, 그 형(형태)과 저 청법지인은, 외무천변하고(밖에는 옮기거나 변함이 없고), 령기청자 미문법魔附人 전(그청자로 하여금 아직 앞에 법을 듣지도 않고), 심이 자개오(저절로 깨달음이 열리게) 하여, 넘넘히 이역하여(느낌느낌, 생각할때마다 바꾸기 쉬워서), 혹 지옥을 보거나, 혹 인간의 호악의 모든 일을 알거나, 혹 입으로 게(가타)를 설하고, 혹 저절로 경을 송하고(외우고), 각각 환오하여(기쁘 즐기어), 득 미증유 하리니. {惑得宿命或有他心}

82

이 사람이 우미하여, 혹 보살이 되기도 하고, 면애기심(그 심을
솜처럼 좋아)하여, 파불율의 하고(부처님의 율의를 깨뜨리고),
잠행탐욕 하리니.

희 계합(꼭들어맞기를 바라는)고로, 마여개오(마가 깨달음을 열게 해
준다=열린 깨달음을 준다)하니다. 자개오 하(저절로 깨달음이 열린다
아래)는 다밀계사(다 빽빽히 꼭 들어맞는 일)이라 한다. 면애는(솜을
좋아함은), 이를테면 심에 애착이 생김이다.

三. 귀마겸부(귀마는 같이붙음)

입으로, 말하기 좋아하여, 부처가 대 소가 있으니, 모불이 선불이오,
모불이 후불이니, 그 중에, 역시, 진불 가불 남불 여불이 있으니,
보살도 역시 그러하다 하면, 그사람이 보게 되는 고로, 세척본심하여
(본심을 깨끗이 씻어버려서), 역입사오(쉽게 간사한 깨달음으로
들어가)리니, 이를 이름하여 귀매라 하니, 연노성마하여, 뇌란시인
(이사람을 번뇌로 문란)하다ㅉ, 염족심이 생겨서, 거피인체하여,
제자와 스승이, 함왕난 하리니, 여당 선각하여, 불입윤회하라.
미혹부지하면, 추무간옥하리라.

83

언남녀불(남녀불이라 말한 것)은, 의창섭욕하여(뜻이 더러운 애욕을
드러내고자 하여), 의오행인야(수행인을 의심하여 그르치게한다) 라.

四. 상애변석(생각은 분별하고 분석하기를 좋아함) 三

一. 정력과실

또 선남자가 수음이 허묘하여, 부조사려하여(간사하게 생각함을
만나지 않아서), 원정발명하여, 三摩地(삼마지) 중에, 심애근본(심이
근본을 좋아)하여, 궁 람 물화 성 지종시하여(물이 변화하는, 성질의
끝과 처음을 궁구하여 보고), 정상기심(그 심을 정밀하고 개운하게)
하여, 탐구변석(분별하여 분석하고 탐하고 구)하면,

애궁은 萬화의 본인고로(궁극까지 좋아함은 萬가지 변화의 본이기
때문에), 상기심(그심을 상쾌하게)하여, 이변석(요리조리말해가며
분별 분석)한다.

二. 천마득편

너들 때에, 천마가 후득기편(엿보아 그 편을 득)하여, 비정부인하여,
구설경법케 하거든, 그 사람이, 먼저 마가 붙은 것을 깨달아 알지
못하고, 역시 말하기를 나는 무상열반을 득했다 하고, 저 원(근원)을
구하는 선남자 처에 와서, 부좌설법하대, 몸에 위신(위엄과 신통력)이
있어서, 최복 구자 하여(구하는 자를 꺽어 항복시켜서),   84
령기좌하(아래에 앉게)하고, 비록 법은 듣지 못했으나, 자연심복한 이
모든 사람魔附人 등이, 장차 불열반보리법신이, 이미 이 앞에 나타난
것이, 나의 육신상이다. 부부자자(아버지와 아버지 자식과 자식)으로,
체대상생(서로 번갈아들며 대가 서로 생)하여, 곧 이 법신이, 상주부절
하고(항상 끊어지지 않고 살고), 도지현재하여(다 현재를 가리키는
것이어서), 곧 불국이라 하여, 무 별정거와 급금색상(특별히 청정한

거처와 금색상은 없다)하니, 그 사람이, 신수망실선심하고(허망을 받아
믿어 앞의 심을 잃고), 신명 귀의(몸과 목숨을 다바쳐 돌아와 의지)
하여, 미증유를 얻었다고 할 것이니, 이 등은, 우미(우둔하고 미혹)
하여, 혹 보살이 된다 하는, 그 심을 추구 하여(추심하고 궁구하여),
파불율의 잠행탐욕 하리다.

장불열반등자(장차 부처의 열반 등이라는 것)는, 이육신 위과덕하고
(육신을 과덕으로 여기고), 이환생 위상주하여(환상으로 생하여 항상
거주하여 살아서), 발무정토보체하니(정토로 보답받은 몸을 뽑아 없애
버리니), 다기변석화원(다 그 변화의 원리를 변론하고 분석)하여,
이망위혼융지설야(망령으로 섞어 녹이게 한다고 말한다).

三. 귀마겸부

입으로, 말하기 좋아하여, 안이비설이, 다 정토가 되니, 남녀 二근이,
곧 이 보리열반진처가 된다하니, 저 무지자가, 이 희언(더러운 말)을
믿으리니, 이는 명 고독염승악귀이니, 년노성마하여(나이가 들어 마가
되어서), 이 사람을 뇌란(번뇌로 혼란)시켜, 염족심(싫어함으로 충족
시킨 심)이 생겨, 저 사람의 체로 가서, 제자와 스승이 다 왕난에
빠지 리니, 너희들은 당연 선각하여, 불입윤회하려니와(윤회에 들어
가지 말것이나), 알지 못해 미혹하면, 무간옥에 빠지리라.

이예염 위진정(더럽고 물든것을 진정이라)하니, 역의인설욕야(역시
뜻이 더러운 욕망에 끌려간 것이다).

五. 상애명감(생각은 잠기는아늑한 감을 좋아함) 三

一. 정력과실(선정의 힘이 과하면 잃음)

또 선남자가, 수음허묘하여, 부조사려하여, 원정발명하여, 三摩地
(삼마지) 중에, 심애현응(심이 남몰래 멀리서 감응하기를 좋아)하여,
주류 정연(두루 다니면서 정밀하게 연마)하여, 탐구명감(잠기는 아득한
감을 탐구)하면,   86

욕희공행 효험야(3 공 행을 희구하여 효험을 바란다 1 공행의 효험을
희망하여 바란다 2 바라고 희구하여 공부하고 행하여 효과를
경험한다 *단락의 나눔에 따라 해석이 달라짐 千明).

二. 천마득편

너들 때에, 천마가, 후득기편하여, 비정부인하여, 구설경법하거든, 그
사람이, 원래 마가 붙은 줄을 깨달아 알지 못하고, 역시 말하기를
나는 무상열반을 얻었다 하고, 저 응을 구하는, 선남자 처에 와서,
부좌설법하되, 능히 듣는 대중들로 하여금, 잠깐 그 몸이, 마치
百千歲 (백천살人 된 듯) 보이게 하고, 심에 애염이 생겨서, 버리거나
여윌 수 없어서, 몸이 노복이 되리니, 四사(네가지 일, 1 몸 목숨
재산 진보 2 의복 음식 탕약 침구)를 공양하대, 피로를 깨닫지 못하게
하여, 각각 그 자리 아래에 앉게하고, 심이 먼저 이런 스승과 선지식을
알게하여, 특별한 법애를 생기게 하여, 점여교칠(마치 아교와 옻칠처럼

붙게)하여, 미증유를 득하리니, 이사람이 우미하여, 혹 보살이
되었다고, 그심에 친근하여, 파불율의하고 잠행탐욕하리라.

87

百千세로 화한 형은 가 전세지식하여(앞과거 세상의 지식을 빌어서),
이현 명감야(나타난 명감(아득한 느낌)이다).

三. 귀마겸부

구 중에, 말하기 좋아하여, 아는 전세에, 모생 중에, 먼저 모인을 제도
했는데, 당시 아나는 처 첩 형 제 였다. 지금 와서 서로 제도하여,
너와 같이 상을 따른 것이니, 모세계에 돌아가서, 모불에 공양했다
하고, 혹 말하되, 특별한 대광명천이 있는 데, 부처가 중앙에 산다,
一체여래는 소휴거地(쉬며 사는 곳인 땅)이다 하거든. 저 무지자가,
신시허광하여(이 허황한 속임을 믿어서), 본심을 유실하리니(잃어버리
리니), 이는 명 여귀(창병귀)이니, 년노성마하여, 뇌란시인(이 사람을
번뇌 분란)하다가, 염족심이 생겨, 저 사람의 체로 가서, 제자와
스승이, 다 왕난에 빠지리니. 너가 당연 선각하면, 윤회에 빠지지
않거니와, 미혹 부지하면, 추 무간옥 하리라.
　{如來所休居地處者　涅槃處니　眞實涅槃在何處
　　今時指天爲圓寂之處하니　不魔　何也}　　　　　　　　88

이는 다 명감(1 그윽한 느낌 2 저승에 감응함 3 남몰래)이 나타난
것이다. 광명천을 든 것은, 장차 마의 경계로 끌어 들이고자 함이다.

六. 상애정밀(생각은 고요하고 은밀함을 좋아함) 三

一. 정력과실

또 선남자가, 수음허묘하여, 부조사려하여, 원정발명하여, 三摩地삼마지 중에, 심애심입(심이 깊이 들어가는 것을 좋아)하여, 극기신근(자기를 이기며, 고된 일을 맡아 부지런히 일)하여, 락처음적(좋아하는 곳이 그늘지고 적적)하여, 탐구정밀(안정便安되고 은밀密處함을 탐구)하면,

애심입유정하여(그윽하고 정밀함에 깊이 들어가는 것을 좋아하여), 이징양통력야(맑은 것으로 神통력을 기른다) 라.   89

二. 천마득편

이시(너들 때)에 천마가, 후득기편하여, 비정부인하여, 구설경법하거든, 그 사람이, 본 마가 붙은 줄을 깨달아 알지 못하고, 역시 말하기를, 나는 무상열반을 얻었다 하고, 저 음을 구하는 선남자 처에 와서, 부좌설법 하되, 그 듣는 사람으로 하여금, 본업을 각각 알거라 하고, 혹 그 처에서, 한 사람에게 말하여. 너는 지금, 죽지도 않았는데, 이미 축생이 되었구나 하고 말하고. 칙사一인(한사람에게 짜고 시켜서), 어후에서 답미하거니 (뒤에서, 꼬리를 밟게하거니). 돈령기인 기불능득 (홀연히 지금 그 사람이 일어날 수 없음을 득하게) 하면. 이에 一중이 경심 흠복(하나같이 대중이 심이 기울어져 공경흠모하여 복종) 하고, 유인이 기심하여 이지기조하고(어떤 사람이, 심이 이미 그 시작을 앎이 일어나고), 불율의외(부처님의 율의 외)에, 중가정고(정밀하고 고된 일을 무겁게 더)하여, 비구를 비방하고, 매매도중(성도와 중생을

욕하고 꾸짖고) 하고, 알로인사(사람의 일을 들추어내어 드러내게)
하여, 불피기험(비웃고 싫어함을 피하지 못하게) 하리라.
{各知本業者宿命也 令躡尾者現後報也 起心知肇卽他心也 訐露人事
天眼 天耳 魔得邪乏故有此通作此愚端誰不信伏}

사정(간사한 선정)도, 능구五통하니(능히 五신통을 갖출 수 있느니),
본업은 숙업 이라. 축생은 후보 라. 이 二(둘)은, 숙명통 이다.
지조(시작을 앎)는 타심통이다. 알로가(이슬을 들추어내는 것이)
안이통이다. 발인사사(사람의 사적인 일을 밝히는 것)는 왈 알로 다.
{人之阣隱之著現}

三. 귀마겸부

구중에(입으로), 말하기 좋아하여, 미연화복(미래에 화복이 그러하다)
하면, 내지기시(그때에 이르러)에, 호발무실하리니(털끝만큼도 틀림이
없으리니), 이는 대력귀니, 년노성마하여, 뇌란시인하여, 염족심을 90
일으키어, 거피인체하여, 제자와 스승이, 구함왕란(다 왕난)에
빠지리니, 여당선각하면, 불입윤회하려니와, 미혹부지하면, 추무간옥
하리라. {然날시라(생길것이라) 未然은 來成이다(미래에 이루어진다)}

　　　　　　　　　　七. 상애숙명(생각은 숙명을 좋아함) 三

一. 정력과실

또 선남자가, 수음허묘하여, 부조사려하여, 원정발명하여, 三摩地
삼마지중에, 심애지견(심이 알고 보기를 좋아)하여, 권고 연심하여

(부지런히 애쓰고 깊이 연구하여), 탐구숙명하면,

호지잠닉이사(남몰래 숨겨둔 다른 일을 알기좋아하는 것)를, 급(일러)
숙명이라.

二. 천마득편

이시(너들 때)에, 천마가 후득기편(살펴 그편을 득)하여,
비정부인하여, 구설경법(입으로 경법을 설)하거든, 그 사람이, 비록
마가 붙은 줄을 깨달아 알지 못하고, 역시 말하여, 나는 무상열반을
얻었다 하고, 저 알기를 구하는 선남자 처에 와서, 부좌설법하대, 91
그 사람이, 무단히(까닭없이), 설법처에서, 대보주를 득하기도 하고,
그 마가, 혹시(혹 때로는), 축생으로 화하여, 입에(구), 그 구슬 과
잡진보 와 간책(글씨 쓰는 대쪽) 부독(부적의 서찰) 제 기이물을 물고(함),
선수피인하고(먼저 저 사람에게 주고), 후착기체(후에 그 체에 착용)
하여, 혹 듣는 사람을 유혹하여, 지하에 감추기도(장)하고, 명월주가
있어서, 조요기처(그 처를 밝게 비추어 빛나게)하거든, 이 제 청자가
(듣는 놈이), 미증유를 얻었다 하고, 약초를 많이 먹고, 불찬가찬하고
(좋은 음식은 먹지도 않고), 혹 시 일(혹 때로는 하루)에, 찬 一마
一맥하여刀(마 하나 보리 하나만 먹어도), 기형이 비충하리니(그 형이
충분히 살찌리니), 마력이 유지되는 고로, 비구를 비방하고,
매리도중(성도와 대중을 욕하고 꾸짖어 매도)하대, 불피기혐 (비웃고
싫어함을 피하지 못)하리라.

주 보 간 책 등은 잠닉이사(몰래 숨겨둔 다른 일)이다.

{簡은 글쓰는 대午 策은 엮은 것이오 符는 符驗이오 牘은 글쓰논
조고매녀리라(조그만 널이라)}
{簡策符牘皆國家奇之物書大小之事合君臣之信故用之耳
授此異物令明信伏? 乃著之추要云簡 則簡牘策即策史
春秋曰大事書之策 中事簡牘而己符者 竹長六分寸爲兩片
各即一片合君臣之信}   92

三. 귀마겸부

입안에, 타방에 보물을 감춘것과 十방 성현의 잠닉지처(몰래 숨은
곳)를 말하기 좋아하거니와, 수기후자(그 뒤를 따르는 놈)가, 왕왕
기이한 사람이 있는 것을 보리니, 이는 이름하여 산림지토성황천옥
귀신이니, 년노가 성마하여. 혹 유선음(음탕을 선전하기도 호객행위)
하여, 파불율의하여, 여승사자(함께 일을 계승한 놈)가, 잠행 오욕하며.
혹 정진이 있어서, 순 초목만 먹고, 무정행사(선정이 없는 일을
행)하여, 이사람을 뇌란 하리니, 염족심이 생겨서, 거피인체하여
(저사람의 몸에 가서), 제자와 스승이, 다함왕난(많은 왕난에 빠지게)
하리니, 여당선각하여, 불입윤회하라. 미혹부지하면, 추무간옥하리라.

                    八. 상애신력(생각은 신통한 힘을 좋아한다) 三

一. 정력과실

우또 선남자가, 수음허묘하여, 부조사려하여, 원정발명하여, 三摩地
삼마지 중에, 심애신통종종변화(심이 신통한 종종 변화를 좋아)하여,
연구화원(화의 원리를 연구)하여, 신력을 탐취하면,   93

변화의 원리는 萬화의 본이라 하니, 욕을 승지하여(타므로서), 이발신변 (신통한 변화를 발하는 것)이다. {化元謂神變本 此貪如意通耳}

二. 천마득편

너들 때에, 천마가, 후득기편하여, 비정부인하여, 구설경법하거든, 그 사람이, 성(진실로) 불각지마착(마가 붙은 것을 깨달아 알지 못)하여, 역시 언 자 득무상열반하고, 저 신통을 구하는 선남자 처에 와서, 부좌설법하는데, 이 사람이, 혹 또 손에 화광을 잡고, 손으로 그 광을 움켜쥐어서, 듣고있는 四부대중의 머리위에 흩으려도, 이 모든 듣는 사람이, 꼭대기 위의 화광이, 다 길이가 수척인데, 역시 열성(뜨거움)도 없어서, 승불분소하고(거듭 불사르지도 않고). 혹 수상에 행하되 여리평지하고(물위에 가도 평지를 밟는 것 같고), 혹 공중에 안좌 부동하고. 혹 병속에 들어가고, 혹 처낭중(주머니 속)에 있고, 월유 투원(창을 넘고 담을 투과)하여, 승(거듭) 무장애 하리니. 오직 도병에만, 득부자재하리라. 스스로 말하건대, 이는 부처님이   94 백의를 입고 몸에 붙은 것이라 하고, 비구예를 받고, 선율을 비방하고, 매리도중하여(신도와 중생을 욕하고 꾸짖으며), 알로인사 하니(사람의 일을 까발리니), 불피기혐(비웃고 싫어함을 피하지 못)하리라.

신통한 변화를 좋아하는 고로, 현활화 이수 등사하니다(불을 움켜쥐고 물을 밟는 등의 일을 나타내니다). 만약 참으로 신통한 변화라면, 칙즉 불구도병하리니(도병도 두렵지 않으리니).

三. 이매겸부

입으로 항상 신통자재를 설하고, 혹 사람으로 하여금, 불국토를 방관하게 하리니, 귀력이 혹인(귀신의 힘이 사람을 혹한 것)이 비유진실(진실한 것은 아)니다. 찬탄행음(음탕한 행동을 찬탄)하여, 불훼추행 하여(추행을 헐어제거하지도 않아서), 장제외설하여(모든 외설을 가져다), 이위 전법(법을 전한다)하리니, 이는 명 천지 대력인 산정(산의 정기), 해정, 풍정, 하정, 토정, 一체 초목의, 적겁 정매(겁으로 쌓인 정기의 귀매)가, 혹 또 용매, 혹 수종선 (목숨을 마친 신선)이 다시 활동하여 매가 된. 혹 선 기 종한것이 계년하니   95
응사十人나(혹 신선의 기한을 마친것이 년을 계산하니 응당 죽은 거시나), 기형이 불화하여 타괴에 소부하니(그 형이 화하지 않아서 다른 괴에 붙은 것이니), 년로성마하여, 이사람을 뇌란 하다가, 염족심이 생겨, 거피인체하여서, 제자와 스승이 다 함 왕난 하리니, 너는 당연 먼저 깨달아, 윤회에 들어가지 않도록 하여라. 미혹하여 알지 못하면, 추무간옥하리라.

   {他怪所附者 他怪附於 魔无之仙也}

외설(밖을 깔봄)은 음벽사(음탕한 더러운 일)이다.

                        九. 상애심공(생각은 깊은 공을 좋아함) 三

一. 정력과실

또 선남자, 수음 허묘하여, 부조사려하여, 원정이 발명하여, 三摩地 삼마지 중에 심애입멸하여, 연구 一切物화성(一체물의 화한 성을 연구)하여, 탐구 심공(깊은 공을 탐구)하면,

욕입멸정하여 이취공적야(멸의 선정으로 들어가고자 하여, 취가고자
하는 공의 고요함 이다 〈 공적을 취한 것이다).

二. 천마득편

이시(너들 때)에 천마가 후득기편하여(잠시 짬을내어), 비정부인하여,
구설경법하거든, 그 사람이, 종불각지마착(마침내 마가 붙은 것을 96
깨닫지 못)하여, 역시 나는 무상열반을 얻었다 말하고, 저 공을
구하는 선남자 처에 와서, 부좌설법하대, 대중내에, 그 형이, 홀연
공하여, 대중이 보이는 바가 없어서, 환종허공하여(허공을 좇아 돌아
가서), 돌연히 문득 나타나서, 존(있고) 몰(없음)이 자재하고, 혹 그
몸이 나타나대, 洞여유리(유리와 같이 통)하고, 혹 수족을 드리워서,
전단향기를 짓고, 혹 대소변이 후석밀(두터운 돌 벌집) 같기도 하리니,
비훼계율(계율을 헐뜯고 비방)하고, 경천출가하리라(가볍고 비천하게
집을 나가리라).

인기호공고 의공현혹하니다(그로 인해 공을 좋아하기 때문으로, 공에
의지하여 어지러이 홀리게 하니다).

三. 정괴겸부(정기와 괴기가 겸해 붙음)

입으로, 상설컨대, 무인무과하여, 一사면 영멸하여 무복후신 급제범성
(한번 죽으면 영멸하여 다시 후신도 모든 범부 성인도 없다)하여,

이 설은 다 승기공견하여(그 공을 보는 것을 타서), 발한 것이다.
근세에 사종이(간사한 종파가), 망위(망설)하대, 참수실참하고

견수실견 하여(2 참여하려면 반드시 실제로 참여하고, 보려면 반드시 실제로 견하라 〈1 머리를 자를 놈은 실제로 자르고, 손을 볼 놈은 실제로 보라 하여), 수이인과 후신 천당 지옥(마침내 인과로서 뒤에 몸의 천당 지옥)이, 비친견자(친히 본 놈이 아니)면,   97
一개발무(하나같이 다 뽑아서 없)애라 하느니라. 고로, 득 기설자설는 (그와 같은 말을 얻어 들은 놈은), 다 이르기를, 선악은 묘망하고(넓고 멀어서 바라보기 아득하고), 부생(부초같은 생)은 부재(다시 없다) 하니, 이에 망계겸하고(경계하고 검사할 것을 잊고), 자음락하여 (방자한 음탕함을 즐겨서), 음감혼망(마시고 먹고 흐리멍덩)하여, 이자단송하고(스스로 희망의 불씨를 보내어 끊고), 요행현처가(요행만 나타나기를 바라는 곳이) 되어, 부극침학(수탈하고 쪼개고 침탈하고 학대)하리니, 참으로 천당 지옥이 없다 하니라. 우매통지하여 (어리석음이 매양(늘) 애석하므로), 因箋釋(인전석)注也석(인하여 주석하여 주사로 풀어서), 이에 감발분필하노니(감연히 분연하여 필을 드노니), 기오마설 하여(바라건대 마설을 깨달아서), 무자함익(스스로 빠져 탐익함이 없도록) 하라.

수득공적(비록 공의 적멸을 득하였다)하나, 잠행탐욕하거든, 수기욕자 (그 욕을 받은 놈)도, 역득공심하여, 발무인과하리니(인과가 없다 함을 뽑아 없애리니), 이를 명, 일월박식하는(해와 달이 서로먹는) 정기라 하는, 금 옥 지초(지치라는 풀)와 기린 봉황 거북 학이 千萬년 경과 하여, 죽지 않는, 영이 되어, 국토에 출생한다 하니, 년노성마하여, 뇌란시인 하다가, 염족심이 생겨, 거피인체하여(저사람의 몸으로가서), 제자와 스승이, 다 왕난에 빠지리니, 너는 당연 선각하여, 불입윤회 하라. 미혹부지 하면, 추무간옥 하리라.   98

일월박식 정기는 유주하여 능위 금 옥 지류가 될 수 있느니라.

十. 상애장수(생각은 긴 수명을 좋아함) 三

一. 정력과실

우또 선남자가 수음 허묘하여, 부조사려하여, 원정이 발명한, 三摩地
삼마지 중에, 심애장수하여, 신고연기한가(혹독한 고생으로 연마하기
얼마 든가), 탐구영세(긴 목숨을 탐구)하여, 기분단생하고(생을 끊어
나누어 버리고) 〈{기분가생하고(빌린 생은 나누어 버리고)},
고희변역하여 세상상주하면, (1 변하기 쉬운것만 바라 보고 미세한
생각이 항상 머물도록하면 2 돌아보기 바라는데 변하기 쉬우니
세심하게 생각하여 항상 머무르면 3 와 이리 변하기 쉬운 세심한
생각에 항상 머무르려 하는고 4 고희칠십에 변하기 쉬운 세상에 항상
머무르려 하는고 吏讀 千明)

三계의 의혹을 다하여야, 방리분단생사하고(비로소 생사를 분단하여
여위고), 득변역생사(생사를 쉽게 바꿈을 득하는 것) 이거늘, 금공
미성 망희하니(지금 공부를 아직 성취하지 못했는데 허망을 바라니),
곧즉 혹의(의혹 이)라. 연기(연구가 몇인 데), 위연궁기미 이심구야
(몇이나 미세하게 연구 궁리했다고 깊이 연구했다고 말하는 가), 99
세상 운자는(세밀하게 생각했다 말하는 놈은), 욕변추위세(거친 것이
변해 세밀히 되게함을 바람)이니, 구주세야(내구성을 구하여 세상에
살고자 함) 이라.

二. 천마득편

이시(너들 때)에 천마 후득기편하여, 비정부인하여, 구설경법하거든, 그 사람이, 마침내(필경) 불각지마착하여, 역시 스스로 무상열반을 득했다고 말하고, 저 생을 구하는 선남자 처에 와서, 부좌설법하대, 좋은 말로, 타방에 가서 돌아오는데, 무체(막힘이 없어)하여, 혹 경萬리(萬리를 지나)가서, 순식재래(순식간에 다시오니)하니, 다 저 방에, 그 물건을 취득하고, 혹 一(한)처에, 一(한)집 중의 수보(몇걸음)의 간(사이)에 두어서, 령기종동하여(지금 그 동쪽으로 부터), 예지서벽하라하면(서쪽벽에 이르라고 말하면), 이사람이 급히 가도, 여러 년에 도달하지 못하게 하여구, 이로 인하여, 부처님을 의심하는 심신이 앞에 나타나리라.

萬리 순식은, 이에 득변역자(변화를 쉽게 하는 놈)의 일이다.

100

三. 마권겸부

입으로 항상 밀하기를, 十방중생이, 다 곱나의 아들이고, 我내가 제불도 생 했으며, 아가 세계도 나오게 했고, 아가 원시 불(부처) 이니, 세상에 나옴이 자연이어서, 닦음으로 인해 득한 것이 아니리니, 이는 명 주세자재천마가, 그 권속인, 차문다 와 四천왕의 비사동자인, 미발심자를 사시켜서, 그 허명을 이용하여, 저 정기를 먹으니, 혹 스승으로 인함이 아니어서, 그 수행인이, 친히 스스로 觀견하되, 금강을 잡았다고 칭하면서, 너에게 여 장명(긴수명을 수여하겠다)하고, 현美(고)여신하여(새끼암양같은美고, 美(미) 너 몸 으로 나타나서), 탐욕을 치성하게 행하도록 하고, 미유년세하여(년세도 넘지 못하여<한 해도 못가서), 간뇌가 고갈 하고, 구겸독언(입으로 혼자 말을 겸) 할거니, 청약요매하여(마치 요매 처럼 들려서), 미상하여 (한마디도 몰라서), 다함왕란하여, 미급우형하여(미처 형을 당하기도 전에), 선이건사(먼저 이미 말라 죽어), 뇌란피인하여(번뇌가 저사람을 어지럽혀), 이지조운하리니(죽을 운에 이르리니), 여당선각하면, 불입윤회하거니와, 미혹부지하면, 추무간옥 하리라.

다라니경에는, 차문다천이 있다 하는데, 비사동자는 곧 비사천귀니, 사천왕의 종이었는데, 이미 발심한즉 사람을 보호하고, 미발심한즉 사람을 해하니, 저 정력(선정의 힘)으로, 허명위리(허를 밝히므로 이익이 되는)고로, 식기정기(그 정기를 먹느)니라. 혹 불인사자 (스승을 인하지 않는 놈)는, 불인마부지사하여도(마가 붙은 스승에 인하지 않아도), 이친견마현야(마가 나타나는 것을 친견한 것이다). 구겸독언(입에 혼잣 말을 겸하는 것)은, 간출이어야(사이에 다른 말이 나오는 것이다).

三. 총회상시(모두 모아서 자세히 보임)

아난아, 당연 이十종마를 아는것은, 말세시에, 아나의 법중에 있어서, 출가수도하고, 혹 사람의 체에 붙고, 혹 스스로 형태가 나타나서, 다 이미 정편지각을 이루었다 말하면서, 찬탄음욕하고, 파불율의하여,

선악마広付人(먼저 악한 마가붙거니와), 스승과 함께 마가 붙은 제자가, 음음(음란한 음욕)을 서로 전하고, 이와같은 사정(간사한 정기)이, 102 매기심부(그심부를 매혹)하대, 근 칙즉 九生(가까우면 九생)이오, 다유百세(많으면 百世)가 넘어서, 그 수행하는이로 하여금, 다 마의 권속이 되게하여, 명종지후에, 필히 마민이 되게하여, 실 정편지 (바르게 두루 앎을 잃게)하여, 추 무간옥 하리라.

열반경에 왈, 말세 마속이, 비구 나한 등 상으로 나타나서, 혼괴정법하고 비훼계율하리니(정법을 혼란 무너뜨리고, 계율을 아니라고 헐뜯어리니), 그 뜻이 이와 같다 하리다.

四. 칙령홍선(날리 선포하도록 령을 내리심)

너는 지금, 모름지기 적멸을 먼저 취하지는 못했으나, 비록 무학을 득 했을지라도, 유원하여(원을 두어, 원을 세워), 저 말법지 중에 들어가서, 대자비를 일으키어서, 구도정심심신중생(바른 심으로 깊이 믿는 중생들을 구하고 제도)하여, 령불착마하여, 득 정지견케 하라. 아가 지금 너를 제도하여, 이미 생사에서 나왔으니, 여준불어(너는 부처님의 말씀을 좇아), 명 보불은(부처님의 은혜에 보답)하라.

처음에 아난으로 교를 일으키셨고, 마지막에 다시 홍선(널리 펴도록) 령을 부촉하셨으니, 족지대교원류가(큰가르침의 원류를 구족할 줄 앎이), 준발하여 하피(깊이 발하여 멀리 미치도록)하심이,　　　103 무비아난지력이니(아난의 힘이 아닌 것이 없으니). 칙즉 시조마사하시고(마사를 만남을 보이시고), 징심변견(심을 불러

말씀하시고 보이심)이, 다 말법을 위하여, 대자비를 일으키셔서, 지금
마가 붙지 못하게하여, 정지견을 득하게 하심이라. 당지(당연 알아)라.
(석) 옛날에, 비록 四파(네 갈래)로 멸을 보이셨으나, 지금 법화로서,
상존하고, 여부재처(대저 있는 곳 마다), 영향을 함께 하도다. 무비
유원 지 신 야(원을 둔희망의 몸이 아닌 것이 없구나)!

五. 결권심방(결론 깊이 방비할것을 권함)

아난아, 이와같이 十종의 선나가 경계에 나타남은, 다 이 상음의 심의
작용이, 서로 교호(어긋 매김)할새, 고로 현사사(나타나는 일)이니,
중생이 완미하여, 부자촌량(자기의 량을 헤아리지 못)하고,
봉차인연하여(이로 인하여 연을 만나서), 미불자식(미혹하여 스스로
알지 못)하여, 위언하대 등 성人하여(일러서 말하대 성인에 올랐다하여),
대망어성하여(크게 망어를 이루어서), 추무간옥하리니, 여등은 필수 장
여래어하여(너희들은 꼭 장차 여래의 말씀을 가져서), 아가 멸후에,
전시말법하여, 편령중생이 개오사의(두루 중생으로 하여금 이 뜻을
열어 깨닫도록)하여, 무령천마 득기방편(천마로 하여금 그 방편을
득하지 못하게)하여, 보지복호하여, 무상도를 이루도록 하라.   104

{傳登云
阿難法眼荷咸竟湧身虛空作十八 変入奮迅三昧分身
四派一分奉忉利 一分奉淑加㖞龍宮 一分奉毗舍離王宮
一分奉阿闍世王各造塔而供養之}

대불정여래밀인수증료의제보살만행수능엄경

권제九

方便保持覆護成無上道

大佛頂如来密因修證了義諸菩薩萬行首楞嚴經

卷第九

貶　讁然切
　讁也

穴　胡決切竁也
　俗作穴

恥恪切
動也

訛　牛何切
妖　於喬切
女子笑皃媚也
僉皆也
千廉切

助
勉也

吘　吁王切

胜　朕盡切
混合無際
膥溜同

坼

眇　小也
弭沼切

劣　龍輟切
弱也鄙也

蚑　虫皃

蚓
田腹中蟲也

忖　取本切
度也思也

銳　俞芮切
利也

癃　中音藝
睡語也

謐　安也
許筆切
塞列
發也

薄　都賄切
鄙也下私列
私列人陰
猥媟
褻也

蝕　上音博
下音氣迫
之為薄
齧野之為蝕

詣　魚計切往
至也

箋　墜子

切表識書
亦作賤

대불정여래밀인수증료의제보살만행수능엄경

四. 행음 四

初. 시음상

아난아, 저 선남자가, 수 三摩地(삼마지)하여, 상음이 다 한자는,
이 사람이, 평온하고 항상해, 몽상이 소멸하여, 오매(자나 깨나)
항常一(항상하나)여서, 각명이 허정함이, 유여정공하여(마치 개인
허공 같아서), 무복 추중한 전진 영사하여(다시 거칠고 무거운 앞의
티끌을 그림자같이 비추는 일이 없어서), 모든 세간을 觀함에, 대지
산하가, 여경감명인듯하여(거울에 비추는 듯 밝아서),
래무소점하고(와도 붙을 곳이 없고), 과무종적하여(지나가도 지나간
자취가 없어서), 허수 조응하여(빈 것이 받으니 비추는데로 응하여),
료망진습하여(티끌만한 습기도 없앰을 완료하여), 유一識陰 정진이라
(오직 하나의 식음의 참된 정기라), 생멸의 근行陰원이, 종차피로하여
(이 想陰을 따라 펴져 나타나서), 모든 十방의 十二중생을 보면,　107
필탄기류하리니(그 류를 모조리다쓰러뜨리리니〈백발백중 일발필중
맞추리니), 수미통기각명 유서(비록 아직은 그 각각 목숨의 유전하는
까닭과 내력을 통해 알지는 못)하나, 견동생기(똑같이 난 터를 보)면,
유여야마하고(오히려 야생말과 같고), 습습청요하거늘(섬광같은
불꽃튐이 맑고 시끄럽거늘), 위부근진 구生死경 추혈(근진이 뜨서

生死의 근본지도리 구멍을 구경)하리니, 이것이 칙즉 명 위행음의
구우니라(이름하여 행음의 구역 이라 말 하느니라).

통서 상멸하고 행현야(생각을 멸하고, 행이 나타남을 순서대로 통틀어
서술했다). 부동망습(떠서 움직이는 망습)이, 주명 칙즉 상(낮에 밝은
즉 생각)이오, 석몽 칙즉 몽(저녁에 어두운 즉 꿈)이니,
골난성진하여(참성을 콸콸 흔들어서 어지러워), 막득이一(하나를 얻지
못하게)하고, 요동각명하여(깨달음의 밝음을 시끄럽게 움직여서),
막득이정(고요함을 득하지 못하는)고로, 상음이 진(다한)자는 몽상이
소멸하여, 오매(깨고 잠)가 항상 一(하나)리니, 각명이 허정(비고
고요)함이, 유여청공야 (오히려 맑은 허공 같구나). 五음이 앞은
추하고, 뒤는 세밀한 고로, 상음이 다한 즉 무추중영사 하느니(거칠고
무거운 그림자 같은 일이 없어지는 것 같으니), 비록 萬상을 觀하나,
상념이 없는 고로, 여경 감명하여(마치 거울에 비치는 밝음같아서),
무점무적(붙음도 없고 흔적도 없구나)하여, 허수조응(허공이 받고
비춤에 응)하여, 了무 진陳습(티끌과 습기가 없음을 완료)하여,
유一정진이리니(오직 하나의 참정기리니). 명극여차고(밝음의 극이
이와같기 때문으)로, 유은(그윽하고 은은한) 행음이 어시파로야 108
(이에 펴 나타나도다). 행이 위 萬화의 생멸의 근원이라 하기 때문으로,
그 상이 피로한(헤쳐 드러난), 칙즉 十二류생의 원을, 무불탄견하리니
(한번보아 꿰뚫지 못함이 없으리니). 각명의 유서는 식야(각각의 명은
순서로 말미암아 아는 것이라 〈 목숨이 유전하는 까닭과 내력을
인식하는 것이라), 동생기는 행야(똑같이 생긴 터근본는 행이라),
요동이 유은고(시끄럽게 움직임이 그윽 하고 은근하기 때문)으로,
비유하면 야마(야생마)라 하고, 작생작멸고(잠깐 생겼다 잠깐 멸하기

때문에), 왈 습습(밝게 빛나 번들번들)하고, 무복추영고(다시 거친 그림자가 없기 때문으)로, 왈 청요(맑고 시끄러움)라 하니, 근진의 운지가(근진의 운행과 그침이), 개 본 어차할새(다 이에 근본이라 하기에), 명 구경 구혈(지도리 구멍) 이라.

만약 이 청요습습한 원來의 성이, 성입원징하여(성이 원래 맑음에 들어가서), 一징원습(원래 습함을 한번 맑히)면, 여 파란이 멸화하여 위징수(파도의 물결이 멸하여 변하여 맑은 물이 되는 것 같으)리니, 명 행음이 진(다 함)이니, 이 사람이 곧 중생탁 을 초월 하리니, 觀기소유(그 말미암은 바곳을 觀)하니, 유은(그윽하게 숨은) 망상이 그 본이 되었다.

행음은 습요하여(습관이 요동하여), 성성고(이루어진 성이기 때문)으로, 원來성이라 칭하고 원本습이라 말하니, 능히 요습을 멸한   109
칙즉 귀원징지본(원래 맑음으로 돌아가는 본이라)하여, 이천류 상 진의(흘러 변하여 상이 다한다) 하리니. 고로, 여 파란(파도의 물결 같은것)이 멸하여, 화 위징수 야(변화하여 맑은 물이 된다) 한다. 생멸이 부정하여(멈추지 않아서), 업운 상천(업의 움직임이 항상 변천)하니, 명 중생탁이니, 곧즉 행음의 체다. 고로 행음이 진(다하면) 칙즉 초월하리라. 행음의 밀이(빽빽>은밀히 옮김)를, 승(거듭을>일찍이) 무각오할새(깨우쳐 깨달음이 없을새), 고로 왈 유은망상 (그윽하고=어둡고 은근한 망령의 생각)이라.
  {一切众生皆因行陇攘元性}

二. 명광해(미친듯 풀어 밝힘) 十

一. 어원원계二무인(원만한 근원에 두가지 무인을 계산함) 三

初. 총서

아난아, 당지하라, 시득정지(이 바른 앎을 득)한, 奢摩他사마타 중에,
제 선남자가, 응명정심 하여(바른 마음을 응겨 밝히어서), 十류천마가
그 편을 득하지 못하거든, 비로소 정밀하게 연구함을 얻어서, 생긴
류의 근본을 궁구하여, 본류 중에서, 생원로자(생김이 원래 이슬같은
것)이, 觀피저 유청 원요동원(저 그윽하고 맑은 원만함이 시끄럽고
움직이는 근원을 觀)하고, 어원원중(원만한 근원 중)에, 기계도자(도를
계산하여 일으키는 놈)는, 시인은 추입하여 二무인론하리라(이 사람은
추락하여 두가지 원인이 없다는 논리에 들어가리라),   110

몽상 소망하여(꿈과 생각이 사라져 없어져서), 오매상一고(깨나 자나
항상 하나이기 때문에), 칭하건대 정지 사마타(사마타를 바르게 안다)
라 하고, 또 칭 응명 정심(밝음이 응긴 바른 마음)이라고 하니,
개상진지상야(다 생각이 멸하여다한 상이라) 한다. 외마는 개 인심
소고(밖의 마는 다 심으로 인해 부르기 때문에), 상진응명이면 칙즉
천마가 부지하리니(상이 다하여 밝음이 응기면 즉 천마가 이르지
못하리니), 종차 유시수선 실취 하면(이로부터 오직 선만 닦고 취를
잃어버리면), 광해망계(미친듯 풀어 망령을 계산)하리니, 이것이 곧즉
음마다. 생류본은 곧즉 동생行陈기 야(생기는 종류의 본은 똑같이
태어난 터라). 어본류중에 생원로자는(본 종류중에 원 이슬같이
나타난 놈은), 동생기에 견 自기한 행원 야(똑같이 태어난 터에 자기가
행한 원을 본 것이라). 유청동根원은 곧즉 행원야(그윽하고 맑은

움직이는 근원은 곧 행의 원이다=행하는 근원 이다). 기 견차이하고
(이미 이것을 보고 나서), 수 이一체생멸이 개원어차 (드디어 一체
살고 멸함이 다 이에 원만)해졌다 하여, 부진궁 식음본말 하여(식음의
본 끝을 궁구하여 나가지 않아서), 수 립二무인론하리라(마침내
두가지 원인이 없다하는 논리를 세운다 하리라).

二. 별명(별도로 밝힘) 二

　　　　　　　一. 계본무인(본 원인이 없다 계산함)

一자는, 이 사람이, 견본무인하리니(본래 원인이 없다고 보리니).
하이고 왜그런고하니, 이 사람이, 기득생기를 전파하여(이미 얻은
생이라는 기계가 완전히 부숴져서), 안근의 八百 공덕을 승(타서),
八萬겁을 본거니, 소유중생의 업류가 만환하여(중생이 있는 곳의 업의
흐름이 굽이쳐 돌아서), 사차생피(이에서 죽고 저에서 나니), 단지
중생이 윤회하는 그 처만 보고, 八萬겁 외는, 명 무소觀하여(어두워
觀할 바가곳이 없어서), 편작시해(편을 지어 이렇게 해석)하니, 이들
세간은, 十방중생이, 八萬겁 외는, 무인하여 자유로 하였다(원인이
없이 저절로 있었다)하여. 이렇게 계도(각도를 계산)함으로 말미암아,
정편지(바르고 두루 앎)를 잃고, 추락외도하여, 보리성을 의혹하리라.

생기(생이라는 기계)가 이미 깨어지면, 칙즉 근이 구혈을 여위어서,
눈이 청정한 고로 능히 洞견 했다하니다. 업류가 만환자는, 업류에
떨어져 굴러서, 물처럼, 재만하여(물굽이에 있어서), 회선기처하여

(그 곳을 휘돌아서), 불능자출야(스스로 빠져나올 수 없다). 아직
식음을 벗어나지 못해, 정력이 유한한 고로, 八萬겁 외는,   112
명무소견하니(어두워 보이는 바가 없으니), 무소견(보이는 바가 없는)
고로, 계본무인(본을 계산하여 원인이 없다)한다. 부지본인(알지
못하는 본래 원인)을, 존호망식하니(있다고 하여 망식이라 부르니),
차가 소위 망 정편지(이것이 소위 바르고 두루 앎을 잃었다) 한다.

二. 계말무인(말에 원인이 없다고 계산함)

二자는, 이 사람이, 견말무인하리니(견 말에 원인이 없다 하리니),
하이고, 이 사람이, 생에서, 이미 그 근을 보아서, 지인생인하고
(사람이 사람을 생하는 것을 알고), 오오생오하고(까마귀는 까마귀를
생하는 것을 깨닫고), 오종래흑하고 고종래백하고(까마귀는 올때 검고,
고니는 올때 희고), 인천본수하고 축생본횡하고(사람과 천은 본래 서고
축생은 본래 기고), 백비생성하며 흑비염조라(백은 씻어서 이루어진
것이 아니며 흑은 물들여 조작한 것도 아니라), 종八萬겁부터하여
무복개이(다시 개조나 옮긴 것이 없다)할새, 금진차형(이제 이 형이
다)해도, 역부여시(역시 그러) 하여, 아본래불견보리(내가 본래 보리를
보지 못)했거니, 운하 갱유성보리사하리오(어떻게 다시 보리의 일을
이룸이 있으리오). 당지 금일(당연 금일 알아야 할 것)은, 一체
물상이 다 본디 무인이로다 하여,

류집생근하여(그릇된 집착으로 생긴 근원으로), 부달화리(화의 이치를
달하지 못)하여, 사람은 필경 사람이 되고, 이에 혹은 필경 혹이 됨에
이르기 까지,   113

무복개이*乃*로(다시 개조나 옮긴 것이 없으므로), 인하여 이예아(원인으로 아를 예로) 하니, 본불견도거니 말역무성하니 시말무인야(본도를 보지 못하였거니, 말도 역시 이루어진 것이 없다하니 이 말에도 원인이 없다 한다). 結文 本字, 合是末字니라.

{見本見末 乘眼之過去未來功德也(본을 보고 말을 보는 것은 눈이 과거와 미래의 공덕을 탄 것이다. 유가심인 1495 쪽}

三. 결실(결론 잃음)

이로 말미암아 각도를 계산하여, 정편지를 잃고, 추락외도하여, 보리성을 의혹하리니, 이것이 즉 명 제一외도 입무인론이라 한다.

　二. 어원상계四편상(원만하고 항상한 것에 四두루한 항상을계산함) 三

一. 총서

아난아, 이 三摩삼마중에, 제 선남자가, 응명정심하여, 마부득편하면 궁생류본하여(마가 방편을 얻지 못하면 생긴 종류의 근본을 궁구하여), 觀피유청 상요동원(저 그윽하고 맑고 항상 요란하게 움직이는 원을 觀)하고, 어원湯泳 상중(둥글다 하는 항상 중)에, 기계도자(각도를 계산함을 일으키는 놈)는, 시 인은 추입四편상론하리라(이런 사람은 네가지 두루 항상하다는 논리에 추락해 들어가리라).

{坎湯人 湯泳乙 有常하고 歆 皆妄相하느나 下庚洶坎}

114

앞에서 말한것은 원요동원이라 했고, 이에서 말한것은 상요동원자니, 생멸의 근원이, 개원어차(다 이에 원만)하여, 축집위상(마침내 항상함을 잡으려 집착)하여, 이기편상론(두루 항상하다는 논리를 일으켜) 할새라, 편은 곧즉 원 야(이다). 차 표는 명 편상(여기서는 두루 항상 으로 표시)했고, 후결은 명 원상(뒤의 결은 이름을 원만 항상이라) 하리니.

二. 별명(별도로 밝힘) 四

一. 의심경계상(심과 경계에 의지하여 항상을 계산함)
(一에 의지하여 심과 경계가 항상하다고 계상함) {一六水 千明}

一자는, 이 사람이, 심六識과 六경계의 성을 궁구하여, 二처가 무인 (원인이 없다)하여, 수습하여(닦고 익혀서), 능히 二만겁중을 알 수 있으니, 十방 중생의, 소유생멸이 함개순환(생멸이 있는 것이, 함께 순환)하여, 불승산실 하여(거듭하여 흩어져 잃어버리지 않아서), 항상함으로 계산할 것이라.
{一切众生 生滅循環하니 坎無常하여 虛妄하고 坎汤泳不循環하니 坎常}

망으로 말미암아 행음을 계산하여, 위생멸 원원(생멸이 원만한 근원 이다) 하여, 마침내 심과 경계와, 四대와 八식 등에, 다 망계를 일으키어, 혹 발생멸 이계상(생멸을 뽑아 발라낸것으로 항상하다고 115 계산)하고, 혹 존생멸 이계상(생멸이 존재하여 항상하다고 계산)하고, 혹 인식신 이계상하고(식이라는 신을 인정하여 항상하다고 계산하고), 혹 기사견 이계상 하니(사견을 일으키어 항상하다고 계산 하니),

지금 이것은, 궁심 경성이 본자무인하여(심을 궁구한 경계의 성이 본래 저절로 원인이 없어), 무생멸이라 이른고로, 十방중생의 생멸의 이치가 다 칙즉 순환하여, 본래 무산실(흩어져 잃어버림이 없다)이라 하니, 차 발생멸 이계상야(이는 생멸을 뽑아발라내어 항상하다고 계산하였다). 상음이 다한 자는, 심과 경계 二법에 의지하여, 수觀 고로(觀을 닦기 때문에), 공력이 능히 二만겁의 일을 안다 하느니, 후에 四만 八만의 예도 이러하니라.

二. 의四대계상(四대에 의지하여 항상을 계산함)
(二에 의지하여 四대가 항상하다고 계상함) {二七火 千明}

二자는, 이 사람이, 四대원을 궁구하여, 四성이 상주(항상 머무른다) 하여, 닦아 익혀서, 능히 四만겁중을 앎새, 十방중생의, 소유생멸이 함개 체 항하여(생멸 있는 것이 함께 체(몸)가 항구하여), 불승산실하여 (거듭하여 흩어져 잃어버리지 않아서), 계이위상(항상으로 계산)하리라.

중생은, 지수화풍에 의지하여, 생멸이라도, 四성의 伙원根이, 칙즉 상주하면, 칙즉 모든 생멸법이 함개(함께 다) 체이니 항상하다 한다. 116 차 존생멸 이계상야(이는 생멸이 존재하므로 계산하여 항상하다) 라.

三. 의八식계상(팔식에 의지하여 항상함을 계산함)
(三에 의지하여 八식을 계상함이다) {三八木 千明}

三자는, 이 사람이, 궁구를 다하여, 六근 말나 집 수 심의식중에 본원은 유처하여 성 상항고로(육근六식 말나七식 집八식을 받아 심의식 가운데 근본 근원은 처로 말미암아 성품이 항상 항구하기 때문으로),

수습하여(닦고 익혀서), 능히 八만겁 중을 다 알 수 있어서, 一체 중생이, 순환 불실하여(순환하기에 잃어버리지 않아서), 본래 상주하여, 궁불실성(잃어버리지 않는 성을 궁구)하여, 계이위상(항상한 것으로 계산한다) 하니라.

六근과 말나와 집수 는 곧 八식 이다. 심의식 중에, 본원은 곧 식성이다. 八식의 근원인 이유는, 오직 부처님과 八지보살이라야, 궁구할 수 있느니, 만약 참으로 궁구를 다 할 수 있다면, 칙즉 지혜의 경지로 들어가서, 심의식을 여위리니. 지금 이에서는, 유득심의식중 본원유처하고(오직 심의식중에 처로 말미암은 근본 근원을 얻고), 117 위기본성이 항상(그 본원의 성을 일러 항구하고 항상하다) 할새, 중생이 의지하여, 순환이주(순환으로 머무른다) 하여, 불승산실이라 (거듭하여 흩어져 잃어버리지 않는다) 하니, 차이는, 인식신 이망계 야(식이라는 신을 인정함으로 망령으로 계산한다) 한거라.

> 四. 의상멸하여 계상(생각을 멸함에 의지하여 항상을 계산함)
> (四에 의지하여 생각을 멸하여 항상하다고 계상함) {四九金 千明}

四자는, 이 사람이, 기 진상원(이미 생각의 근원을 다)하여, 생리에 (살아가는 이치에), 갱무 류 지 운 전(흐름 멈춤 움직임 구름이 다시 없다)하여, 생멸상심(생멸을 생각하는 심)이, 금이영멸(지금 이미 영멸했다) 할새, 이론 가운데, 자연히, 불생멸을 이루었다하여, 인심 소도 하여 계이위상(심을 인하여 각도라는 것으로 항상하다 계산한다) 하느니라.

상원(생각의 근원)은, 상음 이라, 생리(생기는 이치)는 행음이라,
망이라 이름은, 유전(흐르고 구르는) 생멸이, 개속상심(다 생각하는
심에 속)하거늘, 지금 이미 영멸한 칙즉 불생멸의 이치가, 자연 행에
속하고, 행음이 곧즉 생멸의 원임을 알지 못하니, 이 사견이 일어나므로
망계야(허망한 계산이라) 한다.

三. 결실(결론 잃음)

이로 말미암아 항상하다고 계산하여, 정편지를 잃고, 외도에 추락하여,
보리성을 의혹하리니, 시 곧 명 제二외도 立원상논(을 세움)이라. 118

三. 어자타계四전도(자타에 四전도를 계산함) 三

一. 총서

또 三摩삼마중에, 제 선남자가, 견응정심 하여(바른 심을 견지하여
응기어서), 마가 편을 득하지 못해, 류가 생긴 根본을 궁구하여, 저 유
청(그윽하고 맑은) 상요동원根을 觀하고, 자타 중에, 각도를 계산함을
일으키는 자는 四전도에 들어가 추락함을 보되, 一분은 무상
(항상함이 없다)이오, 一분은 상론(항상하다는 이론)이니라.

자타의 경계에, 망이 일어나 뒤바뀌는 견은, 그 종류가 四(넷)이니,
각각 一분은 무상 一분은 유상 으로 계산하니라.

二. 별명 四

一. 유자급타기분계(자로 말미암아 타를 나누어 계산함을 일으킴)

一자는, 이 사람이, 觀하는 묘명심이, 十방계에 두루하여, 심연을
구경함이 신비한 아나 라 하여,   119
이로부터, 칙즉 계산한 아나 가, 두루 十방하여, 밝음이 응겨 부동커든,
一체 중생이, 아나의 심 중에, 자생자사 하느니, 즉 아나 심성이, 명
항상하다 할 것이오, 저 생멸자는, 진참 무상성 이라 하느니.

묘명원심은, 아(나)와 아소(내것)를 떠남이어늘. 그런데 외도가, 이에,
신 아(신비한 나)라는 망을 세워서, 이로부터 계산한 나아는 두루응겨
부동커늘 그런데도 제 중생이 이중에 생사한다 하여, 마침내 자신은
항상이라 하고 타는 무상 이라 하니라.

二. 이심관토기분계(심을 여윈 토를 觀해 나누어 계산함을 일으킴)

二자는, 이 사람이, 그 심을 불觀하고, 十방 항사 국토를 두루 觀하여,
겁괴처(겁의 세월에 붕괴되는 처)를 보고, 명 위구경무상종성(구경에
항상함이 없는 종류의 성품) 이午, 겁불괴처(겁의 세월에 붕괴되지않는 처)를
명 구경상 이라 하느니.

앞에는 심에 의지하여 觀하고, 이는 국토에 의지하여 觀하여, 종종
두루 계산하니, 一하나의 법이 이미 간사하면, 萬법이 다 전도로다.

120

三. 별觀심정하여기분계(심과 장기를 구별하여 觀해 분계를 일으킴)

三자는, 이 사람이, 구별하여, 나아의 심과 정기를 가늘고 작고
촘촘하게 觀하거늘, 오히려 미진 같아서, 十방에 흘러 굴러도, 성이
옮아 고쳐지지 않아서, 능히 이몸으로 하여금, 곧즉 생 곧즉 멸 하느니,
그 불괴성을 명 나아의 성이 항상이오, 一체 死生(사생)이, 나아로부터
흘러나옴을, 명 무상성(항상한 성이 없다)이라 하니라.

불능 곧즉 신 곧즉 심(곧 몸이 곧 심일 수는 없는), 고로 구별을 지어
觀한다. 미진은 정기의 미세함을 비유한 것이다. 이를테면 심으로
말미암아, 정기가 빽빽히 움직여서, 몸으로 하여금, 생멸 할지언정,
심은 괴멸하지 않는다. 전(앞)에는 一법으로 二계를 지었고, 이에
一성으로 二계를 지었다.

四. 류어四음기분계(四음에서 잘못되어 분계를 일으킴)

四자는, 이 사람이, 상음이 다 함을 알고, 행음을 보니 흘러서,
행음의 항상한 흐름을, 계산하여 상성(항상한 성)이라 하고, 색 수 상
등이, 지금 이미 멸진 한 것을, 명 무상 이라 한다.   121

환 음 (환상과 음)이 一체(한몸) 이고, 천 류(변천과 흐름)가 一상
(한모양) 이거늘, 이차(게다가) 집시미비(옳음에 집착하고 아님에
미혹)하고, 견금망석(지금을 보고 지난것을 잊은)고로, 이류자위상
(흐르는 놈을 항상하다)하고, 천자위멸(변천하는 놈을 멸이라)
하니라.

三. 결실(결론 잃음)

이로 말미암아 계 도(각도를 계산)하대, 一분 무상하고, 一분 항상고로, 추락 외도하여, 보리성을 의혹하리니, 이것이 칙즉, 명 第三외도의 一분상론(하나의 분만 항상 하다는 논리) 라.

지금 사람은, 성이 참이라 하고, 상(모양)이 환이라 하느니, 이치에는 칙즉 융녹으나, 일에는 칙즉 애걸리니, 불면추(추락을 못면함)는 이 四종을 분계(나누어 계산)하는데 있느니라. {性相 性相別異執別}

四. 어분위계四유변(분위에 四를 계산하여 변이 있다함) 三

一. 총서

또 三摩삼마중에, 제 선남자가, 바른 심을 견지하여 응기어서, 마가 편을 득하지 못하거든, 생기는 十二(십이)류의 근본을 궁구하여, 저 幽淸유청한 상요동원을 觀하고, 분위(나눈 지위) 중에, 생계도자 (각도를 헤아려 계산해 내는 놈)는, 이사람은 四유변론에 추락해 들어가느니라.

분위에 四(넷)이 있으니, 三제분위, 견문분위, 피아분위, 생멸분위 다.

二. 별명 四

一. 三際변계(삼제 세가지 닿는 변을 계산함)

一자는 이사람이, 심에 나타나는(생湯泳) 근원 을 계산하되, 흐르는
작용 (류용)이, 쉬지 않는다 하여, 과거와 미래를 계산하는 놈은, 명
유변 이라 하고, 상속하는(서로 이어지는) 심 을 계산하는 놈은 명
무변 이라 한다.

생기는(내는) 근원인 흐르는 작용(류용)이 행음 이다. 천류(변천하여
흐름)로 인하여, 三제(전제 중제 후제, 전세 현세 래세)를 계산하여,
과거의 놈은 이미 멸하고, 미래의 놈은 보지 못한고로, 명 유변 이오.
현재는 서로 이어지는(상속하는) 고로, 명 무변 이라하니. 진제는,
본래 유변도 아니고, 무변도 아니기에, 알지 못하니라.   123

二. 견문변계(봄과 들음의 닿는 변을 계산함)

二자는 이사람이, 八만겁을 觀하면, 칙즉 중생을 보고, 八만겁 전은 적
(고요)하여, 들음도 견도 없어서, 들리거나 볼 수 있는 곳도 없어서,
명 무변 이라 하고. 유중생처는(중생이 있는 곳은) 명 유변 이라 한다.

앞에서는, 보이지 않는 것(불견)을 유변 이라 하고, 이 에서는,
들음이 없는 것(무문)을 무변 이라 하니, 이는 회호도계(돌이켜 서로
거꾸로 계산함)라 한다.

三. 피아변계

三자는 이사람이, 아가 두루 아는것을, 무변성을 득했다고 계산하고,
저 一체사람이 아의 앎 중에 드러나되. 아 승 부지 피지지성할새(아는
저의 지성을 알지못함이 아승지할새〈아는 알지못한 거듭된 승을 저는

성을 안다고할새 千明), 명 저는 무변의 심을 득하지 못했다하여, 단
유변성 이라 하리니

아가 저의 성을 알아야, 이에 이 동체(똑같은 몸)이라 할새, 지금은
승부지하니(아승지〈거듭된 승 을 알지 못 하니 千明), 이것이 저피와
나아 가 다른 것이라, 곧 나아는 무변(변없음)을 득하고, 저피는 단
유변만 (변만 있음) 이라. 〔아나는 무변이니 투명하여 보이지 않고,
피저는 변만 있으니 껍데기만 있어 보일 뿐이다. 四대로 흘러가서
보이지 않음 千明〕

四. 생멸변계

四자는 이사람이, 행음이 공함을 궁구하여, 이기 소견 심로(그에 따라
심의 길을 볼 수 있는 곳)으로, 주도하대(각도를 산가지로 헤아리대),
一체 중생의 한몸 가운데는, 계기함개 반생반멸(다 계산해도 반은
살고 반은 멸이라)하여, 명기세계하니(그 세 계를 밝히니), 一체소유刀
(一체 있는 것도), 一반은 유변하고 一반은 무변이라 할새라.

행과 공을 궁구함으로 인하여, 석유금무할새(옛날엔 있었으나 지금은
없을새), 마침내 (一)일약 음湯 으로써, 반생반멸 이라하여, 그리고
내근 외기 가, 一체(하나같이) 다 그렇다 하여, 생으로써 유변이라
하고, 멸로써 무변이라 하니라.
〔나면 껍데기가 있다 하고 없어지면 껍데기가 없다 하니라 千明〕.   125

三. 결실

이상(燔亂번란)으로 말미함아, 유변과 무변을 계도하여, 추락외도하여, 보리성을 의혹하리니, 시즉 명위 제四외도하여 立유변론 이라.

제 개궁도 실취하여(모든 것이 {1 다 도를 궁구하나 실취하여(취지 본뜻 을 잃어서) 〈 2 다 취를 잃는 길 지옥으로 가지않는 길 을 궁구하여}, 전전망계(3 편것을 굽혀, 2 두려워 떨며, 1 움추려 허망을 계산)하리니, 소위 禪那(선나)하면 광해한다 하니(어리석게 풀이하니), 미류(미혹한 오류)가 이에 이르니라.

　五. 어지견계四교란(지견으로 계산하여 네가지 속여 어지럽힘) 三

一. 총서

또 三摩삼마중에, 제 선남자가, 견응정심하여, 마가 편을 득하지 못했지만, 중생의 류의 근본을 궁구하여, 저 유청 상요동원根元을 觀하고, 어 지견(알고 보는) 중에, 생계도자는(각도 계산을 내는 놈은 〈 헤아리는 놈은), 이 사람은 四종의 전도 (외도)에 추락하여 들어가, 죽지 않는다고 교란(고치려고 속여 어지럽게) 하리니, 두루 허망을 계산하는 논리라.

이 사도(간사한 뒤바낌) 때문에, 어지견중에, 광해불결하여(잘못 해석해 결론을 내리지 못하여), 마침내 그 말씀을 교란(고치려속여 어지럽게) 한다. 파사론에 왈, 외도는, 하늘이 항상 머무른다고　126 계산하여, 명 불사(죽지 않는다)라 하여, 이르기를 불교란해야(고치고 어지럽게 하지 않아야), 저하늘에 생한다 하는고로, 물음이 있는 놈도, 불감실답(감히 엄두가 나지 않아 실답을 못)하고, 두려워 교란하게 (어지럽게 속이게) 된다. 부처님이 말씀 하시기를 이것이 진교란야 (참으로 어지럽혀 속여 바로잡는다)하느니라.

{橋의 구결을 고치고 나 고쳐서 로 하면 의미가 어지럽게 되고, 의미에도 거짓으로 속이다와 바로잡는다는 상반되는 의미가 되니 잘觀할것이라. 千明}

二. 별명(별도로 밝힘) 四

一. 觀화미리교란(사물의 이치를 觀하여 교란함)

一자는, 이 사람이, 변의 화하는 根원을 觀하여, 견천류처(변천하여 흐르는 곳을 봄)를 명 변 이라 하고, 견상속처(상속처를 봄)를 명 항(항상) 이라 하고, 견소견처(본데를 봄)를 명 생 이라하고, 불견견처(본데를 보지못함)를 명 멸 이라하고. 상속의 원인이, 성이 끊어지지않는 곳을 명 증(더함, 찜)이라하고, 바른 상속(서로 이음) 중에, 중간에 떨어져 있는 곳을 명 감(덜음)이라하고, 각心 각 생처를 (각心이 각각 사는 곳을) 명 유 라 하고, 호 호망처(서로 서로 없는 처곳를 = 상호 망침)를 명 무 라 하여, 이이도관(이치로는 모두 觀) 하대, 심을 쓰기는 별개로 보아서, 법을 구하는 사람이 있어, 와서 그 뜻을 물으면, 이어답하기를, 아는 지금 역생역멸 하며,   127 역유역무 하며, 역증역멸 이라 하여, 一체시에(일체 모든 때에, 언제나), 다 그 어지러운 말을 하여, 령피전인(저 앞의 사람으로 하여금), 유실장귀하게(문장과 구절을 잃어버리게) 한다.

{不見~者 不見~也 滅處不可見故} {章句中不得義理故 云遺失章句}

이는 萬화를 觀하여, 견기부제하고(그 가지런하지 않음을 보고),
비로소 다른 해(풀이)를 낸 것이니, 심을 써서 별개로 보니 곧즉 다른
해라. 이에 선택을 결정할 수 없어서, 그 말씀을 교란하느니라
(어지럽게 혼란한다 < 어지러움을 바로잡는다).

二. 관심집무교란(심을 觀하여 없음에 집착하여 교란함)

二자는 이사람이, 그 심을 살펴서 觀하니, 서로서로 곳이 없어서,
없음으로 인하여, 증을 득하여, 사람이 있어, 와서 물어도, 오직
一(한) 글자로 답하되, 단 그 무(없다)를 말하니, 무 를 제하고 남을
것은 없는 바 라고 언설(말씀을 설) 하니라.

이는 망심을 觀하는 고로, 생멸을 보니(생이 멸하는 것을 보니=멸을
생하는 것을 보니), 호호무(서로서로 없음)는 곧즉 넘넘멸상(느낄 때
마다 상이 없어짐)이라, 득증자(증득함을 얻었다는 것)는 一체법을
깨달음이 다 없다 라.   128

三. 관심집유교란(심을 觀하여 있다는것에 집착하여 교란함)

三자는, 이 사람이, 그 심을 살펴서 觀하니, 각각 처가 있어서,
있음으로 인하여, 증을 득하여, 사람이 있어, 와서 묻거니, 오직
一(한)글자로 답하되, 단 그 시(옳다)라 말하고, 시 를 제하고 남을
것은 없는 바 라고 언설 하니라.

각 각 있다는 것은, 곧즉 넘넘생상(느낄때마다 상이 생김)이라, 무
라고 말하거나, 시 라고 말하는 것은, 다 불명한 답이다.

四. 觀경난심교란(심을 흔드는 경계를 觀하여 어지러움을 바로잡음)

四자는 이 사람이, 유무를 다보아서, 그 경(경계)은 지(갈래)인 고로,
그 심이 역시 어지러워서, 있는 사람이, 와서 물으니, 답도 역시 있다
말하니, 곧즉 시(올바른것)가 역시 무(없는 것)이고, 역시 없는 중에,
불시(올바르지않은것)도 역시 있다 하여, 一체 교란하여(어지럽게 혼란
하여 〈 어지러움을 바로잡아서). 무용궁힐(추궁하여 힐문해야 소용이
없다) 하리라.

{撟亂교란이 어지럽게하다, 어지러움을 바로잡다, 두가지 상반된 의미가 있음}

지(갈래)는 나무의 가지와 같아서, 차호불一(일치함이 없이 서로
어긋나 하나가 아니라 〉 한가지가 아니라) 하리라.

三. 결실

이로 말미암아 어지러움을 교정하려고 각도를 계산하려다 허무하여,
외도에 추락하여, 보리성을 유혹하리니, 이것이 즉 명 제五외도 四전도
한 성이, 죽지않는다고, 교란하는, 편계(치우쳐 계산)하는 허론이다.
  {편은, 두루 미치다, 치우치다는 상이한 두가지 의미가 있다. 千明}

지금 간사한 사람이, 득도했다고 망령되이 이르지만, 이중에
주정(바른 심지)이 없어서, 사람을 의혹하여 교정하려는 놈은 다 이런
四종류나라.

六. 어행상속계후유(행에 서로 이어져 후가 있다고 계산함) 三

一. 총서

또 三摩삼마중에, 제 선남자가, 견응정심하여, 마가 편을 득하지 못해, 생기는 류의 본을 궁구하여, 저 유청 상요동원을 觀하여, 다함이 없는 흐름(무진류)에서, 각도를 계산해 내는 놈은, 이 사람은, 사후에 상(서로)이 있다고, 발심하는 전도(굴러 뒤바뀜)에 추락해 들어가리니.

130

무진(다함이 없는)류는 곧즉 행이 상속상(서로 이어진 모양)이다. 생이 멸하고, 멸이 생함이, 상계부절 고로(서로계속하여 끊어지지 않기 때문에), 지 사후하여 유상(사후를 알아서 서로상이 있다) 하니라.

二.별명(별도로 밝힘) 二

一. 정계(바른 계산)

혹 자기가 신(몸)을 고정하여, 원래 색이 아(나)고, 혹 아(나)를 보니 원만하여, 두루 국토를 머금어서, 원래 아가, 색이 있었다, 혹 피저 전앞의(먼저 산) 인연이, 아(나)를 따라 다시 돌아온 것 이거늘, 원래 색이, 아에 속했다. 혹 다시 아가, 행 중에 의지하여, 서로 이어지거늘, 원래 아가, 색이 있었다고, 각도를 다 계산하여, 사후에도 상이 있다고 말하여, 이와같이 순환하여, 十六상이 있다 하느니라.
　{四 我卽色 卽号我 我卽号色 色在我中 我在色中}

심이 전도된 고로, 색신을 고집하여, 색이 옳은 아라 하고, 또 아의
체는, 원편(두루 원만)하여, 칙즉 색이 我在亡中아가 있던것이니, 전에
있던 연이, 곧 목전(앞)의 색이다. 행이 서로 이어지니, 상도 역시
색이다. 색에 이 四넷을 지어 계산하여서, 수상행에도 역시 그런고로
十六상을 이룬다 하니, 다 계산하여 사후가 또 있다 한다.   131
식음을 계산하지 않은 것은, 깊고 비밀해서 드러내지 않기 때문이다

二. 방계(달린 계산)

이로부터 혹 계산하길, 필경 번뇌와, 필경 보리가, 양성이 병구하여
(두성이 서로 나란히 몰아서), 각 서로 접촉하지 않는다 하여,

방계는 유위와 무위의 제모든 법이다. 필경병구란 놈은, 번뇌 보리를
계산하여, 서로 능멸하지 않아서, 다 후유야(뒤가 있다) 이다.

三. 결실

이로 말미암아 사후에 각도를 계산하여, 있다 하는 고로, 추락
외도하여, 혹 보리성이라 하리니, 이것이 곧 명 제六외도가, 五음중에
서는(立), 사후에, 상이 있다 하는, 심전도론 이다.

132

七. 어제음멸계후무(모든 음이 멸함에 후가 없다고 계산함) 三

一. 총서

또 三摩삼마중에, 제 선남자가, 견응정심하여, 마가 그편을 득하지 못하여, 생기는 류의 근본을 궁구하여, 저 유청 상요동원 을 觀하고, 선(먼저) 제멸한(제하여 없앤), 색수상 중에서, 각도를 계산해 내는 놈은, 이같은 사람은 사후에, 상이 없다고 하는데 추락해 들어가, 발심하여 전도하리니. {約三陰滅意計付无}

二. 별명 二

一. 정계

그 색이 멸한 것을 보아서, 형이 무소인(인한 바가 없다)이라 하고, 그 상이 멸한 것을 觀하니, 심이 무소계(매인 바가 없다)하고, 그 수가 멸한 것을 알아서, 무복연철하여(또 연결하여 엮일 바가 없어서), 음성이 소산할새(스러져 흩어질새), 종유생리(비록 생기는 이치가 있다)해도, 무수상 이므로, 여초목동하여(초목과 똑같아서), 차질이 현전해도(이 물질이 앞에 나타나도), 유불가득커니(오히려 얻을 수 없거니), 사후에, 어찌 다시, 제 상(모든 상)이 있다 하리오, 인지감교(인으로 헤아려 비교)하여, 사후에, 상이 없다하여, 이와같이 순환하여, 八무상이 있다 하니다.

음성이 소산함이, 색수상이 멸했다 이르고, 생리(생기는 이치)가 곧 행이라 하니, 수 상이 없는 즉, 행도 역시 멸이라 이르니, 이는 만약 四음이 앞에 드러나는 원인이 망(부러져 없어짐)하고,

미래에(오지않은) 과刀 멸(불탐 없앰)하여, 인 과가 화합론 인고로,
八상을 이룬다 하니라.

二. 방계

이로부터 혹 계산하되, 열반의 인과가, 一체 다 공하여, 다만 이름
이란 글자만 있어서, 구경단멸이라(결국에는 끊어져 없어진다) 한다.

전에 방계제법이 후에 있다하고, 이에는 방계제법이 후에 없다 한다.

三. 결실

이로 말미암아 사후가 없다고 각도를 계산하는 고로 추락외도하여,
보리성을 의혹 하리니, 이것이 칙즉 이름하여 제七외도라, 五음 중에
서는(立), 사후에 상이 없다는 심 전도론이다.

八. 어존멸중계八구비(존멸 중에 의지해 八을 다 아니라고 계산함) 三

一. 총서

또 三摩삼마중에, 제 선남자가, 견응정심(바른 마음을 굳게 응기게)하여,
마가 편을 득하지 못할새, 생겨난 류의 근본을 궁구하여, 저 유청
상요동원을 觀하고, 행이 존(있는) 가운데에, 수상을 겸해 멸하여,
유무 쌍계(두가지를 계산)하여, 자기(색수상행) 체가, 서로 파한다

하리니, 이 사람이, 추입사후하여(추락하여 사후에 들어가서),
구비(모두 아니라 = 완전히 틀린다)하여, 전도론을 일으키느니.

행은 존하니, 칙즉 유상이오 수상은 멸하니, 곧 무상이다. 전후상을 예로
들면, 칙즉 존자종무 하여 (있다는 것은 마침내 없어져서),
수유비유(비록 있어도 있는 것이 아니)고, 멸자는 승유하여(없어진
놈은 이전에거듭이 있어서), 수무하나 불무(비록 없으나 없는 것이
아니)하니, 四음을 두가지로 계산(쌍계) 하는고로, 八비(여덟 팔 이
아님)를 이룬다 한다.
　{觀音(관음)의 八팔 = 臂비는 非아 干明}

二. 별명 二

一. 정계

색수상 중에, 견유비유하고(있는것을 보아도 있는것이 아니고), 행이
천류내(변천하여 흐르는 안)에, 무(偏舍이 없음)를 觀해도, 없는 것이
아니어서(무불무), 이와같이 순환하여, 음계의 八구비상(여덟가지 다
아닌 상)을 궁진(다하도록 궁구)하여, (一)하나의 연을 득함에 따라서,
개언(다 말하기를), 사후에 유상하고(상이 있고), 무상(상이 없다고) 한다.
{한길로 수능엄경 pp.978~988}

三음은, 멸한 상인 고로, 견유하여도 비유하고(있는 것을 보아도 있는
것이 아니고), 천{行} 류는, 위존상고(존재하는 상이기 때문에),

觀무{拔해서 없는 것을 觀}해도, 불무(없는 것이 아니)니,
수득一연자가(비록 얻은 하나의 연이란 놈이), 四음에 수거하여(네가지
음에 따라 들어서), 개생 계집(다 계산을 집착함이 생긴다)할 것이라.

二. 방계

또 계산하기를, 제행은, 성{行陰의 성}이 천화(옮아 감화되는)고로,
심이 발통오하여(통을 발하여 깨달아서), 유 무가, 구비(다 아니라)
하여, 허와 실을 실조하여(둘데를 잃어버리어서),

제 행은, 一체 천류법야(일체 변천하여 흐르는 법이다). 인견 행음
천화 부정하여(봄으로 인하여 행음이 변하여 화합바뀜이 일정하지않아서),
수생사오(마침내 간사한 깨달음이 생겨서)하여, 一체법이, 유 무(있건
없건)가, 구비(다 아니)라 하여, 불가정 지(특정하지 않음 < 선정 할 수
없음을 가리친 거)라.

三. 결실

이로 말미암아 사후의 각도를 계산하여, 다 아니라하여, 후제(죽은 뒤
먼 훗날)가, 혼몽(어둡고 몽롱함)하여, 무가도(1 도라 할 수 없는
2 길이라 할 수 없는 3 어찌할 도리가 없는) 고로, 추락 외도하여,
보리성을 의혹 하리니, 이는 즉 명 제八외도라 하여, 立 五음중에
(세운), 사후에, 다 아니라 하는, 심전도론이다. {色受想行 有無者 俱非}

혼몽 무가도자는, 사후의 일을 밝게 알 수 없음이다. 지금 사람이 혹어속론(속세의 논리에 의혹)하여, 사후가 있다 없다하고 의심하는 자가 많으니, 다 팔구비류야(八여덟이 다 아니다 〈 臀팔을 갖추지 못했다) 한다.

九. 어후후무계七단멸(다음다음이 없다고 七단멸을 계산함) 三

一. 총서

또 三摩삼마중에, 제선남자가, 견응정심(바른 마음을 굳게 응기게)하여, 마가 부득편 할새, 궁생류본하여, 저 유청 상요동원을 觀하고, (후후무) 다음다음이 없다하여 각도를 계산해 내는 놈은, 이사람은 七단멸론에 추락해 들어가리니.

행음을 보니, 느낌느낌이 멸하는 곳이라서, 명 후후무라 하여, 이로 말미암아 망령을 계산하니, 설령 사람과 하늘의 七처를 생해끼, 후는 다 단멸이라 하니라.

137

二. 정계

혹 계산하되, 몸은 멸(신멸)하고, 혹 욕이 다함도 멸(역진멸)하고, 혹 고가 다함도 멸(고진멸)하고, 혹 극락도 멸(극락멸)하고, 혹 지극한 버림도 멸(극사멸)하여, 이와같이 순환하여, 궁진七제(七제를 궁구를

다)하여, 현전소멸(앞에 나타난 것이 소멸)하여, 멸이 무복한다(이미
없어지면 다시 없다) 한다.

신멸은 곧즉 욕계의 인(사람) 천(하늘) 二처 이牛. 욕진은 초선 이牛,
고진은 二선 이牛, 극락은 三선 이牛, 극사는 四선 과 무색이라 하니,
이것이 이름 하여 七제니, 이를테면 七제의 일과, 根에 依지한 상(모양)
이 다 현전 에서 소멸하여, 갱무복생하여(다시 또 생기지 않아서, 더
이상 생길 수가 없어서), 종귀단멸야(마침내 단멸로 돌아간다).
　{신멸 몸이 없어짐 人天, 욕진 탐욕이 다함, 고진 괴로움이 다함,
　　극락 지극히 즐거움, 극사 지극히 버림 四禪 無色}
　　　　{初離生喜樂地 二定虛 三離喜妙樂 捨染淸淨}
三. 결실

이로 말미암아 각도를 계산하여, 사후에 단멸하여, 추락외도하여,
보리성을 의혹하리니, 이것이 즉 명 제九외도라하여, 立 五음 중에
서서, 사후에 단멸한다는, 심전도론이니라.

138

　　　十. 어후후유계五열반론(후후가 있다고 五열반을 계산함) 三

一. 총서

또 三摩삼마 중에, 제 선남자가, 견응정심하여, 마가 부득편 할새,
궁생류본하여, 피 유청 상요동원한 근원을 觀하고(저 그윽하고 청정하게

항상 요동하는 근원을 살펴보고), 후후유(후후에 있다)하여, 각도를 계산해 내는 놈은, 이사람은 五열반론에 추락해 들어가리니.

행이 멸하여 다시 생김을 보고, 명 후후유(후후가 있다) 하여, 망령되게 五처{칠대}에서 열반과를 계산 하니라.

二. 정계

혹은 욕계를 정전의(바르게 구르는{시계바늘방향으로 도는} 것에 의지함)라 하니, 견원명(두루 밝음을 보는 것)을 觀하여, 애모(사랑하고 사모함)를 내는 고로, 혹 초선이라 하니, 성 무우 고 (성품이 근심이 없기 때문에)로, 혹 二선이라 하니, 심 무고로(마음에 고통이 없기 때문에) 혹 三선이라 하니, 극열수고(지극한 열락이 139 따르기 때문에)로 혹 四선이라 하니, 고락이 二망 하여(고와 락 둘이 없어), 불수윤회생멸성고(윤회의 생멸성을 받지 않기 때문으)로, 미유루천(정기가 새는 유루의 하늘에 미혹)하여, 작무위해하여(함이 없는 무위라고 해석을 지어서), 五처를, 안은한, 승정의(수승하고 청정한 의지처)라 하여, 이와같이 순환하여, 五처를 구경이라 한다.

전의자는 생사를 굴러서(나고 죽음을 변화시켜서), 열반에 의지한다 라, 혹 욕계에서 원만한 밝은 이치를 깨달아서, 드디어 욕계천으로 곧즉 전의처(구름윤회에 의지하는 곳)라 하니, 혹 초선의 근심을 떠나고, 二선의 고통을 떠나고, 三선의 극희와, 四선의 극사를 곧즉 전의처라하니, 이것을 五열반이라한다. 미유등자(유루를 미혹했다 등)는 이 천을 알지 못함이, 다 유루에 속하여, 비무위과니, 비구경처라 하리라.

三. 결실

이로 말미암아 五(다섯)으로 나타나는 열반으로 각도를 계산하여,
추락외도하여, 보리성을 의혹하리니, 시(이것이) 칙즉 명위(이름하여)
제十외도의 립五음 중에 五현열반하는 심전도론이라.   140

三. 결권심방(결론 깊이 방비할 것을 권함)

아난아, 이와같은 十종의 선나의 광해(잘못된 해석)는, 다 이 행음의
용심(심을 씀, 심의 작용)이, 교호(서로 교차)하는 고로, 잠시 나타나는
깨달음이나, 중생이 완미하여, 부자촌량(스스로 량을 헤아리지 못)하고,
봉차현전하여(이런 상황을 만나서), 이미위해(미혹으로서 해석)하여,
스스로 성인에 오름을 이루었다고 대망어를 말하여, 추무간옥하느니.

앞에서 운한 선나의 나타나는 경계는, 천마가 잠시 그 편을 득한
것이오, 이에서 말한 선나의 광해는 곧 심마가 스스로 일으킨(외도ㅋ),
심얼(심한 재앙, 요怪)이니, 범견도부진(무릇 도를 봄이 참되지 못)
하여, 다 갈래로 망을 계산한 것이라 하여, 다 곧즉 광해라. 이것을
심마라 일컬어니, 최의심방야(마땅히 가장 깊이 방비하라)니다.

141

四. 칙권홍선(칙령으로 널리 선포하기를 권함)

너희들은, 반드시 여래어를 가져다, 아내가 멸한 후에, 말법에 전시하여,
두루 중생들로 하여금, 이 뜻을 깨달아 알게하고, 무령심마 자기심얼

(심마로 하여금, 스스로 깊은 재앙을 일으키지 않도록) 하여,
보지복호하여(보살피고 지니고 덮어 지켜서), 소식사견(사견을
사라지고 쉬게)하여, 교기學人신심하여(그 學人의 신심을 가르치어서),
개각진의하여(진의를 열어 깨달아서), 무상도에, 부조지기하고(가지와
길림길을 만나지 않고), 물령심석으로 득소위족하여(심으로 분석하여
적게 얻고 만족 하지 말도록 하여), 대각왕의 청정한 표지(成佛의
指南針)를 짓도록 하여라.

령홍선인(널리 선포할 사람으로 하여금), 여래어를 가져다, 두루
군생을 위하여, 보지복호하여, 마가 침해하지 못하게 하고, 얼부작
(재앙을 짓지 않게)하여, 불추사기(사악한 갈림길에 추락하지 않)고,
작은 수증을 취하지 않아서, 이 직 등각위(곧게 각위에 오르게)하여,
이를 대각왕을 짓는 표지라 이른다. 칙즉 능엄수교는, 대군생자심후
하리니(떼를 지어 사는 자중생를 기다려 대우함이 심히 두터우리니),
망행인자는 비경 하리니(수행을 희망하는자는 가벼이하지 않으리니),
오도 의면전 하라(吾나의 제자는 마땅히 힘써 깃발을 날려 전하라).

142

五. 식음 五

初. 시음상

아난아, 저 선남자가, 수 三摩地(삼마지) 하여, 행음이 다한자는, 제
세간성에, 유청요동(그윽하고 청정하여 요동)하느니. 동분생기(같은
분을 나누어 생긴 틀)가, 숙연(문득) 휴(떨어지고) 렬(찢기고) 침(잠기고)

세(가늘고) 강(벼리고) 뉴한(맺어진) 보특가라의 수업(갚아야 할 업)
의 심맥(깊은 맥)이, 감응이 현절하여(달려 끊어져), 열반천에,
장대명오하야(큰 깨달음을 가짐이), 여계 후명(마치 닭이 운뒤)에,
담고동방(동방을 돌아보)건대, 이미 정밀한 색이 있는 것 같아서,
六근이, 허정하여(허하고 맑아서), 무복치일(다시 치달아 내달림)이
없어서, 내내심명(안으로 안으로 맑고 밝아)하여, 입무소입(들어가도
들어갈 곳이 없어)하여, 심달十방하여 十二종류의 수명원유(목숨을
받게되는 근원적인 이유)를, 觀유집원하여(觀함으로 말미암아 근원을
잡아서), 제류를 불소하여(모든 종류를 부르지 않아도), 十방계 에,
이획기동(이미 그와 똑같음을 획득)하여, 정색이 불침하여(정밀한 색이
빠지지 않고), 발현유비하리니(그윽하고 신비함을 발하여 나타내리니),
이는 즉 식음의 구우(움집)이니라.   143

통서 행멸 식현야(통하여 행이 멸하고 식이 나타남을 서술했다) 하리니.
행은 세간 천류의 본체의 성품이고, 요동생기지강뉴(요동하여 생기는
틀의 짜여진 그물같은 굵은 줄)인, 보특수업보특가라지(특별히 꿰맨
업을 받는 것)의, 심맥은, 능은매성천 하고(능히 은밀하고 매어두운
성품의 천하늘과 같고), 六근으로 치일 하여(치열하게 달려가서),
골요내심 하여(안에 잠긴맑음을 어지럽히고 소란을 피워서),
위부근진(근의 티끌을 뜨게) 하여, 구경구혈고(마침내 구혈을 구경하기
때문에), 행음이 다한자는, 생기강뉴(벼리고 맺어서 터를 만들어 생기게)
하니, 숙연(갑자기 불타서) 휴렬 하고(무너지고 찢어지고) 보특(특별히
꿰맨)의 심맥(깊은 맥)은 감응이 현절 하여(끊어져 달려서), 이성천
(하늘의 천성)이, 장대명오(크고 밝은 깨달음을 취)하고, 六근이
무복치일(다시 달려갈 일이 없으)리니, 이불치일고(달려갈 일이 없기

때문으)로, 내내 심명하고(안으로 안으로 심히 밝고), 이 무구혈고로
(구혈이 없기 때문에), 입무소입 하다(들어가도 들어갈 곳이 없다).
반동 이정(동정이 반대로 움직임이 고요)하여, 심지우심할새(깊고 또
깊어질새) 고로 왈 내내야(안으로 안으로라 말 한다).
열반성천(열반의 천성 = 쟁반에 놓은 뻘의 진흙같은 성질의 타고난
천성)은. 위五음 소복하여(五음으로 소복하게 덮여서), 혼여장야하고
(어둡기가 깊은 밤 같고), 전(앞)에 三음이 다하니, 여계가 초명거하여
(닭이 처음 우는 것 같아서), 비록 위서조 하여도(서광의 징조같아도),
유침 二음하여(오히려 二음을 가라 앉혀서), 정색은 미분거니와(청정한
색은 나누어지지 않거니와),   144
차 행음 진(이는 행음이 다)하여, 여계가 후명하여(닭과 같이 뒤에
울어서), 우여일음고로(오직 남은 것은 하나의 음이기 때문으로),
장대명오야(장차 크고 밝은 깨달음을 취했다) 한다.
수명원유식음야(식음으로 말미암아 원래의 명을 받았구나) 한다.
이행멸식현고로(이 행이 멸하고 식이 나타나기 때문으로),
심달무추리(깊이 도달해 지도리추가 없으리). 혈고가 識觀하고(혈이
구멍이기 때문에 識을 觀 할 수 있고), 무천류고 數가집하고(변천없이
흐르기 때문에 세어서 잡을 수 있고), 무생기고(만들어 생김이 없는
터기 때문에<생기지 않기 때문에)로, 불識소(識을 부르지 않는다).
축了十방의정(마침내 十방에 의지함과 바름을 료달)함이, 개식소변고
로(다 식이 변한 곳것이기 때문에), 이획기동(이미 그 같음을 획득)
하여, 성천정색(하늘의 성인 정밀한 색)이, 수미명철함에(비록 아직
밝게 통하지는 않았으나), 이유비지상(그윽하고 신비한 모양)은,
이점발현(이미 점차 발하여 나타나)니, 이것이 식음의 상이라.

  {명목숨이 음을 받아 만들어지는 과정을 설함 千明}

{長水云綱上德？綱衣 領紋處曰綱紐皆喻 其要類處十二類生
如綱如衣行陰貫通 微細結要如綱如紐 補特伽人云數取趣卽
摠指十二類也 行陰 轉~此類生故 云~~ 綱紐是業因伽罒
是果報 業因三則孰必 引果~報恩則誰作 誰酬因果㦲？三故絶感
深脈亦喻行陰幽隱也}

약어군소(만약 무리를 소집함 생겨남)에, 이획동중(이미 똑같음을 얻은
중)에, 소마六문하여(여섯 문을 갈아 없애어서), 합개를 성취(합하여
열림을 성취)하고, 견문이 통린(보고 들음이 인접한 것끼리 통)하여,
호용청정(서로 사용함이 청정)하여, 十방세계와 신심이 같아져서,
여페유리가(깨진 유리 같은 것이) {유리는 투명하나 막혀있으니 깨쳐
구멍이 나야 공기가 통할 수 있음 千明}, 내외가 명철하리니, 명 식음이
다한 것이니. 이 사람이 칙즉 명탁을 초월할 수 있으리니,   145
觀기소유(말미암은 곳을 觀)하니, 망상허무(코끼리를 그물로 잡듯
허무)하여, 전도망상이 그 본이다. {吠페此云遠山寶}

군소동중(같은 가운데 소집한 무리)은, 곧즉 十二류의 명원(명의
근원)이니, 식음이다. 만약 이識 중에 정혜력(선정 지혜의 힘)으로,
소마六문하여(여섯개의 막힌 문을 갈아서 없애어), 사근합 이불분하고
(근으로 합해지게 하므로 나눔이 아니고), 개이불격하여(사이뜨게 막음이
아니므로 열려서), 칙즉 견문(보고 들음)이 원통하여 六근을 호용하여
(육근을 서로 사용하여), 이와 같은 사유로, 외의 세계와 내의 신심이,
무복유애(다시 머무르고 걸림이 없으)리니, 이것이 식음이 다한 상이다.
성은 본래 一真(참六根 一性)이어늘, 유진격월하여(티끌로 막히고 넘어
떨어진 사유로), 성용지간(성을 쓰는 사이)에, 동과 이가 실준하여(같고

다름이 기준을 잃어서), 명 명탁이니, 식음지체고(식음의 몸체이기 때문)으로, 식진 칙즉 초지 (식이 다 한 즉 초월)하리니, 식 내 망각은 영명(식의 망각은 그림자 같은 밝음)이라, 원 무자체거늘(원래 스스로 체가 없거늘), 유전도기고(전도로 말미암아 일어나기 때문)으로, 명 망상허무한 전도망상이라 한다.

二. 명 광해(미친듯 해석하여 밝힘) 十

一. 립진상인성외도(참으로 항상한 원인을 세움이 외도를 이룸)

아난아 당지하라. 이 선남자가 궁제행공하여(모든 행을 궁구하여 공해져서), 어식 환원하여(식에서 근원으로 돌아가서), 이멸한 생멸 (이미 멸한 생멸), 이어 적멸의 정묘가 미원(이어서 적멸의 정묘가 아직은 원만하지 못)하니, 능령기신근격합개(능히 자기의 몸과 근의 막힘을 합하여 열리게) 하고, 역시 十방 제류를 함께 통각하여, 각지 통홀 하여(깨달아 알고 깊이 통해 합해져서), 능입원원하니(능히 원만한 근원으로 들어갈 수 있으니), 약어귀소(만약 돌아갈 곳)에, 입진상인하여(참되고 항상함을 원인으로 세워서), 생승해자(수승함을 내어 푸는 놈) 는, 이 사람은, 칙즉 추인 소인집(즉 원인에 빠져서 원인 있는 곳을 잡아집착)하여, 사비가라의, 소귀명체하여(어둠을 살피는 곳으로 돌아가서), 그 반여를 이루어서, 불보리를 미혹하여, 지견을 잃어버리리니, 이것이 명 제一의 립소득심하여(심을 득한 곳에 세워서), 성소귀과(돌아갈 곳을 이루는 과)니, 위원원통(원만한 통합을

어겨 멀리)하여, 배열반성 하여(열반성을 등지고), 외도종에 생하리라
(태어나리라).

식은 행으로 말미암아, 흐르는 고로, 행이 공해지면 칙즉
환원하느니라 (근원으로 돌아가느니라). 기 공행음고(이미 행음을
비웠기 때문으)로, 이멸생멸(이미 생멸도 멸)하고,   147
상 의식원고(오히려 식의 원을 의지하기 때문에)로, 적멸이 아직 원만
하지 못하니, 능히 점차 식음을 파함으로, 소마六문고(여섯개의 문을
갈아 없애기 때문에)로, 기六지근(자기의 여섯가지를 아는 근)이,
홀합무격하고(홀연히 합해 막힘이 없고), 제류 각성이, 통융불二고로
(통하여 녹아 둘이 아니기 때문에), 능입원원하니(능히 원만한 근원에
들어갈 수 있으니), 곧즉 융근격 하고(곧 근의 막힘을 녹이고),
통 제류지식원야(모든 종류의 식의 근원을 통했다 한다) 라.
약 이차로 위진소귀지하여(만약 이로서 참된 돌아갈 땅곳 이라 하여),
이립위진인(참된 원인으로 하여 세우)면, 칙즉 추인소인 집(원인과
원인한 곳에 떨어져 잡아집착)하리니, 개 진인은 비소니(대개 참 원인
을 덮음은 장소가 아니니), 유소하면 개망(장소가 있으면 다 망)이니,
사비외도 가, 전생의 형태를 이루지 못한 아뢰야식을 인정한 명연한
초상(처음의 상)이라 하여, 위귀소진인(돌아갈 곳의 참 원인으로)
하느니, 정동차야(바로 이와 똑같은 것이라) 한다.
이심유소득과(심으로 얻은 곳이 있는 과)는, 유소귀하고(돌아갈 곳이
있고), 즉인즉과가(원인과 결과가), 개추소망 할새(다 허망한 곳으로
떨어지거늘), 소이(까닭으로), 위원통하고(원통을 어기고), 배열반야
(열반을 등짐이라) 한다. 지금 행인이, 참 성품 가운데, 첩기식심하여
(문득 식심을 일으키어서), 인과를 계산하여, 견해를 내어서,   148

득한 곳이 있고, 돌아갈 곳이 있는 놈은, 다 칙즉 득어식원하여
귀어명체이이(2 식음의 근원에 명체어둠을 살핌에 돌아감을 얻었을
뿐이다. 1 식음에 근원을 얻어서 명체어둠을 살핌에 돌아갔을 뿐이다).

　　二. 계아생피성편원(아가 저를 생겨 편원을 이루었다 계산함)

아난아, 또 선남자가, 궁제행공하여, 이미 생멸을 멸하고, 이어서 적멸
에는, 정묘가 미원(정밀하고 묘함이 아직 원만하지 못)하니, 만약 소귀
(돌아갈 곳)에, 람 위자체하여(자체라 하는 것을 보게 되어서),
진허공계 十二 류내에(허공계 열둘을 다 한 종류안에), 소유중생이
개아신중 一(곳에 있는 중생이 다 아나의 몸가운데 하나)라, 류가
유출하여(종류가 흘러나와서), 생승해자(수승함을 낸다고 해석하는 놈)
는, 이사람은 칙즉 추능비능 집하여(능하나 능하지않는 집(잡아 집착)에
떨어져서, 마혜수라가 현 무변신한(테두리가 없는 투명한 몸으로
나타난)것 으로, 그 반여를 이루어서, 불보리를 미혹하여, 지견을
잃으리니, 이것이 명 제二립능위심하여, 성능사과(능히 일을 이룬 과)
니, 위원원통(원만한 통합을 어기고 멀리)하여, 배열반성하여(열반의
성을 등져서) 생 대만천한 아편원종하리라(큰 오만한 하늘인 아내가
두루 원만하다는 종류로 태어나리라).

149

집식원 위자체하여(식 원이 자기의 체라고 집착하여), 이위 一체중생이
자차로 류출(일체중생이 이로 부터 흘러나온다 말)하여, 축 집아
능생피 하니(마침내 나아를 잡고집착하여 저를 생할 수 있었으니), 이는

실로 불능한 고로, 왈 능비능집(능하나 능함이 아님을 잡아 집착한다) 하리다. 마혜수라는 곧즉 색정의 마왕이라하니, 망계로 아능현기 무변 중생 하느니(허망한 계산으로 아를 능히 무변(가없는 투명)을 중생에게 일으켜 나타낼 수 있느니), 역시 능비능류 야(능하지 않음을 능하게 하는 종류 다). 능위심하여 능사 과 자(능히 심으로 하여 능히 일을 이룰 수 있다 하는놈)은, 나아를 계산하여, 능위피의하여(저를 의지할 수 있어서), 능성피사야(능히 저일을 할 수 있음이라). 대만천(크게 오만한 하늘)은 즉 마혜라. 불능위능(불능을 능하다)할새, 고로 명 대만 이라. 편원자는(두루 원만한 놈은), 계아체 원편공계야(아의 몸이 공계에 원만 두루하다고 계산한다).

三. 계피생아성도원종(저가 아를 생했다고 계산하여 이룬 뒤바꾼원종)

또 선남자가, 궁제행공하여, 이미 생멸을 멸하였으나, 이어 적멸에는 정묘가 미원하니, 약어소귀時(만약 돌아갈 때), 유소귀의하여(돌아가 의지할 곳이 있다하여), 스스로 신심이 저를 따라 흘러 나왔다고 150 의심하고, 十방 허공이, 함기생기(함께 생기었다, 다함께 나왔다)하여, 곧즉 어도기소 선류지(일어난 데가 모두 흐름을 펴서 베푸는 땅이라) 하여, 작진상신 무생멸해(참으로 항상하게 지은 신몸은 생멸이 없다고 풀이)하여, 識陰이 재생멸중하여(나고죽는 생멸 중에 있어서), 조계상주 (항상 머무른다고 이르게서둘러 계산)하여, 기혹불생(이전에이미 생기지 않았나 의혹)하고, 역미생멸(역시 생멸도 미혹)하여, 안주침미(편안히 머무르는 잠김에 미혹)하여, 생승해자(수승함을 내었다고 푸는 놈)는, 이사람은, 칙즉 추상비상(항상하지 않은 것을 항상하다는데 추락) 하는데, 집착하여, 계자재천(스스로 하늘에 있다고 계산)하여, 그 반여를 이루어서, 불보리를 미혹하여, 망실 지견 하리니, 이것이 명 제三립인의심하여 성망계과하니(심에 의지하여 인을 세워서 세번째 망계과를 이루니), 원통을 위원(어겨 멀리)하여, 열반성을 등져서, 생도원종하리라(전도된 원만한 종에 태어 나리라).

이식원 위소의고(식음의 근원을, 의지하는 곳으로 하기 때문에), 의피능생아급一체법(저것이 아와 一체법을 생기게 할 수 있다고 의심) 하여, 축계생기류출지처(비로소 생기어 흘러나오는 곳을 계산)하여, 위진상무생지체(참으로 항상한 생김이 없는 체)라 하니, 차 칙즉 재생멸 중하여(이는 즉 생멸 중에 있으면서), 망계 상주(망령이 항상 그대로 머물러 있다고 계산)하여, 기혹진불생성(이미 참으로 생기지 않는 성을 의혹)하고, 우 미현생멸법(또 현재나타나는 생멸법에도 미혹) 하여, 이비상(항상이 아닌것)으로 위상(항상이라 하는) 고로, 명 상비상 집 야(이름하여 항상하고 항상하지않음을 집착한다)하니라. 기즉 계피능생아(이미 저것이 아나를 생할 수 있다고 계산)하니, 곧즉 여계 자재천(곧 함께 자재천스스로 하늘에 있다고 계산 함)은, 능생一체자 동의(일체를 생기게 할 수 있다는 것과 똑 같다) 라. 유의식원하여(식원에 의지함으로 말미암아), 망계상주고(망령이 항상 살고있다고 계산하기 때문에), 왈 립인의심하여(심에 의지하여 원인을 세워서), 성망계과하니(망령을 계산하는 과를 이루니), 전에 계아원생물(앞에서는 아가 물을 원만하게 생기게 했다고 계산)하고, 차 계피원생아고(이에서는 저가 아를 원만하게 생했다고 하기 때문) 이니, 명 도원(전도된 원만)이라.

151

四. 계물유성성도지(물이 정이 있다고 계산하여 거꾸로 앎을 이룸)

또 선남자, 궁제행공하여, 이미 생멸을 멸하여, 이어서 적멸에는, 정묘가 미원 하니, 약어소지(만약 아는 곳)에, 지편원고로(앎이 두루 원만하기 때문에), 인지립해하여(아는 것을 원인으로 해를 세워서), 十방 초목을 다 정이 있다고 칭 할새, 여인무이(사람과 다를것이 없다)하여, 초목이 위인하고(초목이 사람이 되고), 인사환이 성十방 초목하고(사람이 죽어서 돌아온것이 十방 초목을 이루고), 무택을 편지하여(가릴것 없이 두루 알아서), 생승해자(수승한 해를 낸다고 하는 놈)는, 시인 칙즉 추지무지(이사람은 즉 알지 못하는 것을 안다는데 추락)하는, 집착이어, 파탁과 산니 처럼 一체각에   152
집착하여, 그 반여를 이루어서, 불보리를 미혹하여, 지견을 망실하느니. 이것이 명 제四계원지심하여 성허류과(네번째로 심을 원만하게 안다고 계산하여 허한 그르침을 이루는 과)니, 위원원통하여, 배열반성하여, 생도지종(전도를 아는 종류에 생)하리라.

   {파탁 산니 吏讀 퍼떡해 쌓네, 하지 못해 안달복달하다 그르치는 행동 干明}

소지는 곧즉 소觀식음야(아는 것은 곧 식음을 觀하는 것이다). 위식유지하여(식이 아는 것이 있다고 말하여), 一체법이 알므로 말미암아 변하여 일어나서, 계산으로 인하여 아는 체가, 제법에 원만하고 두루하여, 마침내 다른 해를 세워서, 위무정 편개유지하여 (이를테면 무정이 두루 다 앎이 있어서), 무소진택고로(가려서 택할 바(것)가 없기 때문에), 왈 무택편지(두루알아서 택할것이 없다)라 하느니라. 차이무지로 위지고(이는 무지로 안다고 하기 때문에), 명 지 무지(앎과 앎이없음)에 집착한다 하리다. 파탁 산니는 二외도다. 집一체각은 이를테면 一체를 집착하여, 앎이 있다라. 차는 류계원지하여(이는 그르치 계산하여 원만하게 아는 것이어서),

이위인심(심을 원인한다)하니, 칙즉 과가 종 류의(즉 결과가 마침내
그르치는 것이라). 이무지로 위지하니 시도지야(무지로서 안다하니
이것은 전도된 앎이다) 라.

153

五. 숭수사화성전화(물을 숭상하고 불을 섬기어 뒤바뀐 변화를 이룸)

또 선남자가, 궁제행공하여, 이미 생멸을 멸하고, 이어서 적멸에는,
정묘가(정밀하고 묘함이), 미원(원만하지 못)하니, 만약 원융함에,
근이 상호 쓰이는(작용하는) 중에, 이미 순하게 따름을 얻어서,
원만하게 변화한다는 편에서, 一체가 발생한다 하여, 불의 광명을
구하고, 물질의 청정함을 즐기고, 바람이 주변에 흐르는 것을 좋아하고,
觀진성취(티끌 같은 물질이 성취 됨을 觀)하여, 각각 숭상하고 섬기면서,
이 군진(쌓인 티끌)이 지음을 발하는 근본 원인이라 하여, 상주(항상
머무름)한다는 견해를 세우면, 이 사람은, 생 무생이라는데 추락하여,
집착하는, 제 가섭파와 아울러 바라문처럼, 근심투신하여(심을 쓰고
몸을 던져), 불을 섬기고 물을 숭상하여, 생사에서 나오기를 구하다
그 반여를 이루어서, 불보리를 미혹하여, 지견을 망실 하리니, 이것이
명 제 五계착숭사(숭상하여 일을 섬기는 집착을 계산함)이니,
미심(심을 미혹)하고, 종물(물질을 따라)서, 망을 세워, 인을 구하고,
구망기과(망령난 기대를 구하는 과)니, 원통을 어겨 멀리하여,
열반성을 등져서, 전화종(뒤바뀐 변화종)에 생(태어난다)하리라.

154

식음이 다 한자가 六문을 갈아서 없애서, 제 근을 서로 사용하느니, 지금 여기서는 다하지 못하여, 곧 삼(재잦빛 겨우조금) 득하여 순하게 따를 뿐이니, 따름으로 인해 서로 원만하여, 이에 계산한 一체법이, 원만하게 변화할 수 있어서, 수승한 과를 발생함을, 불(화)이 광명을 발하여 나타낼 수 있다고 이르고, 내지 진(티끌 같은 물질)이 器界(세계)를 성취할 수 있다 하여, 마침내 간사(삿됨)를 구하고 간사를 觀하여, 심을 쓰므로서, 숭상하고 섬기어서, 수승한 과를 생 할 수 있다는데 집착하니, 실로 불능한 고로, 명 생 무생 이라는 데 집착하느니, 곧즉 三가섭인 제외도의 주(무리)다. 이미 진심 (참마음)을 미혹하고, 물을 따라 기대를 구하여, 칙즉 인과가 다 망하리니, 전도화리(굴러 뒤바뀌는 변화의 이치)라 하는, 명 전화종이다.

六. 계영멸의성단멸(영원한 멸에 의지하여 계산하여 단멸을 이룸)

또 선남자가, 궁제행공하여, 이미 생멸을 멸하고, 이어 적멸에는, 155 정묘(정밀하고 묘함이)가, 미원(원만하지 못)하니, 만약 원명(원만한 밝음)에, 밝음을 계산하여, 가운데는 허(비었다)하여, 군화(변화하는 무리)는 멸이 아니라(없어지지 않는다)하여, 영멸에 의지함으로, 귀의하는 곳이라 하여, 생승해(수승하다는 견해를 내는)자는, 이 사람이, 칙즉 귀무귀(돌아갈 곳이 없는데 돌아감)에 집착에 추락하여, 무상천 중에, 제순약다와 그 반여를 이루어서, 미불보리 하여, 망실지견 하리니, 이것이 이름하여 제六원허무심한 공망과를 이루니, 위원원통 하여, 배열반성하여, 단멸종을 생하리니. {離虛中}

이치를 觀함이, 살피지 않아서, 그르쳐 허무에 추락한 고로, 원명성

중에, 모든 공허를 계산하여, 이에 무리의 변화를 끊어서 멸하여, 영멸에 돌아가나, 이부지 기비할새(그 아닌 것을 알지 못할새), 명귀 무귀(돌아감과 돌아감이 없음)에 집착 하느니, 순길다(목숨이 길다 吏讀)는 여기 말로 공이니, 무상순약이라 말함은 곧즉 집단공 외도라, 집단공(공을 끊음을 집착함, 끊음을 집착해 비게함, 끊음이 공이라 집착함)인 고로, 원허무(원만하게 비어 없어짐)를 인심(심의 원인)으로 하여, 공망(비어 없어짐)으로 끊는 과를 이루어, 영멸에 의지하니, 곧즉 외도의 열반이라.　　　　　　　　　　156

　七. 탐상고신성망연(항상하고 굳센 몸을 탐하여 망의 연기를 이룸)

또 선남자가, 모든 행과 공을 궁구하여, 이미 생과 멸을 멸한데 이어 적멸에는 정묘가, 아직은 원만하지 못하니, 만약 원만 항상함에, 견고한 몸이 상주하여, 동시에 정밀하게 둥글어서, 장불경서하려고 하여(오래가도 기울어 죽지 않으려고 하여), 생승해자(수승한 해석을 내는 놈)는, 이 사람은, 곧 탐 비탐(탐하지 않을 것을 탐함, 탐과 탐하지 않음)에, 추락하여 집착하는 제 아사타 라, 긴 수명을 구하는 자와 그 반여를 이루어서, 불보리를 미혹 하고, 지견을 망실 하리니, 이것이 명 제七집착명원(명이라는 근원에 집착)하여, 립고망인 하여 (굳어진 망의 원인을 세워서), 취 장로과(오래 힘들이는 과에 가기 쉬우)리니, 원통을 어기어 멀리하여, 열반상을 등져서, 망연종 (허망이나 연장하는 종류)에 생하리라(태어나리라).

식음에 의지하여, 항상 둥글음을 觀하고, 식이라는 근원을 집착하여, 정밀한 둥글음을 위하여, 마침내 욕고보기신하여(그 몸을 단단히 보유

하기를 바라서), 여전히 병존하는, 망탐이 견고하게 오래 유지되어서,
그 아님을 알지 못할새, 명 탐비탐에 집착하는 아사타라,　　　157
이는 운 무비이니(견줌이 없다라 말하니), 곧즉 장수선 이라. 저가 비록
연장하나, 마침내 괴멸로 돌아가리니, 지금 이런 허망한 몸을
단단하길 바라서, 상주함을 구하면, 칙즉 공을 길게 하는 노력이고,
망연이(망령의 연기乙 이라, 연기일 뿐이, 늘림이)라.

　　八. 유욕고명성천마(단단한 명을 유지하기를 바라 천마를 이룸)

또 선남자가, 모든 행공을 궁구하여, 이미 생과 멸을 멸한데 이어
적멸한 정밀한 묘가, 아직은 둥글지 못하니, 觀명호통(명이 서로
통함을 觀)하여, 각유欲진노하여(욕망의 티끌을 물리치려 노력해도
남을까 바서), 공기소진(두려워 그를 다 사라지게) 하여,
편어차제(이지경에 편먹어), 연화궁에 앉아서, 광화七진(일곱가지
보배로 널리 변화)하고, 다증보원(보물을 끌아당겨 많이 증가, 부자가
되어)하여, 종자기심(마음내키는 데로)하여, 생승해자(수승함을
내었다고 해석하는 놈)는, 이 사람은 곧 진무진 에 집착하여
추락하여, 타지가라 와 그 반여를 이루어서, 불 보리 를 미혹 하여,
망실 지견 하리니, 시명 제八 발사사인(생각으로 인하여 간사함을 발)
하는, 립치진(치열하게 티끌을 세우는) 과니, 위원원통하여(원통을
어기어 멀리하여), 배 열반성하여, 천마종을 생하리라.　　　158

식음으로 명의 근원을 삼아서, 三제(과거 현재 미래)를 서로 통하여,
식음이 만약 다하면, 아나의 명刀, 역시 다하리니, 누가 참으로 항상
함을 증하리오, 고로 선정 중에 편하여, 모든 탐욕의 경계를 변화하여,

이유진노(물질에 머물려고 노력)하여, 불령소진야(소모하여 다하지 않게)하다. 의차사사(이 간사한 생각에 의지)하여, 욕증진상(참으로 항상함을 증득하려)하대, 이부지기비(그 아닌것을 알지 못)할새, 명 진비진에 집착하느니라. 타지가라는 탐욕의 경계를 변화할 수 있어서, 스스로 즐기리니, 곧즉 욕정(욕계 꼭대기)의 자재천 류라. 그 간사한 생각으로 인하여, 감생천마(느낌이 천마를 생기게)하여, 유자진욕(오직 티끌같은 탐욕만 마음대로) 할새, 명 치진과(티끌같은 번뇌 물질이 치열한 과)요, 원미녀(美불위의새끼양고 美미녀를 원할 뿐이)라.   159

九. 증멸자휴성전공(멸을 증하여 스스로 쉼으로 공에 얽매임을 이룸)

또 선남자가, 궁제행공 하여, 이 멸생멸(생과 멸은 멸)한대, 이어 적멸한 정묘(정밀한 묘한 것)가, 미원하니(아직은 원만하지 않으니), 명(목숨)이 밝아진 가운데, 정추(정밀과 거침)를 분별하고, 소결진위(소통하여 참과 거짓을 결정)하여, 인과상수하여(인과가 서로 갖아서), 유구감응(오직 감응을 구)하여, 청정도를 등지니, 소위 견고(고통을 보고), 단집(쌓임 잡음 집착을 끊)고, 증멸(멸을 증)하여, 수도하여(도를 닦는), 거멸(멸에 거주)하고, 이휴(이미 끝났으니 마라)하여 경 부전진하여(다시 전진하지않아서), 수승한 해를 내었다하는 놈은, 이 사람은, 칙즉 추정성 성문하여(선정의 성에 떨어진 성문 *대승으로 전향할 줄 모르는 굳어진 성문으로서), 모든 무문승(들을것이 없다하는 중) 증상만 자와 그 반여를 이루어 미불보리하여, 망실 지견하리니, 이것이 명 제九원정응심(원만하고 정밀함에 응한 심)으로. 취적과(적멸의 취에 간 = 고요함에 빠진 과)이니, 위원 원통하여, 배열반성하여, 전공종(공에 얽힌 종류)을 생하리라. {疏西壽字同音意同無別}

명을 밝힌다는 자는, 식음을 궁구함으로 인하여, 중생이 명을 받은
근원 이유를 깊이 밝힘이라, 생멸이 식으로 말미암고, 정밀과 추함이
업으로 말미암은고로, 四체하여(고집멸도를 자세하게 살피어서), 분별
결택 하여, 이 고집을 위 추위(괴로움과 집착을 추함과 거짓이라)
하고, 이멸도 위정진(멸하는 길방편을 청정과 참이라) 하여, 이에,
전수도인(오로지 도만을 닦음으로 인)하여, 구감멸과(멸에 감응하기를
구하는 과)라 하여, 이소위족하는(작은 것에 만족하는),　　　　160
고로 거멸즉휴(멸에 사는 것이 곧 쉰다) 하니, 사(이는), 특 정성
성문 상만지주 야(별난 선정인 성품의 성문중에 상 오만한 무리 라).
이는 칙즉 원정에 응함을 심으로 인함이어서, 적멸의 취를 이룬(취에 간)
소과 니라. 정응자(청정에 응하는 놈)는 곧즉 결택추업 하여,
유구정응(오직 청정에 응하기만 구)하여, 증어편진(치우친 참을 수증)
하여, 전공취적이이(공에 얽혀 적멸의 취에 갈 뿐이)다.

　十. 존각입증성불화원(존각을 입증하여 변화하지 않는 원통을 이룸)

또 선남자가, 모든 행이 공함을 궁구하여, 이미 생멸을 멸하여, 이에
적멸한 정묘가, 아직은 원만하지 못하니, 만약 원만하게 녹은 청정한
각의 밝음이, 연마를 발함이 심묘하여, 곧 열반을 세워서, 앞으로
나아가지 않고, 생승해자(수승함을 낸다고 해석하는 놈)는, 이 사람은,
칙즉 정성벽지(벽지라는 선정의 성)인, 제 연 독 륜(모든 연각이나
독각의 윤리, 모든 인연이 홀로다 라는 윤리)에 떨어져서, 正覺심을
돌리지 못한자 와 그 반여를 이루어서, 불 보리를 미혹하여, 지견을
망실하리니, 이것이 명 제十원각홀심(원각의 홀말려서 잠겨 빨려들어가는
심, 블랙홀)으로 이룬 심명과(밝음이 잠긴과)니, 위원 원통(원통을

어기어 멀리)하여, 배 열반성 (열반성을 등지어)하여, 생각원명하고
불화원종이(원만하고 밝은 깨달음을 내고 원만으로 변화하지 못하는
종류)라 하리라. {聲聞은 苦障저코 緣覺은 生障바리나니 이類라} 161

융정각명은 곧즉 식정이라, 수무혹습하여(비록 의혹한 습성이 없어서),
원융 청정 하나, 이미이어식(아직은 식에서 떠난 것은 아닌) 고로,
이름하여 각명이라 하리니, 만약 이것으로 심묘라하여, 립위과증(과를
증득했다고 세우면), 칙즉 정성 원각 독각일 뿐이니, 이는 칙즉 원각의
홀로, 위인심(심으로 인)하여, 성심명지체과이(밝음이 잠기어 정체를
이룬 과이)다. 각홀(깨달은 홀)은, 여 심정통홀(마치 심정이 통한 홀
같)고, 각지통홀지홀(깨달음이 홀을 통했음을 아는 홀)이니, 위 근
여정각 통홀하고(이를테면 겨우 바른 깨달음과 통한 홀이라 이르고),
이불전진야(나아가지 않느니라). 심명은 곧즉 원융각명 이다.
소각(곳을 깨달으므로), 지어원명식정하고(두루 밝은 식정에 그치고),
정성으로 正覺불회고(선정의 성으로 正覺으로 돌아오지 않기 때문으)로,
명 각원명(깨달음이 두루 밝다)하고, 불화하리니(변화하지 않으리니),
원종야(원만한 종이라) 하리라. 위에 늘어놓은(진) 五十 마경은 다
이식정을 잘못 해석한 간사한 깨달음(착해사오)이어서, 미득정견자 162
(아직 바른 견을 득하지 못한 놈)이니, 의심 동념(심을 비교하여
느낌을 움직)이면, 다 그 중에 떨어져서, 비록 연각이나 독각을 수증
해끼, 오히려 불보리를 미혹하여, 망실 지견하니, 소이(까닭에),
각황이(*一권 p11), 고구수자(입에 쓴내가 나도록 자비를 드리우)사,
초심변석(심이 녹초가 되도록 변별분석)하신 것二口, 욕인지불미불실야
(사람이 미혹하지 않고, 잃어버리지 않도록, 바라심)이니. 그런즉
여지하이가득야?(어떻게 하면 가득얻을 수 있는가?) 당 어五十위 류

하여, 심체觀찰하여, 覺기(이)心念하여(자기 심의 느낌을 깨달아서),
불타기중하면(그 중에 떨어지지 않으면), 사득의(모두 득하)리라.

三. 결권심방(심히 방비할것을 권유함)

아난아, 이와같은 十종의 선나는, 중도에(길 가운데), 성광하여(미쳐
허둥거림을 이루어서), 인의미혹(미혹에 의지하므로 인)하여, 어미족중
(아직 만족하지 않은 중)에, 생만족증(만족한 수증을 내었다) 함은,
다 이 식음이 심을 써서, 교호할새, 고로 생사위하니(이런 位를 내는
것이니), 중생이 완미하여, 부자촌량(스스로 량을 헤아리지 못)하고,
봉차현전하여(이를 만남이 앞에 나타날 때마다), 각이소애선습(각각
과거의 습을 좋아하는 곳것)이라, 미심(심을 미혹)하여, 이자휴식하여
(스스로 쉬어 그쳐서),   163
장위필경소귀녕지(장차 필경 돌아가 편안히 쉴 땅이라고)하여,
스스로 만족하여 무상보리라 말하여, 대망어를 이루어서, 외도사마가,
소감업이 종(느끼는 곳이 업이 끝)나니, 무간옥에 떨어지고, 성문(소리를
듣는다 하는)이나 연각(인연한 깨달음)이, 증진을 이루지 못하느니라.

道를 궁구하다 취를 잃은 고로, 중途요. 성광이라. 전조지기할새
(가지와 갈림길이 바꾸어 만날새), 왈 인의미혹(미혹에 의지한 원인)
이요. 소애선습은 곧즉 사부류해야(간사한 스승의 그릇된 해석)이라.
비위진득 하여(숨긴것을 참을 얻었다 〈 비위가 안좋더라도 진득하게
하여 吏讀 千明), 축 마침내 곧즉 휴심 하여(심을 쉬어서),
장위필경소귀녕지로 적족자오고로(장차 필경 편안하게 돌아갈 곳인
편안한 땅으로 적당히 만족하는 자기의 오류이기 때문에), 사마에

의지함이라, 마침내 악도에 떨어지고, 二승(성문 연각)에 의지하여, 불성증진(증진을 이루지 못)하느니, 최의심방야(최선을 다해 마땅히 깊이 방비하라).

四. 칙령홍선(널리 선포하기를 칙령하심)

너희들이, 존심하여(마음에 새길 것은), 병여래도하여(여래도를 따라서), 장차법문하여(이 법문을 가져다), 아 멸도 후에, 말세에 전시하여, 보령중생 으로(널리 중생으로 하여금), 각了사의하여(이 뜻을 분명하게 깨달아서), 무령견마 자작심얼(마를 봄으로 하여금 스스로 심한 재앙을 짓지 않도록)하여, 보수애구(편안하게 보호하여 어여삐여겨 구제)하여, 소식사연(간사한 인연을 사라져 쉬게)하여, 그 신심으로 하여금, 입불지견하여, 종시 성취(처음부터 성취)하여, 부조기로(갈림길을 만나지 않게) 하라.　　　　　　　164

사견착해(간사하게 봄과 잘못된 해석)는, 요(요사)하고, 얼(재앙)이라 하여, 신심을 전궐(뒤집히고 엎어지게)하여, 마를 본 심이 내확(안의 칼집의 끈처럼 묶은 것) 일새, 견은 의 외의 건(봄은 마땅히 밖의 자물쇠)이니, 고로 전色受阝 방심마(앞의 색수음에서 심마를 방비)했고, 차識阝 방견마(이식음는 견마를 방비)하리니, 칙즉 조도지요를 진의 (도를 돕는 요지를 다한 것이) 라.

五. 면령구경(힘써 識을 궁구하여 경지에 오르게함)

이와 같은 법문十種禪那은, 앞선 과거세에, 항사 겁중에, 미진여래가, 승차하고(이를 타고), 심이 열려, 무상도를 득한거니, 식음이 만약 다

하면, 칙즉 너의 앞에 나타나는, 모든 근을, 호용하리니(서로 쓸 수
있으리니), 호용을 따르는 중에, 보살의 금강건혜에 들어갈 수 있어서,
원명정심이 중에서 발화(변화)하대, 맑은 유리와 같아서, 내로 보월을
머금은 듯하여, 여시 내초(이와같이뛰어넘어), 十신 十주 十행 十회향
四가행의 심과, 보살소행하는 금강十지하여, 등각이 원명하여(두루 165
밝혀서), 여래의 묘장엄해에 들어가서, 원만보리하여, 귀무소득하리라.

앞선 성인이, 승차(이를 타고) 심개득도하셨으니, 후학은, 굳게 의당
면구(힘써 궁구)하라. 식이 다한 칙즉 소마 六문 고로, 모든 근을 호용
하리니, 종 호용 중에(서로 작용을 따르는 가운데), 입 금강혜 하여,
발원명심(원만하고 밝은 심을 발)한 곧즉 심개사야(심이 열리는 일
이라)하사, 직초신등(十신 등을 곧바로 초월)하여, 입 여래해하여, 귀
무소득한 곧즉, 득도사야(도의 일을 득하는 것이다). 금강건혜는 위등각
후심(등각의 뒷심)이午, 十신 제모든 위는, 위 진수 점차(점차 닦아
나가는 것)이니, 차능직諸位초하여 불역자(이것이 능히 곧바로 모든 위를
초월하여 지나지 않는 자)는, 제 위 진수(모든 위를 닦아 나아감)는,
위치혹습(혹습을 다스린다 하)거늘, 금식진(지금 식이 다)하여, 무습
(습이 없다)할새, 고로 능초지(능히 초월할 수 있다)하니다. 등각은
원명하여, 귀무소득(무소득으로 돌아간) 자는, 자 초건혜부터하여, 166
수지 등각(까지 닦아)해刀, 미위원명(아직 원명하지 못)하리니, 오히려
유소득하니, 위식이 미진야(식이 아직 다하지 못한 것이라) 할새,
지획금강심하여(금강심을 䂺鍵획건함에 이르러서야), 파진세식(미세한
식을 파함을 다)하여, 내능원명하여(이에 원명 할 수 있어서), 입묘각해
하여, 귀무소득하리니, 차 진수 지진도야(이는 참수양을 다한 도 라).
묘장엄해자(묘하고 장엄한 바다란 것)는, 통중덕(중생의 덕을 통섭)

하고, 합이류(다른 흐름을 합)하여, 불엄이엄(엄하지 않되 엄)하고, 무증이증지(증득함이 없대 증득)하므로, 과해야(과의 바다 라)한다. 앞에서 칭한, 수능만행의 묘장엄로 라 하리니, 칙즉 추차이이(이를 따라 달려갈 뿐이라).

三. 총결
召告宣示三而來 初召告 p38 二正示 p40 三總結

차시(이것은), 과거 먼저 불세존께서, 奢摩他사마타중에, 毗婆舍那 비파사나로, 각명을 분석하신, 미세한 魔事마사니, 마의 경계가 앞에 나타나면, 여능암식하여(너희들이 외워 알아서), 심구를 세제하여(심의 때를 씻어서 없애서), 불락사견하면(삿된 견해에 떨어지지 않으면), 음마가 소멸하고, 천마는 최쇄(꺽여 부서져)하고, 대력귀신이 치백 (넋을 빼앗겨) 외서하고(도망 가고), 이매 망양이 무복출생하여, 167 직지보리하여(곧바로 보리에 이르러), 무제핍소하열(모든 부족하고 모자라고 하열함이 없이)하게, 증진하여, 대열반에, 심이, 불미민하리니 (미혹하거나 답답하지 아니하리니). 만약 말세에 우둔 중생이, 미식 禪那선나(아직 선나를 알지 못)하고, 설법을 알지 못하고, 三昧(삼매)를 닦기를 즐겨刀, 여공동사(너가 똑같이 삿될까 두렵)거든, 一심으로, 권령지아 불정다라니주(아의 불정다라니주를 권유하여 지니도록) 하라. 만약 외울 수 없으면, 선당에 복사하거나, 혹 신상에 띠로 두르면, 一체 모든 마가 움직일 수 없을 것이니, 너는 마땅히 十방 여래를 공경하고 흠모하여, 구경수진하고 (구경까지 닦아 나가고), 최후 수助道범法(최후의 돕는도의 모범의 법을 보이도록)하라.

총결 五음 변마 지의(五음을 총결하여 마를 말씀하신 뜻)일새,
사지심방(앎으로 깊이 방비하라)하시니, 사마타 중에 비파사나 자는
곧즉 정지혜 라, 마경은 다 각명으로 인하여 나타나느니, 소위
각명분석은 분석 각 명 이니, 이는 서천 문세야(印度의 글월의
힘이라), 체유질야(벗기고 나니 오히려 책갑에 불과하구나).

二. 청익상진(더하여 청하여 상세함을 다함) 二
　　上九卷 二詳辨而來 p37 初召告宣示 p38

　　　　　　　　　　　　　　　　初. 아난청익

아난이, 즉종좌기하여, 문불시회旧叮乙口(부처님이 보이신 가르침을
듣사을구), 정례흠봉(정수리를 박아 예를 하사 흠양하고 받들어)하사,
억지무실(기억하여 지녀서 잃어버림이 없도록)하여, 대중 중에, 거듭
백불에게 아뢸새,
부처님이 말씀하신 바와 같이, 五음 상 중에, 五종 허망이, 위본상심
(根본元 생각이 심이 되었다 하시)니, 우리들은 평상시에, 여래께서
미세하게 열어보이심(미세개시)을 받아입지 못(미몽)하土巴로, 또 이
五음이, 위병소제리까(한꺼번에 사라져 없어지는 것입니까)? 위차제진
리까(차례로 다하는 것입니까)? 이와같은 五중(겹)은, 예하 위계하릿고
(어디를 일러서 경계라 하겠읍니까)? 유원(오직 바라옵나니), 여래
께서는, 발선대자하사(대자비를 베푸시어사), 위차대중(이 대중들을
위하여), 청명심목(심의 눈을 청명)하게 하시구, 이로서 이위말세
(말세의) 일체중생이 작장래안(장래의 눈을 짓게) 하小西. {畵龍點睛}

初. 총서 망본 〔摠五陰〕

불고아난, 정진묘명한, 본각이, 원정하여(원만하고 청정하여), 죽고
삶과 모든 진구(티끌과 때)가 머무르는 것이 아니건만,   169
내지 허공까지라도, 다 망상으로 인하여, 지소생기(생기는 것이)니,
사 원 본각 묘명 진정(이 원래 본각의 묘명 진정)에, 허망으로 모든
기세간을 발생케 했으니, 마치 演若多연약다(연극을 많이한)가 머리를
미혹하여 그림자를 인정함과 같다 하니.

생사의 망업과 진구의 망연이, 참된 청정한 성품 중에(가운데), 기즉
무소유하거늘(이미 머무를 곳이 없거늘), 전인망기하미(완전 망으로
인하여 일어남이), 유여미두하니(오히려 머리를 미혹함과 같으니),
칙즉 五음상 중에, 五망이, 위본月종가지야(본이라 하는 것을 따라서
이로부터 알 수 가 있다) 라.

망은 원래 원인이 없거늘, 망상중에, 립인연성(인연의 성을 세우)느니,
미인연자(인연을 미한미혹한모르는 놈)은, 칭하건데 자연이라 하니,
저 허공성刀 오히려 실로 환생이니, 인연 자연이, 다 이 중생의,
망심이 각도를 계산한 것이니라.
아난아, 망이 일어난 바를 알면, 망의 원인을 설하려니와, 약망 원무
(만약 망이 원래 없었다)면, 설망인연(망이 연으로 인 하였다고 설함)
刀도, 원무소유(원래 있는 바가 없)거늘, 하황부지하여(하물며 알지도

못하면서), 추자연자 리오(자연이라 추정하는 놈이겠느냐, 자기를
추정하여 그러겠느냐, 어찌 알겠느냐).

170

명망 무인하여(망을 밝히니 원인이 없어서), 불용계도(각도계산을
허용하지 않느)니라. 지 망 소기하면(망이 일어나는 곳을 알면),
가설인연(연으로 인함을 설할 수 있)거니와, 부지소기(일어나는 곳을
알지 못)하거늘. 인연 하유(인연이 어찌 있다)하리오. 황 추 자연하니
(하물며 자연이라 추정하니), 득비망계야(아닌것을 얻어 망이라
계산하겠느냐)

시고로, 여래가, 너가 밝음을 발하게 주시대, 五음의 본 상困(本相困
본래 상의 원인)이, 똑같이 이 망상(妄想)이라 하시니라.

二. 별답소문(물은것에 특별히 답함) 三

　　　　　　　一. 답五음망본(오음의 근본 망을 답함) 五

一색본견고(색음은 본래 견고함이다)

너의 몸체가, 선인부모상(먼저 부모의 생각으로 인)하여, 생하니, 여심
비상(너의 심이 생각이 아니)면, 칙즉 불능 래상중하여 부명하리니
(생각 가운데 와서 명을 부착할 수 없으리니). 마치 아가 먼저 말한,
심상초미(심 이 초맛을 생각)하면, 구중 연생하고(입에 침이 생기고),
심상등고하면(심이 높음을 생각하면), 족심산기하느니(발바닥 가운데가

시큰 거리느니), 현애가 불유하고(낭떠러지에 매달린것이 있는 것이
아니고), 초물이 미래(신물건이 온것도 아니)거늘, 너의 몸체가,
필비허망통륜(필히 허가 아니어서 망이 통한 윤리)이大. 구수가
여하로(입에 물침이 어찌되어), 인담초하여 출(초를 말함으로 인하여
나온다) 하리오. 시고로 당지하라. 너의 현재 나타난 색신이, 명 위
견고한 제一망상(이름하여 견고한 첫번째 망령된 생각)이라 하니라.

171

상(생각)이 허망한 영상(그림자 같은 상)이라 하고, 욕애가 深脉(깊은
맥박)이니, 유체가(남겨준 몸이), 자상애(애를 생각하므로 부터)하여,
흘러나오는 고로, 왈 체인부모상생음심(몸체는 부모의 생각으로
인하여 생긴 음심)이, 승상애하여(사랑이라는 생각을 타고서),
명구(가만히 구)할새, 고로 왈 심이, 상중 부명하느니라(생각 중에
명을 붙이느니라), 식초와 매실 등은, 설 이험체 인망 결(몸체가
망으로 인한 것임을 경험으로 맺은 것을 말함) 이니, 고로 여망리
상응(망의 이론과 같이 서로 응)하느니, 만약 망륜이 아니라면, 칙즉
망 불능감하리라(망이 느낄 수 없으리라). 체는 인상하여 생기고
(몸체는 생각으로 인해 생기고), 심은 인상하여 기하고(심은 생각으로
인해 일어나고), 명은 인상하여 부하느니(목숨은 생각으로 인해 붙느니),
제상교고(모든 생각이 교차함이 단단)하여, 색음을 이룰 새, 고로 명
견고한 망상 이라.

二. 수본허명(수음의 본은 허하고 밝음이다)

곧즉 차(바로 이와같이) 소설(말한바) 림고상심(높은데서 내려다봄을 생각하는 심)이, 능령여형(너라는 형체로 하여금) 진수산삽(참으로 시고 지린 새그러움을 받)느니, 유인수생(받음으로 생기는 원인으로 말미암아)하여, 능동색체하니라(색체를 움직일 수 있느니라), 여너가 지금, 앞에 나타나는, 순익위손(순하면 이익이고, 그스리면 손해)인, 二(둘)이 나타 나서, 구치(몰아서 달림)를, 명하여 허명한(허하고 밝은) 제二망상 이라한다.

172

림고(높은데서 내려다봄)는, 공상(빈 생각)이어늘, 산삽(시고 지림)으로, 진수(참 받음이라)하고, 위순(어기고 순함)이 다 망일새, 손익이 나타나 치달리면, 칙즉 수음은 무체(몸체가 없어)하여, 허유소명할새(비고 밝은 곳이 있다 할새), 고로 명 허명망상 이라.

三. 상본융통(상음의 본은 녹아서 통함이다)

너가 념려(헤아려 걱정하는 느낌)으로 말미암아, 사여색신하느니(너가 색신을 부리나니), 신문은 념(느낌)이 아닌 윤리 일새, 여너의 신이 어떤 원인으로 념을 따라, 부림을 당하여, 종종의 상을 취하여, 심이 생기거든 형을 취하여, 념과 함께 서로 응하는고. 오즉상심(깨면 곧 생각하는 심)이오, 매위제몽(자면 다 꿈이라 하)니. 칙즉 여너의 상념(생각의 느낌)으로 요동하는 망정을 명위(이름 하여) 융통(녹아서 통하게) 하는 제三망정이라.

넘려(현재의 느낌과 걱정)는 허망한 정(순수한 뜻)이야. 색신은 실질
이라. 허실은 불륜(같은무리가 아님)인데, 이능상사자   173
(능히 서로 부릴 수 있는 놈)라는 것은, 유상이융야(생각으로
말미암아 녹은 것이다). 심이 허상을 생(내)하면, 형은 실물을
취하느니, 심과 형이 쓰임이 다르나, 이능상응자(서로 응할 수 있다는
놈)는, 유상이통야(상으로 말미암아 통하는 것이라). 지어오매하여
(깨나자나), 요동하고 변화하여, 사심수경(심을 시켜 경계를 따르게)
하고, 사경수심(경계를 시켜 심을 따르게) 하니, 다 융통망상이라.

四. 행본유은(행음은 본래 그윽하고 은근한 것이다)

변화의 이치는, 머무르지 않아서, 은운밀이(금방금방 은밀하게 옮겨)
하여, 갑(손톱)이 자라고, 발(터럭)이 나서, 기가 소진하고, 용모가
추하여(주름져서), 일야(낮밤)로 상대(서로 번갈아 들)거늘, 승(거듭)
무각오하느니(깨닫고 깨우침이 없느니),
아난아, 이것이 만약 비여(너가 아니)건대, 운하체천 (어찌 체가 변천
하겠느냐)하고, 여필시진여(필히 이것이 참너 같으)면, 하무각口
(어찌 깨닫지 못하느냐 하고). 칙즉 여너의 제행은 넘넘 부정하니
(느낌마다 머무르지 않으니), 명 위 유은하여 제四망상이라.

처음에, 행음을 표시하여, 유은지상 하시고, 아난 하는 첩변허망지리
로 결론을 이루었다 하리다.

174

五. 식본망상(식음은 본래 그물에 걸린 코끼리상이다)

또 너가 정명하여(정밀하고 밝아서), 침불요처(잠기어 요동하지 않는데)를, 명 항상자이대(항구한 항상한 놈이라하대), 신에 불출 견 문 각 지 하리라(몸에 보고 듣고 깨닫고 앎이 나오지 않으리라).

정침불요는 식체를 가리킴이오, 견문각지는 식의 작용을 가리킴이라, 비진상(참상이 아니)면, 이집상(집착이 항상)할새 왈 항상자 라.

만약 실정진(실로 정밀하고 참)이면, 불용습망(허망을 익히는 것을 용서하지 않을것)이리니, 하인(어인 원인)으로, 너희들이, 승어석년한(옛날에 거듭 했던), 도一기물(하나의 기이한 물건을 보)고. 경력년세하여(해와 나이가 지나가서), 억망(기억이 사라지면)이, 구무하는가(다 없어지는가), 후에 홀연히, 복도전이하고(다시 전과 다른 것을 보고), 기억이 완연하여, 승불유실牛(거듭한것을 잃어 버리지 않는 것이오). 칙즉 차 정료 침불요 중(이 완전히 정밀함을 료달하여 깊어 요동하지 않는 중)에, 념념수훈(느낌 느낌 훈을 받은 (연기로 덧씌워 쌓인) 것)을, 유하주산 하리오(어찌 六爻(육효)의 산대를 놓아 헤아리리오).
아난아, 당지하라. 이 잠김이, 참이 아니라, 급류수 같아서, 망이 여념정하여(희망바람이 편안하고 고요함과 같아서), 류급에 불견하나 (흐름이 빠름에 보지 못함)이나, 비시무류니(이는 흐름이 없는 것이 아니니), 약비상원이건大(만약 상이 아닌 근원이건대), 령수망습하리오 (어찌 허망한 습을 받겠느냐). 너가 六근을 상호 작용하여 합하고 열지 아니할진大, 차 지 망상이 무시(이 망이란 상이 때 없이 언젠가는) 득멸하리라(멸하여 없어짐을 얻으리라).   175

정진 하면(정밀하고 참되면), 불용망습(망습을 받아들이지 않)거늘,
금능장석 하여(지금 능히 옛것을 담아서), 완불유실 하리니(완전히
잃어버리지 않으리니), 곧즉 망습이라. 칙즉 잠김이 비록 요동치지않으나,
넘넘히 훈을 받아, 기용망다의(그 망의 모습이 많으)리니, 당지 침
비진침 특 유잠 불각이(응당 잠김이 참 잠김이 아니라 특히 그윽하고
잠겨서 깨닫지 못할 뿐임을 알)라. 고로, 비급류지수가(비유하면
급류의 물이), 유잠류주하여(그윽하고 잠긴 흐름에 머물러서),
불가측지日(측량하여 아는 것이 불가일)뿐이니라. 이는, 참으로
기억하는 생각의 근원이고, 망의 모습의 체라. 직수파진식음(곧바로
모름지기 식음을 파함을 다) 하여, 六문을 소마하여(갈아 없애어),
망습이 기생함을 없앤, 연후에 멸함이 가하리라.

고로 너의 현재(나타나 있는), 견 문은, 각 지 중에, 곶습기(익힌습을
낀 틀)에 불과하니, 칙즉 잠김을 료달한 안의 코끼리그물(망상) 같은
허무한 제五전도 미세 정상(뒤바뀐 미세하고 정밀한 생각)이라 한다.

176

위에서, 다 표시하여 서술하고, 이에 이르러, 결론으로 나타냄이라.
곶은 상습(항상 익힘)이다. 기뎧는 미작음야(낌새다).
정명침식(정밀하고 밝은 잠긴 식)은, 六용(여섯 작용)의 상습지 본고
(항상 익히는 본이기 때문에), 견 각(보고 깨달음)은 기미(미세한 틀,
낌새)라하느니, 사(이는) 곧즉 침(잠긴)식 이니, 망상(코끼리 그물)은 견
각 가운데 잠긴(잠재한 숨겨진)것이라 할새, 고로 명 중 곶습기 라
했다. 사무(없는것 같은것)는 왈 罔망이오, 사유(있는것 같은것)는, 왈

象코끼리상이니, 그 체몸가 정미(정밀하고 미세) 할새, 고로 名 망 상 허 무 한 전 도 정 상이라 (그물과 코끼리는 허망 없음 구름 뒤바뀜 한 정밀한 생각이라. 吏讀 {湛은 끨담 잠길침 맑을잠 三聲 也} 千明)

二. 답五음변제(五음 변제를 답함)

아난아, 이 五 수음(음을 받음)은 五망상으로 이루어지니, 너가 지금, 인 계하여 천 심(계로 인하여 얕고 깊음)을 알고자 바라건大, 오직 색과 공은 이 색음의 변제이午, 오직 촉이나 리는 이 수음의 변제이午, 오직 기억와 망은 이 상음의 변제이午, 유오직 멸여생은 이 행음의 변제이午, 1 담입(특별히 탐닉해 들어가서) 2 침입(잠기어 들어가서) 3 잠입(맑음에 들어가서) 하여, 1 합담(탐닉과 합함) 2 합침(잠김에 합함) 3 합잠(맑음과 합함) 하면, 귀식변제하느니라(식음의 변제로 돌아간다 하느니라).

五수음은 역시 왈 五취온 이니 (다섯가지 쌓인 것을 취함을 말하니), 유一넘미망(한번의 느낌으로 말미암아 망을 미혹)하여, 수차하고(이를 받고), 취차하여(이를 취)하여, 이자폐장(스스로 덮고 감춤)이라, 언인계자(계로 인한다고 말한 것)는, 본무유계(본래 없는 계가 있는 것=없고 있는계=있음이 없는계) 일새. 유망상인야(망으로 말미암아 서로 인이라) 할새, 고로 색불자색이라(색이 스스로 색이 아니라), 인공유색(공으로 인하여 색이 있다)할새, 고로 색음의 변제를 이룬다 하고, 내지 멸 부자멸(멸도 스스로 멸을 못)하고, 인생유멸(생으로

인하여 멸이 있다)할세, 고로 행음의 변제를 이루고, 식칭잠료(식은
맑음을 료달했다 칭)하니, 침부자잠(잠김은 스스로 맑지 못)하여,
인행불류일(행음으로 인해 흘러 편안하지 못)하여, 성입원징하여
(성품이 원래 맑음으로 들어가서), 이합호잠了하여(합으로 맑음을
불러 완료하므로서), 성식변제(식음의 변제를 이룬다) 하느니라.

三. 답음멸차제(음을 없애는 차례를 답함)

이 五음은 원래{元五妄相}, 중첩(거듭 겹쳐)하여 생기나니, 생김은
식으로 인해 있고, 멸은 색으로부터 제하느니(없어지느니), 이치는 칙즉
돈오니(갑자기 깨치니), 승오하여(깨침을 타서), 병소하니와(모두
사라지려니와), 사비돈제(일은 갑자기 없어지는 것이 아니)라,
인차제하여 진하느니(차례의 원인으로 없어진다 하느니), 아이시여(아가
이미 너에게), 겁바라건의 매듭(결)을 보였거니, 하소불명하여(어찌
불명한 바가 있어) 재차 순문한고(묻는고).   178

식을 비유컨大, 즉 겁바라건(천)이午, 색의 비유는 최후결(매듭)이라,
결 의건하여 유고 생(매듭은 천(수건)에 의지하여 있는 고로, 생김)이,
인식기하고(식으로 인해 일어나고), 해는 차제로 인한 고로, 멸 종색제
하느니(멸은 색을 따라 없어지느니), 五음이 생김은, 종세지추하느니
(미세한데로부터 거친데에 이르느니), 유미지(미혹한 지혜로 말미암아)
하여, 유식하고(식이 있고), 내지 유수하여 유색야(수로 말미암아 색이
있다) 라. 멸 칙즉 종추(멸은 거침 으로부터)하여, 지세하니(세밀한데
이르니), 필파 색 이후에야 수 현 하고 내지 파 행 이후에야 식 현야
(필히 색음을 깨뜨린 후에 수음이 나타나고, 행음을 깨뜨린 이후에

식음이 나타난다) 라. 이치는 칙즉 돈오가(단박에 깨달음이),
승오병소자(깨달음을 타서 아울러 모두 사라진다는 것)는, 지견이
본무하면(수건이 본래 없었다는 것을 알면), 결도 역불유야(매듭도
역시 있지 않았다)는 것이라. 사(일)은 비돈제하니(갑자기 없어지는
것이 아니니), 인차제진자(인은 차제로 다 없어진다는 것)는, 중근
돈오해도(근가운데 갑자기 깨쳐도), 필가점수야(필히 점차 닦음을
빌려야 한다)이니. 약인오하여 망수하면(만약 깨침으로 인하여 닦음을
잊으면), 칙즉 유해하고 무행이니(해석은 있고 행이 없으니), 집리하고
미사하여(이치에 집착하고 일을 미혹하여), 적타편사하여(편벽한 간사
함에 떨어짐을 만나서), 종 비정수 진 三摩地(삼마지)(마침내 참
삼마지를 바르게 닦는 것이 아니다) 하리라.

179

三. 결권홍선

너는 응당 장차 이 망상의 근원을 가지고, 심득개통하여(심으로 열어
통함을 얻어서), 전시 장래 말법지중하여(장차 오는 말법가운데
전하여 보이어), 제 수행자로, 령식허망하여(하여금 허망을 알게하여),
심염을 자생(심히 싫어함을 스스로 내게)하여, 지유열반(열반이 있음
을 알게)하여, 불런三界(삼계를 그리워하지 않게) 하라.

령이차의로 자각각타하여(이러한 뜻으로 하여금 스스로 깨닫고, 타도
깨닫게 하여), 영단망원 하여(망의 근원을 영원히 끊어서), 제귀
정과야 (다같이 나란히 정과로 돌아간다) 하니다.

三. 유통분 二

一. 현승권지(수승함을 드러내어 가지기를 권유함)

아난아, 만약 또 어떤 사람이 있어, 두루 원만한 十방에, 허공에 있는
바, 영만七보하여(七寶칠보를 만땅으로가득히 채워), 지이(가지고),
봉상미진제불하니와(미진의 부처님에게 받들어 올리니와), 승사공양
(공양하는 일을 맡아)하여, 심무허도(심에 허망한 각도계산 없이)하면,
어의운하(생각이 어떠한가), 시인이 이차시불인으로 득복이 다? 불?
(이 사람이 이렇게 불보시한 인연으로 복을 얻음이 많겠느냐? 아니냐?)
아난이, 답하여 말하되 허공이 무진하고(다함이 없고), 진보가   180
무변하니(끝이 없으니), 석 유 중생이(옛날 어떤 증생이 있어서),
부처님께 七전을 보시하고, 신몸을 버려(죽은 뒤에), 유획전륜왕위
(오히려 전륜왕위를 획득)하니, 하물며 또 앞에 나타난 허공을 이미
궁구하고, 불토에 충만 두루한 진보를 다 보시하여, 궁겁사의 하나
(겁이 다하도록 생각하여 헤아리나), 상불능급(오히려 미치지 못할것)
이니, 시 복이 운하갱유변제(이 복이 어찌 다시 변제가 있다)하리닛고.
불고 아난하사, 모든 불여래께서는 허망이 없는 말을 하시니, 만약
또 어떤 사람, 신구(몸을 갖추)고자, 四중 十바라이 하여(범하여),
순식 곧즉 경 차방타방 아비지옥하고(순식간에 곧 이것 저곳을 지나
아비지옥하고), 내지 궁진 十방 무간하여(十방 무간지옥에 이르기까지
다 궁구하여), 비불(쓰러지지 않고), 경력 하여도(지나 다녀도),
능이一념 으로(한 느낌 으로), 장차법문(이 법문을 지녀), 말겁중에,
개시말학 하면(수행하는 말학못배운 사람에게 열어 퍼보일 수 있다면),
이사람이 죄와 업장이, 응념소멸 (느낌에 응해 소멸)하여,

변기소수지옥고인 (지옥고를 받을 원인의 바(것, 곳)가 변) 하여,
안락국토를 이루어서, 득복(받을 복)을 초월하리니, 전지시인(앞에
보시한 사람) 보다, 百배 千배 千萬 億배 여시 내지 산수 비유
하여도, 소불능급이라(미칠 수가 없으리라).   181

　{四重殺盜婬妄 婆罗夷十惡}

보시(보배를 베푸는 일)는, 유갈(다하여 없어짐)이 있어서, 복지一신
(복이 한 몸에 그치지)만, 법시는 불궁하여(궁구를 다함이 없어서),
이점 (이로움을 더함)이, 무제고(제한이 없기 때문)로,
불유획복이라(복을 획득 할 뿐만 아니라), 겸멸중죄(중죄까지 겸하여
없어진다) 하리라. 바라이는 곧즉 十중계율 이라. 이법 시인 하여
(법으로 사람에게 보여서), 능소 극甚 보 하여(극심한 연극하는 보를
능히 없앨 수 있어서), 변고위락(고통을 변화하여 즐거움이 되게함)
이, 여차기승자(이와같이 그 수승한 놈)는, 사인(사람으로 하여금),
인지하여(원인으로 말미암아), 명심견성(심을 밝히고 성품을 보게)하여,
탈점 하여(붙음을 벗어나서), 복잠하여(맑은데로 돌아가서 다시 붙어서),
해六망一하여(여섯을 풀고 하나마저 없애어서), 파음치마하여(五음을
깨뜨리고 마를 벗기어서), 불역승지하여(아승지겁을 지나지 않아서
= 거듭하지 않아도), 성보왕과 고 야(보왕과를 이루게 되는 까닭이
되게) 하리라. 피 기 여시 하면(저가 이미 이와 같으면), 칙즉
차소劇報刀(즉 이 극보(극심한 보)〈 연극하는 업보가 사라진다는 것도),
유천근언(오히려 천박함에 가까운 말) 이리니, 성장여피하아(저와 함께
정성으로 가져서), 동증야(똑같이 증득 증거 증명 하라) 하리라.

아난아, 약유중생이, 능송차경하고, 능지차주하면, 여아광설하여刀,

궁겁 부진하리니, 의아 교언하여, 여교행도하면, 직성보리하여, 무복마업 하리라 (아난아 만약 중생이 있어서, 능히 이 경을 외울 수 있고, 능히 이 주문을 가질 수 있다면, 아와 같이 널리 설하여도, 겁이 다하도록 궁구해도 다함이 없으리니, 아에 의지하여 가르쳐 말하여, 가르침 같이 도를 행 하면, 곧바로 보리를 이루어서, 다시 魔業(마업)이 없으리라). 182

상권유통하시고, 차권송지하니라.
(위는 유통을 권하시고, 이는 외우고 가질것을 권하셨다 하니라.)

二. 청중흔봉(듣던 대중이 기쁘 받들다)

부처님이 이 경을 설하심을 마치시니, 비구 비구니 우바새 우바이 와 一체 세간의 천 인 아수라 와 제 타방 보살 二승 성선동자 와 아울러 초발심한 대력귀신 이 다 대환희하여 작례이거 하니라.

개재회청중야. 성선동자는 곧즉 천선류야.
(다 모임에 있던 청중이라. 성선동자는 하늘의 신선 종류다.)
대력귀신은 제호법자니, 수소증량하여 개득법희야(대력귀신은 모든 법을 보호하는 놈이니, 증득한 량에 따라서 다 법의 기쁨을 얻었다).

대불정여래밀인수증료의제보살만행수능엄경

卷 제十   183

不盡依我教言如教行道直成菩提無復魔業

上勸流通此勸誦持　二聽眾欣奉

佛說此經已比丘比丘尼優婆塞優婆夷一切世間

天人阿脩羅及諸他方菩薩二乘聖仙童子并初發

心大力鬼神皆大歡喜作禮而去

皆在會聽眾也聖仙童子即天仙類世大力鬼神

諸護法者隨所證量皆得法喜也

大佛頂如来密因修證了義諸菩薩萬行首楞嚴經

卷第十

彈 音丹盡也　熠 弋入切盛光也　灣 烏關切　循 音旬　嫈 魚列切妖也　綴 陟衛切女九紐切

霰 蘇見切雨也　媛 音院好兒也　襁 丑羊切也　溜 音串習也

首楞嚴經者乃釋迦如來之骨髓也其言
曰當知虛空生汝心內猶如片雲點太清
裏汝等一人發真歸源此十方空皆悉消
殞又云無漏真淨云何是中更容他物若
骯轉物即同如來陳隋間天台智者聞五

184

印土有此經日夜焚香西向頂禮願早至
中國續佛壽命開人天眼逮唐神龍初方
達南海訓釋者數家唯長水子璿師踪及
蘇臺元約師鈔盛行於世然文義浩博學
者泛其波瀾盖昧源本疲於披覽温陵寶
勝戒環禪師必達妙理深悟大乘而首楞
嚴尤謂得意嘗啟誘中止之徒徑登寶所
乃為要解鈎深索隱續斷截繁錯節盤根

恢恢游刃言約義豐詞暢理詣披其解則

見其經文理昭然如指諸掌惜手未及流

通而禪師委蛻泗州長老行瑤久從之游

深念刻意乃為募緣鏤板以廣其傳嗚呼

誰無是佛誰無是經闇發額珠醉迷衣寶

學者苟能依要解以明經洞真經而見性

則妙湛總持王首楞嚴萬行不從人得也

乃知寶滕之切老婆心泗州之飾畫蚖足

不徒然矣建炎巳酉中秋後五日住湖山

萬安比丘　行儀　謹跋

右善本大字楞嚴板本我

太上王殿下命書

御覽仍命鋟梓以廣其傳者也蓋欲追福上及於

祖宗推澤下濟於羣迷國祚以永民生以安幽明

共賴究竟成佛立頂之弘廣大無邊

命臣近跋其後臣近未嘗學佛書不敢妄議然

嘗觀古人以是經為諸佛骨髓蓋言其精妙

深入底蘊而無餘之謂也其喻可謂切矣臣

則以為此經即釋尊精神心術之所寓也豈

特骨髓與其骸體俱焚而泯滅哉此乃終天

地歷萬劫而不泯者也我

殿下凝神觀覽之際圓妙之用寶明之体所以心會神

融而黙契之者實與其精神心術無異世而同符則是經歟

陳亦皆精粗與筌筏爾豈臣筆舌所能形容哉

建文三年辛巳五月　日

前楊井寺住持勤修本智佑世大師　信聰書

刻手大德明昊　善觀　中悟　惠空　智孚

金悟　盧信　佳得甲　金潤　崔潼

崔宥

監官内速古赤通善郎承寧府判官尹　伯顏

首楞嚴王諸經之骨髓修證之正路所以開
發眼目饒益人天者也我
東宮嬪韓氏為先考妣印出是經二十五部裝
潢備飾流布無窮以成經之勝緣因法施之
大願蒙益先靈超生淨域四生三有同霑利
樂良可期矣

景泰七年丙子十月　日山人學祖　謹跋

190

수능엄경자는 이에 석가여래의 골수라. 그 말은 왈 당지라. 허공이 너를 생하면, 심내는 한조각 구름과 같으니, 큰맑은 꾸러미속에 한 점이라.

너희들 한사람이 참으로 돌아와 근원을 발하면, 이 十방 허공이 다 실로 사라져 죽을 운이고, 또 무루 진정함에. 운하 이중에, 모습을 고친 다른 물건이 있겠느냐. 만약 물을 바꿀 수 있다면, 곧 여래와 똑같으리라.

진수간에 천태지자는, 문오인토에 이경이 있다 하고, 낮밤으로 184 분향하여 서향으로 정례하고, 일찍 중국에 이르기를 원하여, 부처님 수명을 이어, 사람이 천안을 열어도, 당의 신 용에 잡혀, 처음에 남해에 도달했고, 훈석자는 數가니(여러 집이 있으니), 오직 장수만, 자선사며, 소 와 소대는 원래 약사니, 초(요약집)가 세상에 성행하니, 그러나 글의 뜻이 호박(넓고 박학)하나, 학자가 파천이 부족하여, 원본의 맛을 더하여, 피곤하나 파헤쳐 보였으니, 온릉보승계환선사가, 소달묘리할새, 심오대승하니 이수능엄을 술하여 득의할새, 상욕혹중지지도하여(중단을 유혹하는 무리가 있어), 경의 보소에 오르려 할새, 요해하리니, 구심객은(심오한 학문을 깊이 파고들어 연구)하고, 속단절변(이어짐을 끊고 끊어짐을 번성)하여, 착절반근 185 하여(잘못된 마디와 휘감긴 뿌리를 끊어), 회회유인도하리니(광대법한 속을 칼로헤치리니) 언약의풍(말은 줄이고 뜻은 풍성)하고, 사창리예 하리니(말이 화창하고 이치에 이르리니), 파기해하면 칙견기경하여 (해를 파헤치면 즉 그 경을 보아서), 문리소연하여(글 의 이치가 밝아서), 여지제장(손바닥 들여다보는 것 같구나). 석호(아깝다)! 미급유통(유통하지 못)하여, 이는 선사의 위세일새, 사주의 장노 행선이, 구종지유(오래 따르고 노닐)하더니, 심념각의할새, 내위모연

누판하여(인연을 모아 판에 새기어서), 이광기부하느니, 오호!
수무시불하고, 수무시경 하리오! 투몰액주하고(이마에 땀방울도
싸우다 바닥 나고), 취미의보(옷과 보배에 취해 미혹)하니, 학자여,
구능의요해이명경하면(진실로 밝은경이니 요해에 의지하여 경을 밝힐
수 있으면), 참경을 통하므로 견성하면, 칙즉 묘심총지왕수능엄萬행을
사람이라면 득하여 따르지 않겠는가. 보승 지체노파심하고,
사주지식획 사족이, 불도연의(단지 그런 것만은 아니다) 라.　　186

건염 기유 중추후 五일 주호산

만안 비구 행의 근발

우선본대자 능엄판본아

태상왕전하명서
어람잉명침재이광기전자야개욕추복상급어
조종추택하제어군미국조이영민생이안우명

공뢰구경성불립원지홍광대무변
명신근발기후신근미상학불사불감망의연　　187

상관고인이시경위제불골수개언기정묘
심입저온이무여지위야디유가위절의신
칙이위차경즉석존정신심술지소우야기
지골수여기해체구분이민멸재이내정천
지역만겹불민자야아

전하응신관람지제원묘지용보명지체서이심회신
융이묵계지자실여석존이세이동부즉시경청
진역개조박여전벌이기신필설소능형용재　　　　　　188

건문三년 신사 五월　　　　일

전양정사주지근수본지우세대사　　　신청서
각수대덕 명호　　선관 중오 혜공　　　　지부
　　　　　금오 려신 임득중 금윤　　최장
　　　　　최유

감관내속고적텅선랑승녕부관관윤　　　백안　　189

수능엄왕제경지골수증지정로소이개
발안목분익인천자야아
동궁빈한씨위산고비인출시경二十五부장
황비식류무궁이성경지승연인법시지
대원몽익선령추생정성사생삼유동점리
락낭가기의
경태七년 병자 十월　　일　산인학조　　　　근발　　190

釋解하는 내내 옆에 밝음이 있는 듯 했다. 어순과 글귀가 눈에 나타
나기 전에, 심에 먼저 일어나, 앞을 보니 들어 맞고, 생각이 나서
되돌아 살펴 보면, 딱들어 맞았다. 무심코 손이 가는 곳은 반드시
원음과 다름이 있었으니 석존의 후광임이 틀림 없다 하리라.
아제아제바라아제의 가타를 찾은 순간은, 千년 시공을 뛰어 넘어,
잊혀진 이두와 구결의 원음이 울리는 무외함에 손이 춤추었다.

사물은 부지불식간에 순간순간 저절로 화한다. 수능 삼매에 의지해서,
그를 단계 별로 끊어서 觀하여, 파악하여, 막힌 곳을 제거함으로
道了하는 것이다. 마치 현대과학의 MRI 가 10 단계로 매단계마다
3 단계로 진동으로 진행 되는 것과 같다. 이는 없는 것이 아니라, 각
단계마다 이미 데이터가 있어서 비교해 보는 것에 불과하다. 아느냐
모르느냐, 처리하느냐 못하느냐의 차이만 있으니, 그 를 세밀히
설하심은 오직 불의 수능정에만 있으니, 중생은 이를 받아 觀하여,
선정중에 닦아서 확인하고 따르기만 하면 된다. 그 외는 전부 사마인
것이다.

바라밀제 의 수능정은 존재 그 竹 大 路 그 공간, 점 하나, 획 하나
하나, 韓字 한자, 어순과 그 의미를 觀 해야 하므로, 끊음, 연결, 구결,
주석이 없이는 이해 할 수 없으니, 그냥은 보기 어려우니 我의 소를
참조하여. 바라밀제 역의 계환의 해를 보라는 것 이다. 두루미 소리를
알려면 두루미의 소리를 아는 이를 참조하여야, 수행을 앞당길 수
있을 것이며, 원본과 아가 남긴 수기는 구하는 자에게만 따로 전 할
것 이니, 인연이 있거나 닿았던 자 는 만날 수 있을 것 이라.

천부경의 압축이나, 창세기의 허황함은 막연하여 감흥이 없으나, 대불여래의 수능증은 알의 태고적 발생부터 겁말까지 제 변화상을 누누히 설하신 바, 바라밀제역과 계환의 해와 아의 소를 참조하여, 대불정 여래밀인 수정료의 제보살 만행 수능엄경을 竹 道 鹿 하여 수지독송서사해설 하여, 그 대 로 따라 수행한다면, 도了하지 않을 수 없을 터이니, 멸적을 체험 하게 되리라. 행의는 태상왕에 서 했으나, 계환은 麗인 임이 명백 하다 하리라.

壬寅 甲午 壬寅 甲午

2566. 6. 18.

千　明　疏

여 백

천명

九星, 六壬, 奇門遁甲, 風水, 符呪術士, 大木匠.

동양오술철학자. 전통침구학자. 불교경전연구가.

<u>붇쑥</u>

<u>신침 천금방</u>

<u>고전침구학술(심령치료 신침가)</u>

<u>佛詩</u>

대불정여래밀인수증료의제보살만행수능엄경 一 修

대불정여래밀인수증료의제보살만행수능엄경 二 智惠

대불정여래밀인수증료의제보살만행수능엄경 三 證

대불정여래밀인수증료의제보살만행수능엄경 一 修

발행일   檀紀 4355년 佛記 2622년 西紀 2022년 12월 23일 초판

疏   천명

발행인   최금이

발행처   신침연구소

신고번호   제2019-000234호

연락처   010 3005 0059

값   36,900원

유튜브 OSO 千日月

ISBN 979-11-967965-2-5(93220)

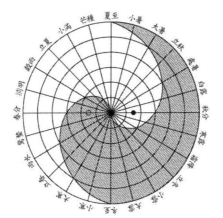